日記で読む日本史10

王朝貴族の葬送儀礼と仏事

上野勝之 著

倉本一宏 監修

JN130701

臨川書店

目次

序章

近頃では目にする機会も少なくなったが、かつて葬式仏教という言葉がよく用いられていたことがある。もっぱら葬儀や追善供養などを経済的基盤とし多額（とイメージされる）の布施や戒名料を求める寺院のあり方に対して、たぶんに揶揄や批判をこめて使われていた言葉であったようであるが、そういった表現が成立していたこと自体、いかに仏教が葬送と深く関わってきたかということの証しでもある。同じように近年の使用頻度は減少傾向にあろうが、成仏や往生といった言葉が死の隠喩として通用していたことも、仏教的な他界観や来世観念が日本社会に広く根付いていたことを雄弁に物語る。こうした「葬式仏教」観の形成については近世の寺檀制度が大きく影響するとともに、その前提としての近世以前からの葬送と仏教の間の深い繋がりを抜きに語ることはできない。本書は、そうした葬送と仏教の関わりを軸とした古代から中世移行期の葬送儀礼の内容とその変遷過程を明らかにすることを目的とする。

葬送や死に対する関心は学問の世界でも一般社会でも常に途切れることはない。昨今ではマスメディアでも社会情勢の変化による墓地の無縁化の進行や寺院の維持管理の困難さ、新しい業態の葬送業者や遺体安置所の登場、樹木葬や自然葬といった在来の主流様式とは一線を画した葬送の普及活動といった話題を目にすることがある。また、学問の世界では安楽死や臓器移植など医学の進展に伴う現代的な倫理問題の考察、そうした現今の情勢からあらためて古今の死に関する知見を学際的に検討する宗教学を中心とした議論、諸外国・民族の現在及び過去の葬送や死生観の研究報告など死に関する論考は枚挙にいとまがない。日本の歴史を対象としたものに絞っても葬送、鎮魂や慰霊、死者をテーマとした論著は二〇〇〇年以降にも相次いで公刊されている。一般書では平安京の葬送と貴族たちの葬礼を論じた勝田至『死者たちの中世』（吉川弘文館、二〇〇三）、古代からの他界観を通史的に扱った佐藤弘夫『死者のゆくえ』（岩田書院、二〇〇八）、同『死者の花嫁』（幻戯書房、二〇一五）、川村邦光『弔いの文化史』（中公新書、二〇一五）、松尾剛次『葬式仏教の誕生』（平凡社新書、二〇一一）、岩田重則『「お墓」の誕生』（岩波新書、二〇〇六）、菊地章太『葬儀と日本人』（ちくま新書、二〇一一）、末木文美士『仏典をよむ』（新潮社、二〇〇九）、笹生衛『神と死者の考古学』（吉川弘文館、二〇一四）、山田康弘『老人と子供の考古学』（吉川弘文館、二〇一四）などがあり、佐藤、川村の近著は災害の経験という問題意識が大きく影響している。

専門的なものでは、日本史分野においても近世の武家や大名、公家らの葬礼、水戸藩などの儒葬やその典拠となった『朱子家礼』に関する研究、吉田神道の神葬祭関連のものがあり、中世に関しては中世の公武の葬礼を主に担うことになる禅宗や律宗に関する原田正俊氏や松尾剛次氏、細川涼一氏らの研究、貴族の葬墓制を概観した水藤真氏、天皇家の葬送を通史的に見通した大石雅章氏の論を始めとした天皇や将軍家の葬送及び追善儀礼に関する議論、民俗儀礼との比較という視点を導入しつつ中世の葬送や墓地に関する基本的な諸問題を豊富な文献的考証により明らかにした勝田至氏、さらに中世後期の貴族たちや都市の葬送と墓地の実態を論じた高田陽介氏、そのほかにも貴族の葬送習俗や中世の葬送実務を担ったとされる三昧聖や清水坂の坂非人についての論考などがあり、古代史分野でも古代のモガリや葬送を政治的な側面に注目しつつ歴史学の立場から本格的に考察した和田萃氏を筆頭に、日唐の令制の比較を中心とした考察や天皇や貴族の死の扱い方の変化、都城と墓制、山陵制度、服喪儀礼、墓参、追善などに関わる個別の研究が積み重ねられてきている。民俗学の葬送習俗に関する論考や国文学の記紀神話や挽歌に関する議論も古代の死と葬送の問題と深いつながりがある。こうしたなかで本書を著す理由は、それでも平安時代の葬送における仏教儀礼の解明が十分に進んでいないこと、中国の礼制や俗信的な要素など多様な側面がある当時の葬礼の全体を見通す姿勢が乏しいことによる。「葬式仏教」論に関しては圭室諦成『葬式仏教』（大法輪閣、一九六三）という通史的な視野を持つ古典的著作があり、とりわけ中世から近世にかけての葬儀を梃子とした各宗派の社会への浸透具合などに関する考察はいまでも参照する価値を失っていないが、本書では葬送と仏教が本格的に結びつく平安貴族の葬送儀礼における仏事の導入とその儀礼的役割に焦点をあて、当時の貴族たちと関わりの深かった真言僧の著作などこれまで利用されていない史料を含めてその見直しを行う。

こうしたテーマについては、あるいは現代とは異なった風変わりな習俗の紹介を期待する向きがあるかもしれない。勝田至氏によって「死骸都市」と名付けられたように、平安京では葬送を行いえない人々の遺体が放置され、貴族たちの日記には邸内での頓死や小児の遺体（の一部）を咥えた野犬の侵入などによる触穢（一定期間神事・祭祀に関われないこと）といった話題が頻繁に記されている。ご存知の方も多かろうが、一二世紀後半の『餓鬼草紙』には卒塔婆を立てた墳丘型の墓と棺ごと置かれた遺骸、筵の上に横たわった死者とともに遺骸を狙う野犬が徘徊する墓所の風景が描かれている。もっとも、筵の上の死者の傍らには茶碗が置かれており、遺棄葬や安置葬の名称が提案されている通り、これは遺棄ではなく弔いの範囲に含まれるのであろうが（葬送を行いえないために死去以前に運ばれた可能性もある）、こうした「弔い」のあり方も含めて「死」の問題からは現代とは全く異なる平安京の姿が見えてくる。疫病や飢饉の際には河原や京内各所にあわせて何千もの骨や遺体が積みあがることもあり、貴族たちに仕える人々であっても病で重体に陥れば主人たちを触穢させないために邸外に出され、路傍で屋根をかけて過ごす場所を提供されるならばまだしも、芥川龍之介の「羅生門」のようにどこかに放置されるか、いずこかへ避難して死を待つといったことも常態であった。ちなみに、一四世紀の伊勢神宮領における法令などを集成した『文保記』には筵の上の骨を拾うことは触穢にあたると書かれている。墓へ納めるための収骨であったというが、筵の上に置くことが遺棄ではなく葬法の一種であったらしいことはここからも推測できよう。

貴族層においても、たとえば七歳以下の葬礼は行われない習慣があった（東宮では実施例もある）。幼児の遺骸は袋に入れて郊外の山野（葬地）へ放置されたが、一説には騎馬の者が馬を馳せ（袋を落として）振り返らずに帰ってくるのが作法であったという（『中右記』『永昌記』大治四年閏七月一二日条、『小右記』正暦元年七月一三日条、『水左記』承暦元年九月七日条、『仲資王記』承元元年〈一二〇七〉七月二八日、八月四日条など）。弔わないという姿勢を徹底して表現したかのような所作である。むろん子への愛情がないわけではなく、実資は愛児の遺体の様子を見に行かせ、仲資王や実資は追善仏事も行わせている。白河院の皇子は僧を同行させるか、また呪詛を警戒して遺体を見張らせるかを相談しており、同行は諦めたものの徒歩で運ばせるなど、愛情とともに当時の政情を察して余りある。「子供」の埋葬に関しては、土器棺による幼児埋葬は縄文時代から古墳時代初頭まで見られるもので、古墳時代後期には小児埋葬の例は減少すると指摘されるものの、七世紀前半の大垣市の花園山古墳群五号横穴では乳幼児の遺体が五体含まれ、六世紀半ばの山口市の朝田墳墓群七号横穴でも成人とともに幼児が埋葬されている。したがって、筆者は貴族たちの幼児遺棄の風習は古来のものではなく、七歳以下の死体を触穢としないとする慣行があることも含めて、七世紀後半から八世紀にかけて導入された中国の礼制で七歳以下には喪なしとされていることが大きく影響したものではないかと推測している。この点に関してはさらなる検証が必要であるが、最近では九世紀中葉の多賀城市の山王遺跡では土師器甕棺墓から検出された歯が二歳程度の幼児のものと初めて歯学的に推定され、これによって同じ多賀城外の市川橋遺跡で発見された集団墓地内や道路交差点付近・路傍などにおける複数の甕棺墓や、平城京左京七条一坊十五坪の甕棺など各地の古代の甕棺も通説通り幼児埋葬墓である可能性が高まった。一方で、民俗学では成人と子供の墓を分ける子墓の風習が知られている。近年では「七歳までは神のうち」という柳田国男の打ち出した民俗学的テーゼが史料的根拠の乏しいものであったことが明らかにされているように（柴田）、こうした幼児遺棄の風習も、どのような地域や階層でいつごろから見られ、いつまで行われていたのかを明らかにすることでその起源・性格もおおよその見当がつけられるものと思われる。

さて、こうした習俗事例を広く探索しその背景を考察することも素直に興味深いのであるが、本書の目的は上記したように少々異なる。貴族の葬送儀礼について、その細部まで史料に即して考証することにより、従来顧みられることの少なかった事実関係を明らかにしてその意味を考察し、これまでの考え方を再検証することなどを通して、葬送儀礼と仏事の関係に対する認識をより史実に近い形に更新することを目指すものである。やや堅苦しいかもしれないが、〝事実〟を認識するための前提条件と根拠、理路をできるだけ提示し、解釈を導き出す過程を検証可能にすることに努めながら記述するという作業にこだわるつもりでいる。もっとも、宗教的な観念や儀礼の背後には筆者の乏しい想像力を遙かに凌駕する論理や発想が存在することは珍しくないため、できる限り多彩な地域、文化の事例や研究を知る必要があるが、そうしたことは筆者の能力を超える。本書の内容は、史料操作によって目に見える範囲の行為・事実を具体的に明らかにすることを主眼にして、儀礼の意味や解釈にはなるべく踏み込まない方向になるはずである。

最後に、本書の議論の位置付けを分かりやすくするため、あらかじめ葬送儀礼の歴史を概観しておく。六世紀までは前方後円墳に代表される大規模な古墳が造営されたが、七世紀に入ると前方後円墳の造営は停止され、円墳や方墳となり規模も縮小する。また七世紀半ば頃までは遺体を一定期間安置し、種々の儀礼を行うモガリ習俗が盛行していたとされる。そして七世紀半ばまたは後半には身分別に墳墓の規模や葬具を規制し、王以下のモガリを禁止したいわゆる大化の薄葬令の発布を嚆矢とした葬送習俗の変革が企図される。続いて令制では中国風の儀礼を取り入れた葬送儀礼が定められるとともに一定以上の身分の官人への葬料の頒布や葬具の貸与、葬送を監督・執行する監喪使の派遣が規定されるなど公的な葬送制度が示される。また八世紀以後には官人層への火葬の普及や天皇家を始めとした中陰・追善仏事が広く定着する。そして九世紀から一〇世紀にかけては葬送に仏教儀礼が導入されはじめ、考古学的には火葬墓が減少するなどの変化が見られる。仏教儀礼は当初は顕密僧による儀礼が部分的に行われるかたちであったが、仏教的要素の比重が次第に拡大し、また浄土思想の広まりや墓地における卒塔婆建立など仏教的な来世観、死者祭祀が拡充する。さらに一三世紀から一四世紀にかけて禅律・浄土僧が貴族や武家の葬送儀礼の中心を担うかたちへと変遷する。その後、近世には朱子学に基づく儒教葬礼が林羅山や山崎闇斎らの儒学者や水戸藩・岡山藩などの武家や一部の公家で用いられ、また地域によっては吉田神道が唱導する神葬祭が採用されることになる。

このような葬送儀礼の変化の中でも、本書が主に扱う八世紀末から一二世紀末までの平安時代は葬送儀礼の仏教化が進む転機となった時期であり、それ以外にも「ケガレ観念」の「肥大・深化」と表現されるような死（体）にまつわる感覚の変容、服喪習慣の定着、墓参習俗の開始など後世へ連なる様々な変化が生じていた。また子細に検討すると葬送関連の儀礼のなかに親子意識や家意識に関わる概念が垣間見られることも次代への影響として見逃しがたい。葬送や追善・服喪に関しては、仏教以外にも礼制に代表される中国思想、種々の習俗、「ケガレ」観念、親族概念など関連する事柄は多く、筆者にも十分に理解できていない面が多いことは先に告白しておかなければならない。明快な見通しをつけることはなかなかに困難であるが、史料に即した検証を通じて、あるいは試行錯誤の跡を提示することで、日本社会の死者への認識や霊魂観念、他界観の歴史をより深く理解する手掛かりとなる史実の提示ができればと思う。なるべく読みやすく書くつもりではあるが、先述の通りかなり細かい議論が多くなることはあらかじめご了承願いたい。それでは、まずは平安貴族たちの臨終から埋葬に至るまでの遺体への扱い＝葬送儀礼について確認することから始めたい。

第一章　平安貴族の葬送儀礼と仏事

葬送・追善・服喪

本章では、平安貴族の葬送儀礼の概要を確認し、その時代的な変遷や特質を考える上で注目すべき問題を拾い出す。葬送に関しては、遺体を直接扱う葬送・埋葬のほかにも四十九日までの中陰仏事や一周忌、月忌、遠忌などの定期的追善仏事やその他の仏事、親族や近習らの喪服（素服）着用及びそれに伴う生活規制（服喪）など様々な行為がなされ、それらが一体となって死の作法を形成している。本書では遺体を処理する狭義の「葬送」及びそれに伴って遺体に向けて行う葬送仏事と、霊魂の安穏・追福を祈願することを目的とした追善仏事を原理的に区別し、前者を主たる対象とするが、遺体と霊魂は死去直後に分離するわけではなく、目的も同じであるなど両者には重複する部分が存在することをあらかじめ注意しておく。

現在の葬儀では死去数日以内に通夜、告別式が行われ、そのまま火葬所に向かうことが一般的であろうが、平安時代の場合、死去から葬送の間にはかなり日数のバラつきがある。一一世紀には数日から十日まで、一二世紀には十日前後が多いというおおよその傾向が指摘されている（清水）。個別に見るとあらかじめ葬具や墓所を用意し即日葬送する鳥羽上皇のような事例をはじめとして、遺言では三日以内に葬送を行うとすることが一つの範型となっており、また吉日を選び十日から二十日前後の日数を要する例もある。遺体の安置場所から葬列を発し葬送（埋葬・火葬）するまでの流れのなかに現在の告別式に相当する儀礼はとくになく、あえて言うならば後述する出棺時か埋葬・荼毘の直前の仏事がそれに近い意義をもつようになる。遺体を葬所（埋葬地あるいは火葬所）へ運ぶ葬列の出発場所は多くの場合、死者の近親や関係者、籠僧らが籠って四十九日間の中陰仏事を行う葬家（喪家）となる。七日毎の中陰仏事は死去の日を起点として催されるが、中陰仏事にも吉日を選ぶなどして日数がずれることも多い。中陰最後の四十九日仏事には死去から四十九日後にあたる日に主に身内で行う正日仏事と、日数を短縮して行う公的な性格の七七法会の二度の仏事を修することが一般化している。法会は喪家とは別の寺で行うこともある。九〜一〇世紀頃には京内の邸宅で死去した死者を京外の寺院や別宅に移し、そこから葬礼を行うなど、京内での葬礼を憚る風潮が広まる（堀）。また、死期の迫った病者が終焉所としてそうした郊外の仏堂へ移動することも見られるようになる。京外の宇治で亡くなった藤原頼通は死後に自身の建立した宇治平等院へ移されているが、それも故人の意向があったと思われる（『台記』久寿二年〈一一五五〉一二月一七日条）。それらの寺院には故人や親族ゆかりの寺院が選ばれることが多いが、それ以外の寺院を借用している場合もある。

追善仏事と並行して、死者を哀悼するために一定期間喪服を着用し慎む儀礼が行われる。これは中国から移入された制度であり、その期間については喪葬令に唐令にやや改変を加えた規定がなされ、親と夫、主君の喪は一年、妻、祖父母や兄弟らはそれぞれ五月、三月などと血縁・縁戚関係の親疎により漸減していく。早い時期は不明ながら、元慶四年（八八〇）の清和や仁和三年（八八七）の光孝の葬送時の着服をはじめとして葬送の日の着服が確認できるようになる。服喪には重服と軽服があり、親の喪は重服、それ以外の親族の喪は軽服と呼ばれ、親の喪中には一年間公務への出仕を停止（解任）する制度があったが、「奪情従公」としておおむね四十九日を目途に中途で出仕を命じる習いであった。軽服にも休暇期間が設定されていたが服喪期間より短く、早めに除服することや途中で出仕を命じられることも多い。着服日数は日の吉凶などによっても多少変動するほか、喪家に籠っている場合には中陰仏事期間の五十日を過ぎてからの出仕になる。また心情としての喪を表現する心喪服や天皇の重服期間中である諒闇に着用する諒闇服などもあり、重服一年が明けたあとの一月間は心喪服・軽服を着用するという。喪服は重さによって鈍色の濃淡があるが、本人の意志によって色を濃くすることもある。重服中は黒を基調とした調度を用い、音楽や宴、食事の制限、神事や吉事への関与・参入を控えるなどの慎みを行い、軽服や心喪中でも音楽や宴、食事の制限、神事や吉事への関与を憚る。ただし、軽服の人が召しにより吉服を着て節会や神事に参入することも多い。殿上人らが本官の役務を務める時も位服を着用するという。こうした場による服の使い分けなどは時々の便宜的なところもあり、実態は今一つよく分からない。喪が重なった時は二つの服を着ないというが、状況によっては着服していることもある。また、喪服には葬送や中陰仏事で着る儀礼的な性格の濃い素服とそれ以外の期間に着る鈍色の喪服があるが、これについては後述する。

天皇の喪服は錫紵と呼ばれる墨色の装束であり、縄帯や布冠などを用いる。着服期間については、中国の「以日易月」制にならい天皇は親には一年＝十三月（数え月）＝十三日、そのほか五か月＝五日、三日の着服などとし、親などには残り期間を心喪期間として心喪服を着用し、黒系統の調度を用い黒色の米を供し、神事の出御、音楽や宴、朝賀などを控える。喪葬令では天皇は本服二等以上の親族の喪に錫紵を服するとされており、この令文によれば錫紵は本来の喪服の代わりに着る心喪服にあたるもので（この点には議論がある）、天皇にとっての素服が錫紵にあたることになる（『長秋記』大治四年七月一五日条も参照）。またこれも中国の制に倣って重服の天皇や夫帝の死に逢った皇后、父母の死に際した親王・内親王ら、また両親の喪にある摂関家の人々らは正殿上ではなく廂や廊の板を外した土の上、あるいは殿や廊の上に莚などを敷いた倚廬（土殿）に籠る儀礼が行われるようになる。これも葬送当日から籠るが、後日にずれる場合も見られる。その期間は天皇家では「以日易月」制を用いているが、摂関家では康和元年（一〇九九）の父師通の喪に籠った忠実が四十九日正日前日に土殿から上がったとあり（『元亨四年具注暦裏書』）、四十九日を基準としていた可能性がある。

先にも触れたように、素服はその期間中継続的に着用するものではなく、葬送や法会などの儀礼において着用するもので、着服・除服は陰陽師の勘申によって定められた日時・方角で行い、除服時には祓の後に川に流すという儀礼的な性格の濃い装束である。天皇は内裏において着脱し陰陽師が祓の後に川に運ぶが、貴族たちの場合は除服時に自身が河原に出て陰陽師による祓を行う場合も多い。祓については中陰の四十九日終了後、あるいは諒闇期間が終了した後にも行われており、吉凶を象徴的に区別する不可欠な儀礼となっていることとが分かる。

服喪を含む葬送儀礼の詳細については葬送の参加者、喪家に籠る人々の範囲、葬所や墓地の選定法、葬送従事者と故人の関係、喪服の種類や着用法など考えるべき点も残っており、いまだ十分に解明されているとは言いがたい。詳細は追って述べていくとして、次に遺体処理の手段、つまり葬法について見ておく。

葬法の種類

平安貴族の葬送では火葬や土葬、あるいは仮設した霊殿への遺体の安置、時には散骨が行われ、一旦埋葬・安置した後の遺骨を改葬することも稀ではなかった。埋葬地や火葬所には平安京の葬地であった東山の鳥辺野や西北の船岡山近辺、東北の神楽岡一帯が選ばれやすく、火葬後の遺骨は基経流藤原氏であれば一〇世紀以降に基経流の葬地となった宇治木幡へ、具平親王流の源氏ならばその墓所北白川に多くが埋葬されるようになるが（全てではないようである）、それ以外の人々については個別に選択されていたと思われる。後述するように霊殿の史料的所見は一一世紀前半までに限られるなど時期による葬法の盛衰も見られるが、総じて史料からは火葬の割合がかなり高かった様子が伺われる。こうした葬法の選択については故人の意志が優先されることが原則であった。『栄花物語』によれば、長保二年（一〇〇〇）一二月に産死した中宮藤原定子の場合、

「煙とも雲ともならぬ身なりとも草葉の露をそれと眺めよ」など、あはれなることゞも多くかゝせ給へり。「この御言のやうにては、例の作法にてはあらでとおぼしめしけるなめり」とて

と兄伊周が定子の和歌の「煙とも雲ともならぬ身」の詞から「例の作法」である火葬を望まない意志を読み取って霊屋を設けたという。ここでは土葬（土中ではないが）が選択されているが、平安時代を通じて男性・女性ともに火葬、土葬の事例があり、本人以外の近親の意向によって葬法が決定される場合も含めて、当時の貴族社会の葬法に関する規範はかなり緩やかであったと言ってよさそうである。

火葬の割合の多さについては、しばしば引用される「火葬有功徳」という九条兼実の詞が端的に示すような信仰的な背景が大きかったと推測できるが（『玉葉』文治四年〈一一八八〉二月二八日条）、さりとて仏教的信仰が必ずしも火葬に結びついていたわけでもなかった。それは現世利益と後世往生を求めて多くの仏事を行っていた人物であっても土葬を望む例が少なくないことからも分かる。著名なものでは、数々の大規模仏事を催したことで知られる白河法皇が当初は鳥羽成菩提院の三重塔中の石の間への土葬（墓壇の中であろう）を意図していたという例がある（『長秋記』大治四年〈一一二九〉七月一六日条）。実際には叡山の衆徒が先の関白藤原師通の墓を暴こうとしているとの噂を耳にして我が事が心配になり火葬へと変更したが、死後の往生を願うことと土葬の選択が相反するものでなかったことは知られよう。また白河法皇のように院政期には御堂や塔内への埋葬事例が増加するが、こうした葬法においても鳥羽天皇の皇后藤原泰子が福勝院護摩堂の壇下へと埋納されたように土葬の事例が散見する。このように、当時の仏教が土葬を一概に否定していたとは言いがたく、したがって貴族たちの土葬・火葬の選択が信仰的理由のみによって規定されていたとも考えがたい。葬法の選択は、例えば遺体を傷つける・傷つけられることを嫌うといった本人や血縁者らの抱く死後の身体イメージ、あるいは社会的・経済的事情や縁故者の先例、この世とのつながりを残したいという心理など、信仰的理由を含めた様々な要因によって決定されていたというのが実情に近いと思われる。そうした意味で、当時の葬法はかなり流動的な面を持ち合わせていたのである。また仏教との結びつきという点では、遺体や遺骨を納める墓のあり方も時代とともに寺院との結びつきを強めていく傾向にあるが、これについては後述することとし、次に葬送儀礼の具体的な手順を記した史料について解説する。

葬送儀礼の次第書

しばらく以前、納棺師を主役とした映画が話題となったことは記憶に新しい。現在でこそ葬儀社以外の遺族や関係者が遺体を直接扱う機会は少なくなったが、葬送を専門に行う者たちが存在しなかった時代・地域では葬送に伴う諸々の行為は縁者、近臣や近隣の住民など周囲の人々が分担して行うものであった。当然ながら、それらの行為には一定の作法が形成されており、死者を送る際には作法に則った儀礼を行うことが求められる。律令制下の葬礼では有品の親王や三位以上の貴族たちには葬礼を司る監喪使の派遣や葬料の下賜が制度上規定されていた。監喪使は天皇における葬司と同様の役割を果たしたと指摘されているが、入棺以下どこまでの実務を担っていたのかは詳細を語る史料がない。少なくとも制度が形骸化する九世紀半ば以降の貴族たちの場合、葬送に関わる諸儀礼は喪家が手配する家司や近習たちによって執り行われるものとなっていたと思われ、時代が下ると僧の関与も見られるようになる。

平安貴族たちの葬送儀礼については、実際の葬礼を記した諸史料及び葬礼全般のひな型を記すマニュアル的な次第からその大要を知ることができる。そうした次第書としては一〇世紀の政務儀式を記した源高明『西宮記』一二の天皇崩御の次第、一二世紀末から一三世紀半ば頃の真言僧によって書かれたとされる『吉事略儀』や『吉事次第』がよく知られている。前者は政務儀礼を主導する上卿のために各種の儀式次第をまとめた書の一項目であり、後者のうち『吉事略儀』（以下『略儀』）は出家した親王である法親王の葬礼について記したと推測されるもの、『吉事次第』（以下『次第』）は女院を想定した葬礼次第とされる書である。『西宮記』は醍醐天皇の葬送に関する史料を基にまとめられたと考えられるもので、具体的な作法の記載こそないものの入棺をはじめとした葬送の諸行事が列挙されており一〇世紀の天皇の葬礼の基本的な構造を理解するのに適した史料となっている。『次第』と『略儀』はともに各行事の具体的な手順の説明を含むもので、後白河天皇の子である仁和寺の守覚法親王（一一五〇―一二〇二）が入道平基親に語ったとの奥書を有する『吉事次第』は仮名文体、こちらも守覚との関わりを示す古写本の記事があるという『略儀』は漢文体で書かれており（『群書解題』）、大筋では共通する内容ながら『略儀』のほうがより詳細である。また守覚とも交流のあったほぼ同時期の醍醐寺僧成賢（一一六二―一二三一）がまとめ、その弟子憲深（一一九二―一二六三）が加筆した『作法集』には「葬送作法」「葬法」「亡者曳覆書様」「無縁葬作法」など葬送次第と墓地の地鎮法、亡者の遺体を覆う布に記す真言の書き方など一連の葬送関連の記事がある。これは従来から文政一三年（天保元・一八三〇）の写本に基づく『葬法密』として『日本教育文庫宗教編』（同文館、一九一〇）所収の活字本により知られていたものであるが、もとを辿れば鎌倉時代（後述のように一部は平安時代）にさかのぼる著述であることがはっきりした。『略儀』『次第』『葬法密』と古記録記事に民俗事例を加えて当時の葬送儀礼や墓制全般を的確に解説したものとしてはすでに勝田至氏の優れた著書があり、本書でも多大な学恩を蒙っている。加えて最近では一二世紀後半までの貴族の葬送の主要な事例を逐次的に平易に説いた朧谷寿氏の著書もあり、これまた有益なものである。両著との重複は避けられないが、本章でも論述の都合上『略儀』『次第』『作法集』及び諸史料から当時の葬礼の儀礼的側面に焦点をあてた検討を行うこととする。

なお、歴史学系の葬送研究ではほとんど知られていないようであるが、真言僧による次第書としては一四世紀の東寺亮禅述（一二五八―一三四一）・弟子亮尊記『白宝口抄』にも『作法集』と似た一連の記事がある。『白宝口抄』はこれまた守覚の著『秘抄』の注釈書でありながら、『秘抄』にも載せる「亡者曳覆書様」「無縁葬作法」だけでなく「葬送作法」などが付け加えられている。この「葬送作法」は『作法集』や『略儀』とほぼ共通する内容ながら微妙に異なる記述も含まれ、これらを参照して書かれたのではないかと思わせるものである。さらに、活字化されていないものであるが、鎌倉後期の高山寺の真言僧である経弁『伝授類聚抄』にも葬送関連の一連の記事があり、『作法集』『秘抄』と同じ「亡者曳覆書様」、経弁が旧記類から草した葬送次第などが載せられている。また、近世のものであるが京都大学付属図書館平松文庫『庶事類抄』に断片的に引用される葬送次第「古記」は建保五年（一二一七）二月の成賢の奥書を有するものであったという。ここでは一応それを認めるとして、これらの諸書も参照する。また、貴族の葬礼について詳細に叙述する史料は一条、後一条、堀河、白河、近衛、鳥羽、皇嘉門院、藻壁門院といった天皇・女院や摂関家クラスに偏り、公卿レベルで葬送、追善、服喪の一連の流れを記すものは藤原定家の父俊成まで降ることによる限界があることもあらかじめ断っておく。では、まずは『略儀』から葬礼の概略を見ておく。

『略儀』の葬送儀礼

『略儀』の記事は各儀礼を項目別に本文として掲出した後、その詳細を注記する体裁を取るが、いまは各種の儀礼を適宜まとめて例示する。

①吉日に葬所の方角や土用（土を掘ることを禁じる）の日時などを定める
　遺言があれば日時・墓所などは遺言に従う
②死去後の模様替え
　死者を北枕に直す、遺体を衣で覆う、周囲に屏風を立てる、枕火を点す、香を焚く、匂い消しの酢を死者の鼻のあたりに置く
③入棺　棺は六尺三寸（身長による）、棺覆いの布、綱などを用意する
　枕・野草衣・加持土砂・持経や御守の御物を入れる、アマガツ（身代わり人形）は入れない
④沐浴・手水・御膳の儀は省略する
⑤葬送　貴所屋（火葬所）の設営、鳥居・荒垣の設置、酒や水・箸や敷物の用意
⑥出棺　素服の着用、御仏供養の開始、出棺と葬送行列の次第、御所の掃除

⑦法用　貴所屋到着後に上臈の僧が導師・呪願を務める
⑧荼毘　棺の蓋を上げて薪を入れ着火する
⑨拾骨　貴所屋を壊す、湯や酒で火を消す、上臈から箸で首の骨以下の骨を拾う
⑩納骨　骨を茶垸に入れる、加持土砂を加える、垸を白革袋に納め御堂の下などに納める
⑪帰参　帰路に草人形で祓をする、また火葬所に土を盛り卒塔婆を立て墓とする

このように、ここでは死去前に行うとされている方角や土用の選定から始まり、死去後の枕返しや枕火の誂えなどの装束替え、棺の寸法や遺体を入棺する作法、棺を覆う布の結び方、入棺時に副える衣装や持物の詳細、荼毘における着火法や拾骨における骨の拾い方、骨壺の仕様など各儀礼についての実用的な記述が見られる。ただし、死者の沐浴や御膳の供御、持経や御守り以外の御物や身代わり人形の入棺を省略する旨の記載があり、全般的に簡略化を指向する傾向にある。これは同時代の貴族たちの葬送にも共通するものである。とはいえ、人々が喪服を着る日時は吉時を選ぶとし、葬礼の日程を遺言する場合は周囲が日次の沙汰で頭を悩ませないように日取りを明確に指定しておくべきであると注記するなど、日時の選定については疎かにしていない。

『略儀』は近習の「僧綱・凡僧」、仁和寺や高野山御所などとあるように法親王を想定した次第と目され、かつ「今度」とあることからいずれかの法親王の葬送のために準備されたものであったと推測されるが、その内容は日記などに見られる当時の貴族たちの葬礼とほぼ共通しており、一二世紀後半頃の一

般的な葬礼を伝えたものとして良いと考えられる。すなわち、貴族たちの子弟が上層部を占める当時の寺院社会では、高位の僧と貴顕の間には葬送儀礼における基本的な考え方の違いはなかったといえそうである。そのことは、①もし高野山であれば素服を着る日時を京の陰陽師に問い合わせるから日数が必要とあることや、②草祓など経典類には典拠のない行事が見られることによっても裏付けられよう。また②北枕や枕火など近現代まで続く風習や、入棺時には遺体に手を触れず遺体の下の莚ごと持ち上げる、荼毘の時には北西から東北に順に火を付け北（首）側は空けておくなど種々の決まりごとが述べられていることも興味深い。

仏教と葬礼

次に、『略儀』の伝えるような貴族社会の葬送儀礼を仏教との関わりという観点、すなわち葬送のなかで教義や思想に基づく儀礼が行なわれること、または葬送における実務行事が僧侶によって担われることの二つの観点から整理してみよう。後者については、『略儀』では枕返しなどの実務に従事する人々に近習の僧侶が想定されているが、これはそもそも周辺に伺候する人々が僧侶であることによるものであり、ここでいう仏教との関連性とは別である。前者の仏教的理念に基づく儀礼としては、③真言陀羅尼を記した野草衣の入棺、③⑩光明真言による加持土砂の散布、⑥行列における念仏など、⑦呪願・法用という仏事を行うことの四点が仏事に数えられよう。このほか、⑩火葬骨を御堂のなかに安置すること、⑪墓に卒塔婆を立てることは葬送と追善の重複する部分、⑥御仏供養は追善仏事の範疇に入ると思われ、③持経や御守は来世の宗教的安穏を期待した面もあると同時に、生前からの日用品の一種としての性格も持っており、仏教信仰が浸透した日常生活の延長と葬送仏事の両面を備えたものとしておく。また、荼毘が仏教的なものであるかいなかは議論の別れるところであるが、この時期には土葬と浄土志向が対立しないことはすでに述べた。

以上のように整理してみると、一二世紀後半頃の葬礼における儀礼的行為の半ばは服喪、装束替えなど仏教以外の要素から成り立っていることがあらためてよく分かる。担当者が僧侶に限定される事態となるならば別として、葬送に不可欠な入棺、収骨などもそれ自体では仏教的行為とは言いがたいことは自明であろう。そもそも葬礼を「―式」などと分類する場合においても、ある宗教や思想に基づいて定められた葬礼の次第がその宗教以外に由来する様々な要素を取り入れたものとなることは当然である。しかし、平安時代の葬礼に関して言えば、例えば近世の儒式葬礼が『朱子家礼』に基づき、一四世紀以降の貴族や武家で普及した禅僧の沙汰する葬礼の大枠が『禅苑清規』など禅宗文献に記された様式に準拠して行われたような意味での典拠は存在しない（『禅苑清規』も儒教的葬礼をベースとするが）。『略儀』や『次第』は真言僧によって記された次第書ではあるが、その内容は歴史的経緯によって成立した同時代の葬礼を基にまとめたものであり、教義的な立場から編成された次第ではない。少なくとも、内容を見る限りそうした立場が読み取りがたい程度には希薄なものである。そうであれば、当時の葬送儀礼の成立過程を検証し、各構成要素がどのような性質のものであったかを解明することは、平安時代の葬送儀礼の性格を知るための有効な手段となろう。

かなり細かい話となったが、なぜこのような些細な事柄にこだわるのかといえば、同様の問題が近世や民俗事例における葬送儀礼についても当てはまるからである。民俗事例の葬送を見るに、近隣住民たちが協力して墓穴の用意や葬具を準備するなど種々の行為を行い、僧侶は霊前や墓前での読経や葬列への同行といった役割を果たすものの葬送儀礼全般を主導するとは言いがたい事例が普通である。近世の各地域の葬送についても同様である。また、中世の禅僧の主導する葬礼であっても細部には在来の儀礼など禅宗以外の要素を取り込んだ部分があり、近世の儒式葬礼のなかにも僧による読経や追善儀礼が組み込んだものが見られる。つまり、禅宗式や儒式と呼ぶ場合にも、何をもってそのように呼ぶのかという実態の検討を踏まえた上で概念を規定するという作業を欠かすことはできないのである。冒頭で、本書は仏教と葬送の関わりを主要なテーマとすると述べたが、それは「ある時期に仏式の葬礼あるいは葬式仏教が成立した」というためではない。葬礼の全体の中で仏教的儀礼や僧侶がどのような役割を果たしているのかを史料に即して明らかにするためである。先回りしておくと、現代の葬送のように参列者が仏具である数珠を持ち仏事としての焼香を行い僧による読経があるような葬礼ならば、入棺や火葬などの実務は専門業者が行っていたとしてもそれを仏教式の葬送であると認定することには一理あると筆者は考える。死者の霊魂が仏教的な世界観のなかに（形式上であっても）位置付けられていることになるからである。かりにこの基準を適用するならば、上で説明した平安時代の葬送は仏教式といっても差し支えないことになる。とはいえ、一口に仏教といってもそれ自体が浄土思想や陀羅尼信仰など多様な教理や思想を包含するものである上に、葬礼全体に関しても仏教以外の要素が多く組み合わさって一つの儀礼を構成しており、仏教式の葬礼と規定するだけでは実質的な意味はあまりない。葬送儀礼の時代による変遷という動的なあり方を考えるためにも、葬礼の性格を考察するためにも、儀礼の細部に目を配りつつ全体を見渡す作業を行っておく必要があるのである。このような視点から、これより死から埋葬までの各儀礼の細部について史料に基づいて説明していきたい。

臨終作法と装束替え

平安貴族たちは生前から死後の往生を願い種々の作善を行うなど、死に対する意識が非常に強かった。来世志向は時代を経るにしたがって顕著になるが、源信『往生要集』、永観『往生十因』など浄土行を教える諸著作においても臨終作法が説かれるように、臨終は死後を左右するものとして重視された。貴族たちはこうした教えに倣い、阿弥陀仏の手に結んだ五色の糸（『往生要集』などでは幡）を左手に持ち（西面右脇で寝るため右手は下になる）、極楽を思いつつ念仏を唱えて迎える死を理想とした。それは、藤原道長の死を語る『栄花物語』三〇に、

臨終念仏おぼし続けさせ給。仏の相好にあらずより外の色を見むとおぼしめさず、仏法の声にあらずより外の余の声を聞かんとおぼしめさず。後生の事より外の事をおぼしめさず。御目には弥陀如来の相好を見奉らせ給、〔御〕耳にはかう尊き念仏をきこしめし、御心には極楽をおぼしめしやりて、御手には弥陀如来の御手の糸をひかへさせ給て、北枕に西向に臥させ給へり。

とそのままに描写されていることからも窺える（源信『往生要集』『横川首楞厳院二十五三昧式』は西向きの仏像の背を見ながら幡の端を執るとする）。往生伝などはもとより、日記でも輔仁親王や藤原基実室の藤原宗子らそうした臨終を全うしたとされる人々は幾人も存在する。また臨終の正念を保つために（妨害する）魔障を遠ざける不動明王の力を恃む信仰もあり（『孝養集』など）、一条天皇の死去に際して僧らの念仏とともに魔障を追うための加持が行われたとあることはこれに相当しよう。

もっとも、現実の道長は苦しみながら亡くなったようであり（『小右記』万寿四年一二月二日条）、実際には念仏を唱えながら死に赴くというのみでは終わらないこともある。たとえば堀河天皇は、藤原宗忠の日記『中右記』には「大般若・法華経号幷不動尊宝号、次唱釈迦・弥陀宝号、向西方給」念仏（弥陀）と法華経の宝号などを唱えながら眠るように死したとされるが（嘉承二年〈一一〇七〉七月一九日条）、帝に仕えた讃岐典侍の『讃岐典侍日記』によれば死去間際の天皇は女房らに背中や足元を抱かれ、法華の宝号や念仏を唱えながらも、ともすれば苦しみのなか伊勢神宮に「助けさせたまへ」と助けを求めることがあったという。またいまだ壮年の天皇であったためか、平生の堀河の宮中では念仏は「いまいましき」不吉だとされていたとあることも興味深い。堀河は死後、周囲の人々によって西方浄土や弥勒の兜率天への往生の夢が数多く見られ往生者と認定されるにいたったが（西口）、やはり臨終時の苦痛や恐怖を取り除くことは簡単ではなかったのであろう。

とはいえ、死を免れることは不可能である以上、浄土信仰が広く定着した時代の人々が往生を願うこともまた当然である。そうした往生を希求する臨終のあり方は形こそ違うものの源信以前から普及していたようである。醍醐天皇は危篤に陥り出家し、最後は西面右脇すなわち北首にて死去し（『吏部王記』延長八年〈九三〇〉九月二九日条）、譲位後に真言僧の宗叡を伴い仏道修行を行っていた清和天皇は北白川の円覚寺で僧らに金剛輪陀羅尼を唱えさせ「正向西方、結跏趺坐、手作定印而崩」と印を結び西面に座したまま崩御した（『三代実録』元慶四年〈八八〇〉一二月四日条）。清和は印を結ぶ密教形式による入滅であったが、醍醐の西面右脇とはいうまでもなく釈迦の最後の姿であり、日本では早く奈良時代の行基がその姿で没したことがわかる（『大僧正舎利瓶記』）。また臨終直前に出家することは仁明天皇が死の二日前に「天皇落餝入道。誓受清戒」と皇子二人とともに出家した例が史料上の初見である（『続日本後紀』嘉祥三年〈八五〇〉三月丁酉条）。こうした臨終出家の慣例化は、一二世紀末以後には死後に剃髪出家する死後出家をも生むことになる（水藤、三橋）。重態時の出家には回復祈願の意味もなかったとは言えないが、死を前に自身の来世を仏道に委ねることが九世紀から見られることは確かであり、仏事を伴う臨終のあり方も相前後して貴族社会に徐々に普及していったと思われるのである。

模様替え

死が確認されれば模様替えに移る。当時は呼吸停止（気絶・閉眼）が死とされたが、体温の低下や変色などもそれぞれに死の不可逆性の顕れとして認知されていたようである。昌子内親王や皇嘉門院は死とされてから体温の低下を待って模様替えを開始しており（『小右記』長保元年〈九九九〉一二月二日条、『玉葉』養和元年〈一一八一〉一二月五日条）、後世の例ではあるが一四世紀の東寺の賢宝は死去直後に模様替えを行ったが二日後にもまだ顔色が変わらず暖気もあったため、変色を確かめてから荼毘に付している（『賢宝僧正中陰記』）。模様替えは『次第』では近習の女房四人または六人、『略儀』では六人か八人の役人のうち四人が下に敷いた筵または畳表の筵の綴じ糸を切り取って筵ごと持ち上げ、枕を返して北首に直すとある。畳を切る時には鬼門である丑寅を通らないように丑寅から切り始めるという。当時の畳は薦を重ねた上に筵をかぶせたものであるが、筵だけ切ってほかは抜き取るとあるように、死者には厚い敷物は不要とされていた。また、もし座したまま亡くなれば寝かせて足を伸ばすが、強引に伸ばさず丁重に直すとされる。死後硬直による骨折などの恐れがあるためであろう。清和天皇は結跏趺坐のまま亡くなったため棺を輿のような造りにしたとあり、無理に姿勢を直さなかったようである。また伝承ではあるが、一二世紀以前に成立したらしい多武峰の増賀伝には座したままの増賀を桶に入れ土葬したともある（『増賀夢記』）。

次いで、綿入りの衣や上の衣装類を抜き取り裏地のない単衣の衣装にする。「着す」といった表現が用いられているが（『略儀』）、実際には上から覆うようである。『略儀』には葬送では足が露出することが多いと但し書きを加えているように、着替えやその後の過程で遺体が露見しないように注意深く覆うとされる。皇嘉門院聖子の時には女房二人で先に小袖（下着）をかねて用意の新品に取り換え、次に袷（裏地のある衣）で覆い、さらに生前用いていた袈裟と念珠を掛けてから僧都が加わって北首に直しているが、着替え中には体の上に御衣を張って見えないようにしていたという。覆うときには「頸の左右」を念入りに押し合わせて「首」を隠したとあるように、首＝顔まで覆い隠したらしい。遺体を隠すことには死者の尊厳を守る意味もあるのであろう。とはいえ、中国の士大夫層の斂儀礼では専用の明衣を「衣十九称」など何枚も重ねて衾で包み上からしばるとあることと比べれば随分と簡略ではある（『儀礼』士喪礼）。続いて死者の周囲に屏風や几帳を廻らし、枕火（『殿暦』永久二年〈一一一四〉四月三日条）を点して香を焚く。故人が最初から障子（立て具）のなかにいれば屏風は省略する。『略儀』には屏風を裏返して置くことは誤りと注記されているが、中級官人である主殿頭の妻の入棺を記した『行親記』では「几帳を反す」とあるように（『同』長暦元年〈一〇三七〉八月四日条）、そのような作法が一部に流布していたためにわざわざ断ったと思われる。枕火は枕の方に北向きに設け、夜ならば灯火をそのまま引き寄せて用い、昼ならば新しく点すという。香も枕火でつけ、どの方角においても構わないが、枕火と香は葬送まで絶やさない。枕火は鉢にも移しておき、いざ消えた時の予備とする。また臭気対策として遺体の鼻の辺りに上質の酢を置く。これは遺体の臭気が鼻から出るためといい（『略儀』）、史料上では七月死去の白河法皇の葬送が初見となる。この時は当初は酢を置いていなかったが、源師時が沙汰人の院近臣であった参議藤原長実に同じく七月死去の堀河の葬送時に臭い消しの酢を置いたという故事を教え、藤原長実が急きょ用意したものであった。源師時は従弟の故源雅実から聞いたというが、源雅実は堀河の叔父でその枕返しや入棺に従事した人物であり（『讃岐典侍日記』）、こうした細部の知識が経験者から伝承される経緯がよく分かる（『長秋記』大治四年〈一一二九〉七月八日条）。『略儀』では夏は一晩で臭気が出る、冬は数日程度ならば酢を置かないとあるとはいえ、仁治三年（一二四二）正月に亡くなった四条天皇は葬送まで十七日かかり遺体はひどく腐乱し変わり果てたらしく（『平戸記』同年二月二日条、『古今著聞集』

一三)、このような時には酢の効果にも限界があったと思われる。最後に屏風の外に近習や念誦の僧らを伺候させ、葬送まで無人にせず当番の僧に真言や経などを唱えさせる。これは後朱雀天皇の時に番人らが離れたすきに「奇怪事」があったためというが、何があったかは分からない(『略儀』、『白宝口抄』)。

姿勢を直す時は遺体に触らざるを得ず、また『略儀』では袈裟を着せ掛けるときに遺体の手を伸ばすなどとあるものの、葬送行事では総じて遺体にむやみに触れないように注意している模様である。時代は下るが明応九年(一五〇〇)の後土御門天皇の葬礼では、返し枕役の二人が先例をよく知らず、片方の一人が死体を持って行う先例があると言うままに遺体を担ぎ上げて直したところ、後に遺体に触らないことが先例であったと判明したため、役人自身が今回の例に倣ってはいけないとわざわざ自身の記録に注記している(『明応凶事記』)。この北向きにする返枕については元から北首ならば返さない、あるいは入棺時や沐浴時など死亡直後以外でもよいとされる。一条天皇の時には出棺時まで東枕のままであった。また寝床の下の畳については、白河の時には近臣の藤原基隆らが堀河天皇の先例と称して板敷に五・六寸の砂をまき、その上に法皇の遺体を筵ごと東枕のまま臥せて単衣をかぶせたという(『長秋記』大治四年七月八日条)。かなりの分量の砂となるが、堀河天皇の死を録した男性貴族の『殿暦』『中右記』『為房記』にはこの事実は何ら触れられていない。しかし、近侍の女房が記した『讃岐典侍日記』には堀河の叔父であった内大臣源雅実が天皇に単衣をかぶせた後に「なげしのしもに、さなりはてさせたまひぬ」とあり、これが遺体を長押の下(庇)に移動したことを指すのではないかと思われる。この後、女房の一人がかけおりて(天皇の傍に)寄り臥し、基隆らに連れ出されたと続く。この箇所については最近の注釈書類でも雅実が下りたなどとして天皇の遺体を移したとは解釈していないが、四条天皇が崩御後に清涼殿北庇に移されていたらしく（『四条院御葬礼記』）、清涼殿における作法として行われた可能性がある。『讃岐典侍日記』には砂についての記述はないが、この場には基隆も居合わせており、この見聞が白河の時に生かされたとして矛盾はなかろう。正殿から降りることや砂を撒くなど、死者の居所を粗末にするというこれらの行為は死者を筵の上に安置することとも共通するものである。通例では居場所の移動はしないようであり、砂をまくことも他に類例を見出しておらず、どこまで一般的な作法であったのかは知ることができないが、屛風を裏返すことのように、実際の葬礼作法の細部には様々な異説があったことを推測させる記事ではある。

葬送定め

葬送を行うには、葬送の日取りや墓所を決定し、墓地の用意、火葬場の準備、葬具の調達、入棺や荼毘の役人などを定めねばならない。

一条天皇を例にとると、死の三日後、まずは陰陽師へ入棺以下の諸行事を行う日時や葬送所などの方角を諮問し、先例の旧記・次第などを参照して葬送の次第を決定、各行事の担当者を記した定文が作成された（『権記』寛弘八年〈一〇一一〉六月二五日条）。葬送次第とは行事の手順のことで、『略儀』などもそうした次第の一種であったらしいことは先述した。皇嘉門院藤原聖子の時には、故実に詳しい平信範が先例などをまとめたものに藤原兼実が勘案を加えて次第を作成し、奉行の二人に給わったという。実際に貴族たちが用いた次第の体裁を残す実例としては、嘉元三年（一三〇五）に死去した後深草法皇の葬礼を記した西園寺公衡『後深草院崩御記』がある。本書はもともと法皇の葬送奉行を務めることを生前に約していたが関東申次ということで辞退した公衡が、後深草の葬送と追善仏事について詳細に記したものであるが、そのなかに山作所行事の惟継が先例などをもとに作成した山作所における次第の原文に、さらに葬送全体の奉行を務めた為方が文永の後嵯峨の例などを頭書として付け、さらに葬送に参加しなかった公衡本人が実際に行われた行事内容や役人名（の不明な点）などを付記したものが収載されている。これは公式文書ではなく実務者の覚書であり、次第の作成と行事の実像を知る貴重な史料となっている。ただし、院や摂関家クラスならば実務担当者を記した定文が文書として作成されていることが分かるが、公式文書ではない次第が必ず文書として制作されていたのかまでは分からない。おそらく一条の時に相談して決定した次第も、かりに文書化されたとしても担当者の覚書といった扱いであったと思われる。藤原定家は父俊成の遺言をもとに次第や費用の分担などを合議し、結果を姉妹らに見せて確認していた模様であるが（『明月記』元久元年〈一二〇四〉一二月一日条）、これは必要な用具や費用分担を記したメモの類であろうし、すべての葬礼において次第が文書として作成されたわけではなかったであろう。

次に、葬送に関する諸行事は大きく葬送と中陰仏事に分かれる。一条の時には、葬送については造棺、入棺、脂燭、造輿（天皇・上皇は輿を用いる）、黄幡（葬送に用いる黄色の幡）、焼香（葬送に伴う香）、行障・歩障（目隠しの布幕）、葬列の松明、念仏僧、山作（墓地や葬所の造営）、迎え火（火葬所から葬列を迎える松明を持つ人々）、素服（近親や近臣らが着す喪服の製作）などの担当者が定められ、中陰仏事については法会に用いる本尊や経典の種類、布施や布施を給う役、香の役、法会に招く僧らが決められ、定文として記された。諸行事にもそれぞれに開始時刻があり、入棺は子刻、沐浴は同刻に吉方である亥方（北西）の水を用いるとされ、山作所（火葬所）は吉方である乾方（西北）、葬所の地鎮や造営の日時は翌月八日に決定した。当時の社会では様々な行動が暦に付された注や本人の生年などに基づく吉日や吉時、凶日に配慮して行われる。葬送においても故人の遺言を尊重しつつ種々の行事が吉日や吉方、あるいは凶日や方忌などを斟酌して実行されていた。遺言では忌や土用（立春・立夏・立秋・立冬の前十八日間に土を掘ることを憚る）を憚らず三日以内の葬送とすることが定型化しているが、鳥羽法皇は諸社祭日や方角・土用すべて考慮せず三日以内の埋葬を遺言するとともに、それでも天皇の衰日（八卦に基づき、年令によって十二支のうち二つの支の日を物事を慎む凶日とすること）のみは避けるように指示している（『兵範記』保元元年〈一一五六〉七月二日条）。また、時には遺族たちが先例を考慮したり忌を憚って遺言に反することも見られる。藤原俊家の葬送では前火を省略するようにとの遺言が覆され（『中右記』大治二年八月一五日条）、承保元年（一〇七〇）二月二日に死去した藤原頼通は嫡子の衰日以外、日の善悪や方角の忌に一切構わず三日以内の葬送を遺言したにも関わらず、春日祭や重日・復日の忌を避けて葬送が行われたという。藤原忠実らは頼通の例などを引きつつ適当な日次がなければ故人の遺言に反しても葬送を延期することが先例であると語っており（『中右記』大治二年八月一五日条）、鳥羽法皇の遺言は頼通の例を反例として自身の遺言は守るようにと言及している。さらに『略儀』裏書では藤原師輔は三日以内と遺言したが、遺族がそのいずれかを迷った結果遺言をたがえることとなり、長男の伊尹はそのために早死したとの伝承を記す。天徳四年五月四日に死去した師輔の葬送日時は不明ながら、娘の中宮安子が十日に着服のため内裏を退出しており、あるいはこの日であったのかもしれない。師輔の遺言違反が事実であったかいなかは確かめられないが、伊尹が摂政就任翌年に四八才で早逝したことを師輔の葬送の遅延に結び付ける伝承がまことしやかに囁かれていたのである。『略儀』本文では余計な迷いを省くため三日以内とはせず明確に日を特定しておくべきと戒めているように、彼らの吉凶へのこだわりは強く、地相の占定などを含めて陰陽師や陰陽生の関与は当時の貴族たちの葬送には必須であった。

さらに、『略儀』に吉日にあらかじめ墓所や方角の吉凶を定めておくとあるように、生前から葬送行事を指示していることもある。鳥羽法皇は棺や死に装束、墓所である三重塔などを用意するにとどまらず、入棺の役人八人や入棺の手順、車への棺の載せ方、入棺役や葬列の参加者は院司に限らず恩ある人々とするように指示するなど詳細な遺言を用意し、それに従って葬送が催された。皇嘉門院聖子も死去の年以前から素服を着す人々や役人など没後の沙汰や死に装束を整え、最後の病悩時には吉日に墓穴を掘り始めるなど葬送に備えていた。これほどではなくとも、あらかじめ棺を用意する（宇多）、炭や材木など葬料を準備する（白河）、墓地を選定しておく（藤原俊成、ただし妻の墓の隣である）、死を迎える無常所を設ける（藤原穆子）など、年齢を重ねた人々が死の準備を行っている例はいくつも見られる。

変わった例では、四条宮藤原寛子は俗人を排したすべて僧侶による行事役人を指名する遺言を残し、大叔母の遺言に接した藤原忠実らは院司の不参も多いゆえと納得しつつ、通常は定文として役人らの名を記した文書を作成するはずではあるが、僧名のみを記した定文は異例であるとして文書は作成しないことにしたとある（『中右記』大治二年八月一五日条）。このように死者の意向に配慮しつつ、具体的な葬送の次第は先例を参照しながら時々に随時決定・作成されるものであり、さらに次第に含まれていない事柄が関係者の知見などによって加えられるといった状況であった。一人の人間が葬送に深く関わることは人生において何度もあることではない。儀礼の細部に異同が生じることは無理からぬことといえよう。

入棺

日時が決まれば、造作した棺を運び入れ遺体を入棺する。なかには棺は家中では作らないとの俗説があったために吉方の畑の中で作ったとする史料もあるものの（『行親記』長暦元年〈一〇三七〉八月四日条）、通常はいずこかの宅内の便宜の場所で造られている。入棺は葬送当日のことも葬送以前の日に行われることもあるが、一二世紀後半の土葬では葬送当日に入棺を行う傾向にあったと指摘されている（朧谷）。京内で死去した者を存命の体裁で（死亡したことは周知であるが）京外に移送する場合、入棺してから移送することが多いが、堀河天皇の中宮篤子内親王は未入棺のまま北郊の雲林院の故内侍堂へ運ばれ、次の日に入棺と堂内壇下への埋葬がなされたという例もある（『中右記』永久二年〈一一一四〉一〇月二日条）。入棺は夜に行うため、松明または布を芯とした布脂燭を持った役人二人を先頭に役人らが担いで搬入する。『作法集』には嫡子の吉方（年令から換算する生気・養者方）から搬入するとある。棺の寸法は、『次第』『略儀』には長さ六尺三寸（約一九〇センチ）、幅一尺八寸（五四センチ）、高さ一尺六寸（四八センチ）が一般的であったと記すが、身体に合わせて造るともいう。藤原基実は六尺（『兵範記』仁安元年〈一一六六〉九月二四日条）、治承三年（一一七九）の平重盛の葬送を記したという民部卿（平親範）記では長さ五尺五寸、高さ一尺余り、広さ二尺五寸というかなり小さい寸法を記している（『伝授類聚抄』）。棺には白の生絹を二幅から四幅縫い合わせた布製の覆い、覆いを結ぶための白布の綱が付属する。天皇の喪輿の場合には棺を納める「須須利」と呼ばれる絹を張った覆い（『西宮記』一二、『二十巻本和名抄』六では槨を「オオトコ」とする）、上方を覆う小屋形が設けられる（『長秋記』大治四年七月一五日条では「ススリ屋形」とある）。醍醐天皇の葬送では「二重」の棺と表現されており（『吏部王記』延長八年一〇月一日条）、棺そのものが二重であったか槨のことを指すのか今一つ判然としないが、一条や後一条では槨と須須利と小屋形があったらしく、堀河天皇の葬送記事には棺と槨と屋形のみが出てくる（『中右記』嘉承二年七月二四日条）。また『略儀』では夏場に二三日を経るようならば棺内に敷く臭い消し用の香の粉と塩や灰などを用意するとあり、「平松本古記」では夏やそれ以外でも心配な時には土器や炭を粉にして棺内に敷き汁気を吸わせると述べている。もっとも、一二月に即日埋葬された皇嘉門院聖子の棺にも香が敷かれているが、これは本人が兼ねて用意していたものであった。『略儀』によれば棺にはかつら（漆）を塗って（液体や臭気を）漏れないようにするともある。高山寺明恵の師の上覚の棺には明恵が、明恵の棺には弟子の喜海が真言を記したといい（『伝授類聚抄』、『棺書種子真言等』〈高山寺一―一五八〉）、また鳥羽の棺は側板の内側三方には蒔絵（漆）の真言種子（梵字）、足元には蓮華が描かれ、棺内に絹の下敷きの布を用意するという凝ったものであった。蓮華台に立つイメージであったのかもしれないが、ここまでできる人物は限られる。

入棺に先立って沐浴が行われる。『略儀』などでは死者の吉方の水を汲み、樒の枝などで（頭に）水を三度注ぐとあり、現在の湯灌とはかなり異なる。こうした作法を記す早い史料としては長暦元年の主殿頭の妻の入棺時に癸方（北・北北東）にあたる室町三条小路の井戸水を木の枝のようなもので三度灌いだとするものであるが（『行親記』同年〈一〇三七〉八月四日条）、一条天皇の葬送でも吉方の水を用いており、かなり以前から儀礼的な沐浴であった可能性がある。水の用意にも故実があり、ただ水を持ち込めばよいというものではなく、沐浴役が外で待機している水持ちの名を二度呼び、水持ちは返答してから水を持参するとされ、藤原定家の父俊成の葬送でもこの次第が守られている。民俗行事でも水を汲む人間のあとを追って二度声をかけるという仕来りが見られることと（藤井）、あるいは何らかの関係があるのかもしれない。しかし、『略儀』『次第』や鳥羽、皇嘉門院の葬礼では沐浴は省略とされている。また沐浴作法には両足、左右脇、背、頭、面の順にかけるという説や（『作法集』、『白宝口抄』）、真言宗内では散杖と加持香水を用いる沐浴もあったとあり（『伝授類聚抄』）、実際に寛喜三年（一二三一）の高山寺の明恵の葬送では加持香水を両足、左右脇、背、頭、面の順にかけ入棺の偈や破地獄真言などを唱えたという（『御葬送作法』『大日本史料』五―七）。こうした作法は現在の真言宗においても用いられているものという。なお、『栄花物語』二七によれば万寿二年八月にともに産死した藤原長家室や道長の娘嬉子は、入棺前に湯殿し身を清めたという。長家の室は「またむつかしうてうせ給へれば、御湯殿などして、やがて児君も同じ物に入れ奉りて、かきそへて御懐に抱きたる様にて臥し奉る程」と身を拭い、早産した赤子を抱くように棺に入れて法性寺傍の魂殿に葬ったという。これらは出産時であったためにとくに身を清めたものであろう。しかし、『栄花物語』では八月二九日に死去した長家室の入棺は九月十五日の葬送当日とされており、その間ずっと汚れたままであったのかという疑問が残る。枕返しや模様替えが行われたとも書かれていないが、特別な禁忌でもない限り衣装替えを行ったであろうし、汚れたままの状態で衣装を替え、入棺時にようやく身を清めたとも考えにくい。天福元年（一二三三）の死産直後に亡くなった藻壁門院は閉眼間際に受戒し、死後出家した後に畳や綿入衣を撤去したと記されている（『明月記』同年九月二〇日条）。長家室も入棺に先立つ衣装替えの折に身を拭ったと考えることが自然で、ここは『栄花物語』流の文学的修辞と受け取っておくことが妥当であろう。

次に入棺である。役人の数は、一条、後一条、堀河、白河、鳥羽、後白河ら歴代天皇には八人の役人が定められているが、『略儀』『次第』では八人か六人とされ、藤原道長の妻倫子には俗人四人と僧二人の六人、皇嘉門院聖子は尼（女房）四人及び異母弟の尊忠僧都と基輔の六人などとなっている。入棺役は火葬では荼毘の役人を兼任することが多い。また藤原俊成では居合わせた籠り僧二人と小僧、青侍の四人、摂関期の花山法皇では外戚の入道義懐や義懐の子の叡山僧尋円ら四人で務めるなどさらに少ないこともある。天皇の場合には、堀河の時の内大臣雅実のように、役人以外の近習公卿ら二、三人が「雑役」を奉仕することも例であったという（『長秋記』大治四年七月八日条）。堀河の時には叔父の内大臣雅実が単衣をかけたなどとあり（『讃岐典侍日記』）、指図や補助などその関わり方は様々であったのであろう。遺体を移すにあたっては、六人で遺体の下の筵を持って筵ごと棺に入れるという。筵が棺からはみ出すようなら刀で切り棺の足元に入れるが、切らずに折り入れるという説や切り捨てるとする説もあった。筵を切る時は丑寅から始め、また役人らは袖を紐で結び棺に当たらないように注意するなど、ここにも細かな仕来りがある。

死に装束と仏具

遺体を棺に移した後は、装束や御守、加持土砂、アマカツなどを入れる。まず、略式であれば普段使う枕を用い、遺体の筵に枕があればそれをそのまま遺体の頭や首の辺りに入れる。頭の下に入れるのではないらしく、これは首を固定するためではないかとの指摘がある（吉野）。『略儀』によれば本式には藿枕を用いるというが、これは白河法皇の葬送に麻藿桶（枕の誤りか）を用いたとあることが史料上の初見である。この時は三井寺の覚猷僧正の教えによって入れたとあり、狭義の仏事以外の僧侶の関わり方として注目される。辞書類では藿は豆科の草を指すというが、香草とする説も出されている（吉野）。

続いて、装束や仏具などを入れる。藤原俊成の入棺では衣類は紙で作ったとあるが、天皇や院では通常の布製のものである。装束類も時代を下るにしたがって仏教色が濃くなる。醍醐の時には「綾冬直衣、綾袴、紅絹下襲等一襲、加御冠、烏犀革帯、靸鞋、襪、及金平塵御剣、蘇芳枕云々、剣是平生所御也、又錫紵一襲、河渡御衣等云々」（『吏部王記』延長八年〈九三〇〉一〇月一日条）と綾（文様入りの絹）の直衣以下の衣装に冠や帯、靴や靴下、普段用いていた剣や枕、さらに錫紵と河渡御衣を納めたという。錫紵は後一条天皇や堀河天皇など親が健在の場合に入棺されている。これは親が亡くなった時に来世で喪に服すためのものと考えられ、中国的な孝の概念が葬送儀礼のなかに組み込まれていたことをよく示すものといえよう。河渡御衣とは名前から連想される通り、三途の川を渡るための衣装と思われる。この世とあの世の境界または地獄の川の概念はオリエント発祥で中国では六朝頃には確認できるというが（岩本）、日本では『日本霊異記』上三〇などに来世との境界の川、次いで貞観元年（八五九）の願文に「奈河之渡」と「奈河」すなわち三途の川の名称が出る（『三代実録』同年四月一八日条）。和語では『古今和歌集』『拾遺集』に「渡り川」「三つ瀬川」などとあり、菅原為雅女は「地獄絵」を見て「三つ瀬川渡る水棹もなかりけり何に衣を脱ぎてかくらん」と衣を脱ぐことを詠んでいる（『拾遺集』五四二）。三途の川で死者の衣を奪う婆の存在は、一二世紀までの日本で成立したとされる『地蔵十王経』に閻魔王などの十王と三途の川、奪衣婆、懸衣翁、衣を掛ける衣領樹などとともに見え、川岸の鬼（奪衣婆）と木は一一世紀半ばの『法華験記』中七〇にも見える（石破）。衣を懸ける木や川岸の獄卒及び牛頭などは地獄巡り譚として著名な敦煌変文『大目乾連冥間救母変文並図一巻並序』（スタイン二六一四）などにも説かれるところであり、一二世紀末成立の洪邁『夷堅志』丙巻十「黄法師醮」では善人は橋を渡り罪人は渡河用の褌を用いて川を渡るとあるなど（安田）、これらの概念は中国から日本へ波及したものと考えられる。河渡御衣は後一条、白河にはなく醍醐以外には鳥羽法皇の入棺史料にしかその名称が出ず、そこでは入棺の最後に「河渡」を入れたとあり、醍醐も追加的な装束のように書かれている。奪衣婆に渡す浴衣を余分に入棺するとの民俗例もあるが（井之口）、一〇世紀後半生まれの菅原為雅女の和歌はあの世の川を渡る時に船を操る棹もなく衣を濡らさないために掛けるものがないと詠んでおり、その場合には河渡御衣も婆に渡すものではなく『夷堅志』のような渡河用の装束であったとも解釈できる。醍醐の入棺装束を決定した経緯は分からず、どちらの意味で入棺したのかを限定することは史料的に困難であるが、九世紀には三途の川の概念が定着しており、天皇の入棺にもその影響を及ぼす場合があったのである。

そして醍醐や後一条の史料には見られないが、院政期に入ると棺内への三衣（僧の衣）や仏具の納入が記されるようになる。堀河天皇の入棺時には僧正の書いた真言を納入したとあり、出家者として長く過ごした白河院の棺には「御単衣如元、次御袴、次裳、次衣裳、次三衣…次曳覆、書真言等、其上本御守珠誦」と元から着していた単衣に袴と裳、衣裳、さらに三衣と曳覆い、御守や数珠を加え入れている。出家や臨終出家が増えるに伴って、棺内に袈裟や僧衣、仏具類が入れられるようになっていくことは時代の趨勢であろう。御守や数珠は皇嘉門院では枕の上方に置くとあり、鳥羽の例では金銅の筒に入れて首から下げていたという。曳覆いは野草衣とも称される真言を記した入棺用の衣（布）であり、これを古記録上の初見として以後の史料に頻出し、葬具として定着する。中尊寺金色堂の奥州藤原氏三代のミイラが発見された際にも曳覆いの残骸である繊維片が発見されたという。残念ながら原物は現存しないが、その普及具合が分かるというものであろう。この曳覆いは、頭や胸、足など身体の各部位に宛ててそれぞれの真言を記し、字を記した面を上に真言が遺体の各部位に当たるようにして納めるという。その真言は後述するように『作法集』などの仏教史料に記載がある。白河の葬礼ではこれも三井寺の覚猷の教示により納めたとあり、近衛、鳥羽など天皇の葬礼ではこれ以後に恒例化していったものと推測される。また、この時の記録には「件引覆称野草衣云々、水式用竹葉云々、長元記称素服之由所見也、」と長元の後一条天皇の記録では野草衣を素服と称しているとの記載があるが（『長秋記』大治四年七月八日条）、これは後一条の棺に入れられた先述の錫紵＝素服を曳覆いと混同したものと解するほか筆者には妙案がない。「水式用竹葉云々」は難解で、竹葉は沐浴に用いる事例もあるが（『明月記』元久元年一二月一日条）、誤記でなければここでは曳覆いに係る文となっているから、真言の記し方に関する記述でもあろうか。なお、藤原俊成の葬送では他の衣類や敷物と同様に曳覆いは紙で作成したとされ、「平松本古記」でも略式には紙で作るとあるなど、経済的な条件などによってもその作法は左右されたらしい。紙の衣はキリスト教の宣教師フロイスの報告書にも「死者は白服を着せ、その上を紙衣で覆う」とあるように、長く用いられたようである。なお、『略儀』『次第』では野草衣を覆う時に元の衣装を抜き取るべからずと注記され、夏ならば足もとから抜き取ることもあるとする。たしかに七月の鳥羽の葬送時には野草衣を覆った後に元の衣を足元から抜き取るとある一方で、一二月の皇嘉門院聖子の時にも三衣と野草衣を掛けた後に小袖や袈裟を残して元の袷衣を抜き取っているが、この時はあらかじめ手はずが整えられていたためかもしれない。

入棺に関わる仏事としては、加持土砂の散布もある。これは『不空羂索観音経』や『尊勝陀羅尼経』などに所見するもので、光明真言により加持した土砂を墓や遺体にかけると死者は地獄の苦を脱し、生者にも大きな功徳がもたらされるという。高山寺明恵上人が信仰を寄せたことでも知られている。『略儀』には真言に堪能な僧が曳覆いの上から頭・胸・足の三所に撒くとあるように密教系の儀礼である。光明真言に関する仏事としては清和天皇や醍醐天皇の死去時に昼は法華読経、夜は光明真言あるいは

「夕侍念仏、即念尊勝陀羅尼」と尊勝陀羅尼を念じたなどとあるが（『三代実録』元慶四年〈八八〇〉一二月一一日庚寅、『吏部王記』延長八年九月二九日条）、土砂についてはどちらも記述がない。文献上の土砂の使用は源信の永延二年（九八八）『楞嚴院二十五三昧起請』に墓や遺骸に土砂を撒くとし、貴族では長保元年（九九九）死去の昌子内親王の棺を魂殿に納めた際に棺上に土砂を撒いたとあることが初見である。それ以後、後一条天皇の火葬後の葬所に砂を撒き、かつ骨を入れる碗に骨とともに土砂を入れた例を皮切りに、堀河、白河と同様の儀礼が恒例となっていく。棺に土砂を入れることは永久二年（一一一四）の源麗子の入棺に阿闍梨から「大嶺」大峯山の土砂が進呈されており『中右記』同年四月三日条、白河や鳥羽には確認できないが久寿二年（一一五五）の藤原宗子（『兵範記』同年九月一六日条）、寿永二年（一一八三）の皇嘉門院聖子には存在するから、一二世紀に貴族たちに浸透していった儀礼とするべきであろう。

『作法集』の習俗

『略儀』『次第』には見られないが、『作法集』『白宝口抄』では仏具類のほかに男性には男性の衣装と枕・弓矢・太刀・筆・墨、女性には女性の衣装と枕・筆・墨・針箱と性別によって異なる副葬品を入れると説いている。同書ではさらに衣服は逆さに入れるとし、これはこの世で逆さに入れれば冥途では順になるからであると説明している。また、これらの副葬品は実際に使用する物ではなく模造品を用いるとする。実際に皇嘉門院や藤原宗子らの女性には針と糸を納めていることが確認でき、藤原俊成の葬送では衣装や曳覆い、棺内の敷物を紙で作成したとある。視野を広げるなら、中国のトルファン墓からは紙製の衣類が出土しており、そもそも中国では古くから明器と呼ばれる副葬専用の品々を利用する習慣があった。日本でも、古墳時代には模造品を副葬する習慣があることが知られている。では、『作法集』の述べるような習慣が貴族社会で普及していたとしてよいであろうか。もう少し詳しく検証しておこう。

まず模造品について古記録の記述から考えるに、曳覆いの素材は鳥羽法皇の時は白練絹、皇嘉門院は「大原聖人本覚房、書梵字、唐綾単」とかねて用意していた唐綾の単衣であった。衣装についても皇嘉門院は新しい小袖や袷などと書かれており、ほかの天皇でも通常の衣装であったと考えられる。また、衣裳の順逆については中国や日本の民俗例のように衣装を左合わせにすることとの解釈が出されているが（勝田）、中国では左衽専用の明衣（副葬用の衣）が用いられるのに対して上記史料類ではとくにその向きなどには触れられていない。次に、弓矢や太刀・筆・墨などの納入であるが、普通の枕を入れることと女性の針・糸以外には副葬品は記されていない。わずかに醍醐の場合に常用の剣を棺内に入れ、土葬の墓穴に愛用の硯や琴、書などを入れたとある程度で、この例は先例として参照されているものの副葬品の記述はあまり見られない（『西宮記』一二、『台記』久寿二年一二月一七日条）。なかには一二世紀の宿曜師であった人物がかつて鳥羽上皇の寵愛を受けたことで知られる祇園女御の持仏であったと称する愛染明王像を購入し、遺言によって棺内に入れ火葬されたという逸話があるが、世人は「無益」なことと評したというから、大方の共感はえられなかったようである（慈円『四帖秘決』）。発掘事例では九世紀半ばの藤原氏の女性の墓とされる山科の安祥寺古墓からは副葬品の銅鏡と乾漆製品、一〇世紀前半とされる右京三条三坊の邸宅内に設けられた女性の墓からは折敷、化粧道具、銅鏡、黒色土器壺、須恵器壺などが出土している(五十川)。文献史料からは窺いえない貴重な例であるが、筆・墨などの品は見られない。

以上のように、『作法集』『白宝口抄』の記述は古記録や発掘例からは裏付けられないことになる。とはいえ、真言僧らがこの部分のみ根拠のない事柄を書き記したとも考えにくい。「平松本古記」にも略式には曳覆いを紙で作ってもよいとあり、藤原俊成の実例と対応している。『伝授類聚抄』にも棺内装束には「僧俗男女」によって違いがあると書かれており、衣裳の違いは自明であろうから副葬品による差異を念頭においたものと思われる。となると、何らかの解釈が必要となるが、思い浮かぶものとしては摂関家クラスと公卿以下の経済面を含めた慣習の差異、または一二世紀後半頃までと一三世紀以後の時期差を示しているという二つの可能性が考えられる。時期差に関しては、『作法集』の成立は複雑な過程を経ているようではあるが、この部分を成賢（一一六二―一二三一）筆とすると守覚（一一五〇―一二〇二）とは大きく世代が異なるとまではいえない。『葬法密』を利用し『略儀』『次第』より少し時代が降るものと想定した勝田氏がいうように弓矢・太刀は武士を連想させるが、一二世紀には京内にも武士が多く滞在するようになっているとはいえ、藤原信西の孫の成賢の『作法集』が武士を主たる対象としたとは想定しづらい。『作法集』ではこのほかにも「嫡子」など家制度を前提とした記述が見られるため、時代相が異なるようにも考えられるが、公卿クラス以下の詳細な史料が藤原俊成以外にほぼないことを考慮すると、基本的には天皇・女院クラスと公卿以下の階層差による違いであり、守旧的な面が強い上位階層と公卿以下の層では同時代でも差が生じやすい傾向にあったためとしておくのが妥当であろう。衣装の順逆に関しては、『略儀』に返枕では屏風を裏返さないとあることも注目される。先述のように裏返す所作が一部で実行されていたために注記されたのであろうから、これによっても死の世界はこの世と逆さまであるという発想が存在したことになる。衣裳の順逆については先述の左台わせ説以外にも上下、表裏の逆転の可能性が考えられるが、一案としては衣裳を覆うさいに前側を下（死者側）にしてかぶせることを指すという理解も可能であろう。また、筆や墨に関しては、新生児が誕生した時に子供の成長を願って胞衣（胎盤）に銭、筆などを副えて吉方に埋める胞衣壺の習俗が思い起こされる。経済や文筆の才などに恵まれることを願って象徴的な物を添える発想であり、胞衣壺そのものは縄文時代から存在するとされるが、銭などを添える風習は奈良時代から始まったものである。一二世紀には地中ではなく天井から壺を吊るすという形態で天皇以下の貴族たちに定着しており、康和五年（一一〇三）の『御産部類記』には「金銀犀角・筆・墨・小刀」が胞衣と同梱されていたとある（水野）。犀角は虎頭とともに産湯の儀における縁起物であったが、ほかは副葬品と類似する。こうした胞衣壺は中国渡来の医学書『産経』に記されているように大陸由来のもので（『医心方』）、性差を包含する副葬品の発想も大陸に淵源があった可能性が想定されよう。そして、考古資料を参考にするとそれらの習俗は一一世紀より以後に唱えられたもので、普及範囲については裏付けがとれないため、一定レベルでとどまったと思われる。以上はいまだ筆者の作業仮説の段階で検証はこれからではあるが、中国の偽経『預修生七斎十王経』にあるような冥界の裁判を行う閻魔王を始めとした十王の概念が日本に伝播し、一二世紀頃までには日本語話者によって『地蔵十王経』が筆録され、さらに中世の十三仏信仰へと展開したように、副葬品についても何らかの原型があった可能性を探ってみたいと考えている。その場合には、筆墨を女性にも入棺するとされていることや、江戸時代の伊勢貞丈『貞丈雑記』一に女子の胞衣壺に針糸を入れることは古書に見えないとされることなどが性差の問題といかに関わるのかといった点の解明がポイントとなると予想するが、今はここまでとしておきたい。

アマガツ

次に、『略儀』では省略とされ、『作法集』でもその有無は意向次第ともされているアマガツ（人形）に触れておく。

アマガツは『作法集』では人形とも書かれているように人間の代わりに災いを引き受ける人形のことである。新生児の御膳や天皇・東宮の御膳に伴ってサバ（散飯〈生飯〉・食事の一部）を供えるものも「阿末加都」「比比奈」などと呼ばれており（『九暦』天暦四年〈九五〇〉七月二八日条、『民経記』寛喜三年〈一二三二〉一一月一四日条など）、アマガツが身代わりであることをよく表している。当時の人形といえば金属や木、紙などで作られた祓の人形も思い起こされるが、和泉式部は「あまかつに―つくともつきし―うきことは―しなとのかせそ―ふきもはらはむ」とアマガツに悩み事を付けてシナトの風（祓詞で罪ケガレを祓う場所）に吹き飛ばしたいと詠んでおり（『和泉式部集』八二六）、アマガツも基本的には祓の人形と同類のものと考えられる。ただし、その場で流して使い捨てる祓の人形に対して、天皇の御膳や出産時のアマガツは一定期間使用されていた可能性もあり、比較的丁寧に造作されたものであったかもしれない。

中世武家においても出産時に大きめの人形が用意されていたようである。葬送のアマガツは一過性のものので、近衛天皇の入棺時のアマカツは四寸の檗（黄檗）で作られた「通常撫物」と変わらないものであったという（『兵範記』久寿二年〈一一五五〉七月二七日条）。

このほか、白河の時のアマガツは「黄檗五寸人形一」と一五センチ程度のものであり、道長室倫子は七尺の紙製の「比比奈」とあり二メートル越えの紙の人形に布の冠と束帯を付けた大きなものを用いている（『定家朝臣記』天喜元年〈一〇五三〉六月一五日条）。『略儀』裏書では黄檗五寸の人形とされ土で作ることはもってのほかであるとしている。そして、アマガツは「於御形代懸御気」と身代わりとなる当人の息を吹きかけて納入するという（『長秋記』大治四年〈一一二九〉七月八日条）。息を吹きかけることは、天皇が行う御贖において、土器の口径部に張った紙に指で穴をあけて息を吹き込む所作が見られるように、当人の代理物とすることを象徴するものである。このように祓との類似性が目立つアマガツではあるが、そうした儀礼を行っていた当の貴族たちにもその意味はよく理解されていなかったらしく、鳥羽院に人形は死者のためか入れる人々のためのものかと問われた治部卿源能俊は、

①昔は死者の肉親が殉死していた。その代わりに人形を入れる。

と答えたが、『長秋記』の筆者である源師時は、

②自身の身代わりの祓の意味である。

と自説を記している。①は『日本書紀』などが記す埴輪の起源説と似ているが、事実とは思いがたい。②は通常の祓のように流さず、祓い落したものを死者と同封したままにする点に疑問を感じざるを得な

い。これについては勝田至氏が、同じ年に死者が二人続いたときに三人目を防ぐために棺に人形を入れるといった民俗事例を引き、死者が生者を連れてゆくことを防ぐ意味が本来であろうと指摘している。筆者もおおよそ同意するものであるが、もう少し詳しく見ておくならば、アマガツは一条の入棺が初見であるが、この時は「例」として、皇后彰子や東宮らが密かに入れたとある（『権記』寛弘八年六月二五日条）。後一条の入棺では娘らは入れたものの、先例では兄弟は入れるが今回は弟の御朱雀は新帝であるため憚って入れなかったという（『左紀記』長元九年〈一〇三六〉四月二二日条）。一方、醍醐の入棺史料には見られないから、醍醐以後、一条以前に天皇の葬送に取り入れられたことになる。そして、納入者は妻と兄弟、子供であり原則として孫は入れず（養子として入れるなどとあるが）、兄弟であっても新帝は入れない（『殿暦』永久二年四月四日条、『兵範記』久寿二年七月二七日条）、幼少の子や妊娠中の女性も憚るという。面白いことに後一条の母彰子は健在でもアマガツを入れておらず、血縁関係は近くとも親は入れないことになっていたと推測される。『作法集』では嫡子の人形ともあり、このあたりにも親子関係や家の秩序意識の反映を見ることができる。

家意識という点から中国の葬礼に目を向けると、棺内に納入するものではないにせよ、兵馬俑を持ち出すまでもなく草霊や桐人、俑といった名称で副葬品としての人形が『礼記』以下の文献に所見する。中国の複雑な礼学を考証することはできないが、管見の範囲では漢代の王充『論衡』薄葬篇には死者が一人で葬られ孤独で飢えることを恐れて「作偶人、以侍尸柩」と人形を侍らせる風があったなどと述べている。三世紀の北魏の学者・王粛『喪服要記』では、悪い継母のために父に孝養を尽くせず葬送も十分に行えなかった虞卿という者が桐人を作ったという伝承が語られており（『太平御覧』礼儀部三二）、死後の世界で仕えるためという考え方があったことを窺わせる。これらを参照しつつアマガツの考察に戻るなら、『作法集』のように嫡子と限定している場合は来世に随従する孝意識の面が強くなろうが、兄弟や子供の範囲であれば近い血縁者の身代わりとして来世に寄り添うことで死の世界に引き込まれることを防ぐといった意味が強くなるのではないかと思われる。なお、妊婦や幼少の子供が入れないことについては、子供を葬列の供奉など葬送関連の儀礼から遠ざけることはほかにも見られ（『長秋記』元永二年〈一一一九〉一二月五日条など）、生命力の弱い子供らを死に関わらせない意味があろう。死を避けるためのアマガツを死から守るために入れないとすることは一見矛盾するようではあるが、自身の分身を添えることは死に近づくという側面をはらむものであり、どちらのリスクが大きいかという問題であったと考えておきたい。もっとも、彼らが儀礼的な意味を明確に認識していたわけではないことは先の『長秋記』の記事の通りであり、意味を考えてというよりは先例や感覚的な判断で憚っていたとしたほうが実情に近いと思うのではあるが。また、新帝が入れないことも、新任の官人や新年次にあたって吉書を扱うことから政務を始める慣例が当時一般に行われていたように、現代風にいえば不吉さや縁起の悪さを忌避する傾向が強かったことの反映と筆者は見ている。ちなみに、一条天皇の時には、新任の蔵人が遺言を奏する役とされたが、いまだ宣旨を下したことがないので先に吉書を下させてから奏聞させたという（『権記』寛弘八年七月八日条）。月初めの朔日に死去の奏上を行うことを避ける例もあるなど（『兵範記』久寿二年八月一日条）、些細なことながらこうした不吉意識は根深いものがある。

付け加えておくと、古代・中世の葬送に関しては死穢の問題を避けて通れない。古記録で頻出する「触穢」とはそれと触れることによって一定期間の神事関与の禁止を課せられる事象のことで（禁止状態になること）、人間や六畜の死体との直接的接触または閉鎖空間で着座・飲食することや出産などによって発生・伝染するとされる。『延喜神祇式』では死穢や改葬は三〇日、五体不具（一部欠損した死体）は七日などと規定されている。一方、日本史や民俗学ではハンセン病者や非人への差別の問題とも関連して、死という現象や汚わいとされる事柄全般に関わる一般的な忌避意識や嫌悪感、またはその裏返しの特別視、非人と呼ばれる人々への卑賤視などの問題を論じる際にもケガレの語が常用される。近年は狭義の穢れと広義のケガレを区別することが一般的になってきているが、かつては両者を混同することがよくあり、最近の議論でも忌避意識やその逆のことさらに忌避しない部分などの一側面に偏りすぎる論調が見られることがある。論じる対象によっては広義の忌避意識も主に浄・不浄の価値判断に結び付く広義のケガレ観念と一般的な不吉・憚り意識に分類したほうが適切な場合もあるかもしれないが、死と「ケガレ」の問題を扱う際には、当時の史料で頻用される「憚り」の語の幅広い意味内容や吉凶にこだわる不吉意識といった多義的で曖昧な側面を十分に考慮し、先例主義かつご都合主義的であるような貴族たちの多元的な行動原理を複眼的に読み解いていくことが必要であることを強調しておきたい。

御膳と手水

これも略儀・次第では省略とされるものであるが、死者には御膳と手水を供えることもあった。御膳のタイミングには死去後と入棺後、埋葬前などの別がある。まず、死去後から葬送まで生前のごとく膳と手水を供えるという作法があった。醍醐天皇が亡くなった当日には「日供・御洗一度膳」とあり、通常の日供と手水が供えられたことが読み取れる。入棺は翌日に行われているため、入棺前である。ただし、回数の「一度」については難しく、この日は一度、葬送までに一回きり、毎日一度ずつといった解釈ができる。仁和三年（八八七）八月二六日に光孝天皇が亡くなった時には、大膳司が誤って東宮（宇多）に故天皇の御膳を出したという史料があり（『日本紀略』仁和三年九月二日）、毎日御膳を供えていたものと考えたくなるが、これは葬送当日で後述する埋葬時に供えるものを誤って出したとも考えうる。しかし、『西宮記』一二に内膳司の御膳が記され、『作法集』『白宝口抄』には葬送まで生前のように供えるとしており、若干の疑問は残るが一応は葬送まで御膳を備えていたとみておきたい。これが正しければ、死者といえども食事面からみれば死去後にもほぼ生前と同様の扱いを受けていたことになり、死者と生者の性格の混在という一面が見て取れることになる。また、『白宝口抄』では入棺後に供えるという説があったと裏書に注されているが、実際に堀河天皇や白河法皇の時には入棺時の御膳が見られ、入棺を一つの区切りと見なす新しい作法が形成されていったのではないかと思われる。

こうした生前同様の扱いを受ける御膳とともに、埋葬・荼毘の前にも御膳が供えられる。こちらはより儀礼的な色彩が強い。火葬であった後一条を例にとると、輿が火葬所に至り、葬所の内鳥居前に設けられた葬場殿に棺を据えると、次に御厨子所が高坏十二本の御膳を供える。そして僧らが導師・呪願の儀を行って棺を貴所屋に担ぎ入れるとある。また、葬列には御膳唐櫃二荷が他の葬具とともに列していたとあり、これが、出棺時までに供えられていた御膳を処分するものか、葬所で供えるものか悩ましいが、どちらにしてもこの御膳は死者の生前の身の回り品や葬具の輿などとともに上物として葬所の艮の隅で焼かれたという。土葬であった醍醐の葬列にも「御膳辛櫃二合」があり、さらに「唐匣御膳」が陵内の艮で上物として焼かれたとあるから、両者は別とも思えるが、文字の誤りや唐匣と御膳二者の可能性もなくはない。位置付けは難しいが、死去から葬送までの日数が異なる天皇でも同じ「二荷」とあるからおそらくは死去後からの御膳ではなく埋葬・荼毘の前の最後の食事としての御膳にあたるのではないかと思われる。白河法皇の時には、入棺後に御膳と手水のことがあり、また荼毘の前に御厨子所が用意した御膳を法印覚猷が供したが箸は立てなかったなどとある。この時には出家者には御膳がないという説を申し立てる者がいたが、出家者であった後三条の荼毘時にも天台座主の覚尊が御膳を供えたとされ（『長秋記』大治四年七月八日条）、その説は採用されなかった。後一条では御厨子所、堀河には前蔵人頭が荼毘前の御膳を供奉しており、出家者である院とは僧俗で区別されるようになっていたために誤解が生じたのか、あるいは、僧による御膳供奉は三井寺僧の主張した新規の作法であったことによるのかもしれない。とはいえ、藤原俊成や皇嘉門院聖子の葬送では御膳の記述がなく、葬送の簡略化傾向などによって徐々に御膳が省略されていく趨勢が『略儀』などの記載に反映しているようである。

棺の絡げ方

装束や仏具を入れ終わると棺の蓋をかぶせる。『次第』では綱を結んでから布で覆うとし、『略儀』で

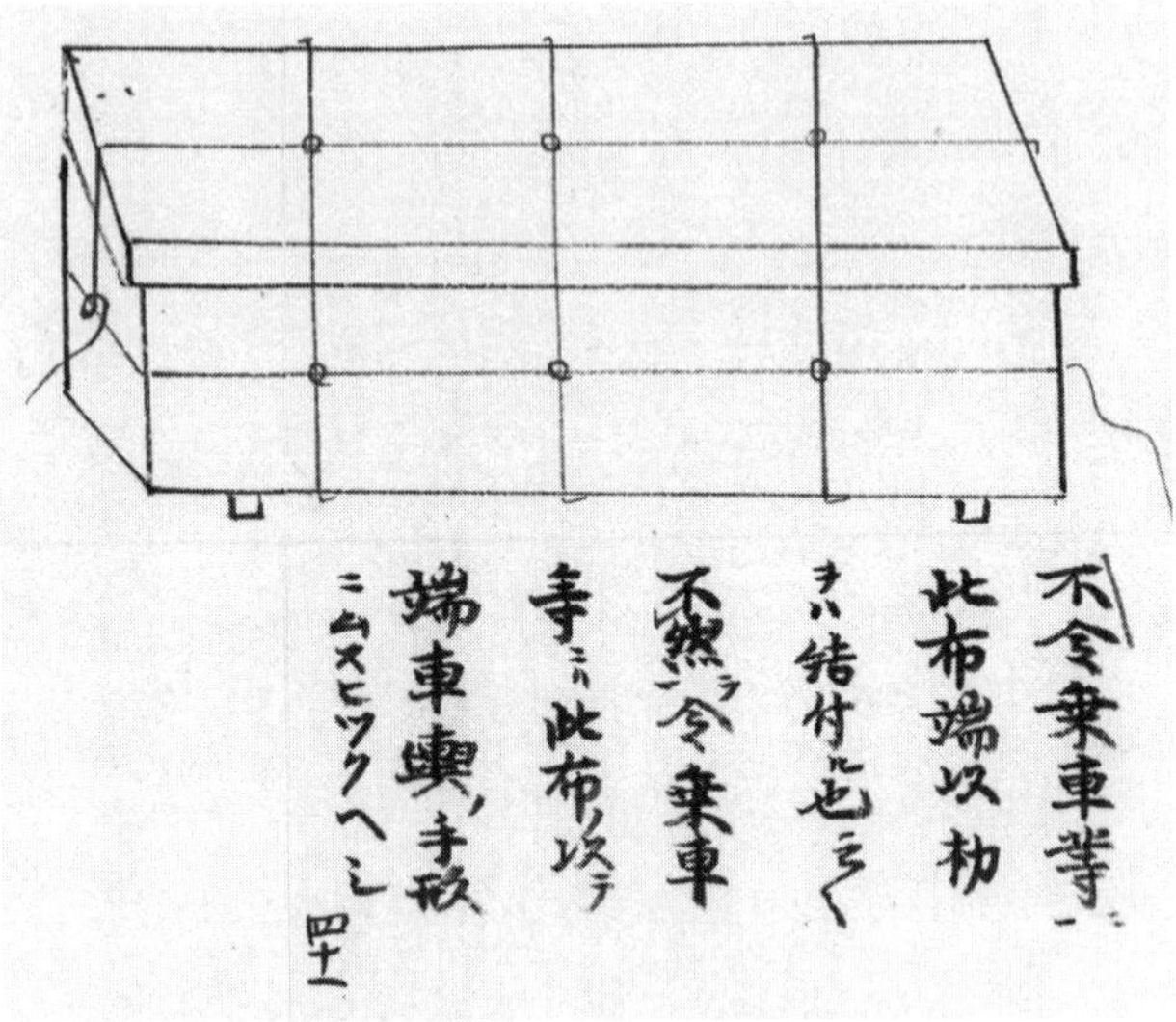

棺の結び方　『無縁葬作法』（『伝授類聚抄』善通寺蔵　近世写本）

は布で覆ってから綱を結ぶとある。綱は白い布をたたんで用いる。覆いの布は四枚から二枚の布を縫い合わせて造るという。そして遺体が元あった位置に北枕に棺を置きなおすとする。ただし、先述のように北枕は模様替え、入棺前、入棺後いずれでもよかったらしい。ただし、一条のように出棺まで東枕のままである場合も見られる。『略儀』には蓋を釘で打たないとされるが、これは火葬の際に蓋を上げて薪を入れるためである。土葬の場合には釘を打つが、一度で打ちつけるという。これは葬送儀礼全般において繰り返すという行為を忌むとされることによる。再び葬送を出すことを避けるという縁起担ぎのような意味としてよかろう。綱の縛り方にも仕来りがあるらしく、火葬のさいに煩いが無いように（解きやすくするためにであろう）棺の管足のなかを二筋に通してそれぞれを真結びにするなどと説明されている。『伝授類聚抄』にはその図が掲載されているが、縛り方には異説が多いとあり、図も棺の蓋上と左右の側板で三か所ずつ、頭方と足元の側板で一か所ずつ十文字に結ばれており、『略儀』などとは異なる縛り方を図示している。なお、この棺の縛り方に関しては『伝授類聚抄』と同じ説を載せる「棺カラグル様」と題した独立した写本が高山寺に伝存する（四―一七五―七）。これは明恵の弟子定真の写本で、定真はほかにも建久七年（一一九六）に「付真言宗取葬所事」と題する葬所の地鎮作法を書写するなど（三―八八―四三）、第三章で後述する葬送儀礼への真言僧の関与の深まりを物語っている。

荼毘所の構造

葬送当日を迎えると、出棺前に済ませておくべきことがある。火葬の場合は当日の早朝に山作所の準備を始める。天皇や高位の貴族らでは木で作った荒垣を二重に廻らし、南に鳥居の門を設け、内側の荒垣の中央には貴所屋（竈）、内側の南門の西には葬場殿（清庭殿）、外側の荒垣の外には親族や参列者、弔問者らの待機所である幄屋などを設置する。後一条の時には、外垣の長さは三六丈（一〇八メートル）四方で高さ六尺（一・八メートル）に幕を張り、内垣は二四丈（七二メートル）、貴所屋は広さ一丈五尺、長さ二丈、高さ一丈二尺、南北妻で屋根の上に布を張るといったかなり大規模な造作であった。そして貴所屋内の炉の底に莚と布を敷いて薪を積み、炉の四面には布の帽額（モコウ・目隠し布）を引くとある。そして水を入れた大桶を鑪の四隅に置き、垣の内部には白砂を敷きつめ、鳥居の外に幄を設置したという。『左経記』によればこの火葬所の設えは寛弘八年の一条の例に倣ったものであり、「頗る先例と違う」とそれ以前の先例とは大きく異なるというが、荒垣の東西に開いていた門を今回は閉ざしていたとある以外の違いは書かれていない（『同』長元九年五月一九日条）。天暦三年（九四九）に死去した藤原忠平の葬所に「南門」や「外幄」（『吏部王記』同年八月一八日条）、朱雀上皇の葬所にも「南門」「外幄」「内墻」（『同』天暦六年八月二〇日条）が存在しており、二重の囲いや南門については先例と共通するものと思われる。

これほど大規模なものは通常では無理であろうが、『略儀』の貴所屋は広さ一丈五尺、長さ二丈、高さ一丈四尺と後一条よりやや高く、炉の周囲には縁を設けて四方に板敷きを施し、東西に藁や炭、薪、松などを積み上げ、貴所屋の近くに酒五斗、油一斗、箸十双、茶碗、皮袋などを入れた土器、加持土砂などを用意したという。『白宝口抄』でも貴所屋の構造はほぼ同規模であり、略式では下敷や屋上の布類は省略するとしているが、屋根の布は穢れた煙を梵天・帝釈などの諸天に当てないためであるという一説を載せている。後付けの説であろうが、異説の発生状況がよく分かるものである。また『略儀』『白宝口抄』ともに荒垣は一重とするが、最略儀でも風雨の難を逃れるための貴所屋と見物人を止めるための一重の垣は必要であるという。民俗例では自分たちで火葬を行う場合にも必ずしも屋根をかけるわけではないようであるが、そうした施設を造作できる人々が火葬を行っていたということなのであろう。『白宝口抄』では、貴所屋の鳥居の設えは貴人の作法であると注記されている。また見物人については、当時の人々は基本的に物見高く様々な行事に押し寄せるが、葬送についても例外ではないようで、皇嘉門院聖子の埋葬では武士を用意してあらかじめ追い払い、白河院の葬送では輿を発する際に御所に乱入した雑人に迫られて白河院の子の法親王らは御所の北面に走り込み、荼毘所では人々や武士らが一目見ようと山上（船岡山であろうか）に上り、あるいは荼毘所に入り込み、さらに乞食が乱入するなど混乱を極めたという（『永昌記』大治四年七月一五日条）。これも当時の社会の一面である。

素服と当色

出棺に先立ち、定められた吉時に吉方において人々が素服を着す。素服とは漢語で挙哀などの哀悼儀礼に用いる服を指す。本来は生成りの麻であったようであるが、日本では白い麻服を指すという（増田）。史料では大鷦鷯尊（仁徳天皇）が兄の死を聞き素服をもって悲しんだとあるがこれは伝承であり（『日本書紀』仁徳即位前紀）、天智が素服称制したとあることも葬送以前の執政を意味するもので（『日本書紀』天智即位前紀）、『藤氏家伝』に天智天皇が素服を着して鎌足の葬送を悼んだとあることも疑わしい。大宝二年（七〇二）の持統死去の際に「勿素服・挙哀」と人々の哀悼儀礼を辞退したとあることが確実な初見となる。もっとも、『万葉集』などにも人々が「しろ」の衣を着て悲しむ様子を詠む歌がいくつもあり（一九九など）、『隋書』倭国伝にも人々は白服を着すとあるように白服は七世紀以前から葬送儀礼に用いられていた。素服はそうした白服の伝統に国家的な礼制整備によって新たな意義が付加されたものといえる。ただし、中国や朝鮮（『隋書』扶余伝）でも古くから白服を用いており、日本固有というものではない。なお、『略儀』『次第』や一〇世紀から一二世紀にかけての天皇や摂関家の葬送では多くは葬送当日に着服したとあるが、一条の后彰子や頼通妻の隆姫など葬送に臨まない人や日次の悪い人が後日に着服する例もある。『作法集』では葬送当日までに素服を着していなければ当日には着ないとあり、養和元年（一一八一）の姉皇嘉門院聖子の葬送にあたった九条兼実は葬送当日は鈍色の衣で供奉し二七日仏事の日に素服を着しており、元久元年（一二〇四）の藤原定家は葬送翌日に素服を着しているなど、時代によっても変わるようである。風俗史や服飾史の研究では、時期による変遷もあるものの素服は麻製（商布）の鈍色の衣あるいは黒や鈍色の平絹の袍・袴を指すとしているが（増田、河添）、少々疑問が残る。喪服や服喪生活全般に関しては非常に複雑で筆者にも十分に理解できていないが、素服の問題に絞って現状の筆者なりの説明を試みる。

平安貴族が素服を着すケースとしては、親を始めとした血縁者のための喪と主人のための喪、また主人の喪に従う着服がある（山下）。葬送に関する記録ではしばしば素服を着した人々の範囲について言及し、白河や近衛天皇の葬送記事などでは素服の人々の名がことさら列挙されているように、素服は葬列に従事する者や葬家にこもる人々全員に与えられるものではなく、逆に葬家にこもらない人が給うこともあり、素服を着ることは故人を哀悼する資格、死者との関係性が認められた証しでもあった。素服は当日の吉時に便宜の場所で裁縫する。その形状は、一例では長さ三尺（九〇センチ）、袖は短く裾は切りっ放しの狩衣のような上着で布の帯が付属するとある（『山槐記』建久四年〈一一九三〉九月八日条〈京都大学付属図書館平松文庫『凶服類聚』〉）。あるいは公卿は直衣、殿上人は狩衣のようであったともいう（『明月記』天福元年〈一二三三〉九月二〇日条）。帯は親の喪では麻縄や藁縄に紙を巻いたものを用い、それ以外の軽服では麻布を用いたなどともある（『玉葉』養和元年一二月一八日条、文治四年〈一一八八〉三月四日条）。一〇世紀後半の源高明『西宮記』では商布の表衣と袴の上下に生絹下襲、素帯、布冠、布鈍色帽、狩衣、白杖、藁沓、檜笠などを随従の孝子の素服装束とし、勘物には侍臣は商布の衣袴、生絹下襲、商布帯、尋常冠、藁沓、白杖と追記されている。これらは醍醐の例などを参照したものと思われるが、『西宮記』説を受け継いだと思われる源経頼が後一条天皇の葬送に際して見た素服は下襲はなく狩衣のようなものと商布の表袴であったとあり、下襲がないために袍の上から着したという（『左経記』長元九年五月一九日条）。古記録では素服について商布（交易する粗末な麻布）、貲布（サイミ・目の粗い麻布）、信濃、麻布などと生産地や生地の性格による様々な表記がなされ、時には漢風に衰服などとも表記されるが（『権記』寛弘八年〈一〇一一〉八月二日条）、要するに麻布で作ったものを指す。素服を着す際にも作法があり、内裏では天皇が錫紵を着すタイミングに合わせて臣下は一旦吉方にあたる門外に出て着し、『略儀』では宮たちは簀子で、人々は庭で着すとある。『作法集』では嫡子らは門外に出ず便宜の場所で着すというから、遺族などその場所の使用権のあるものとそれ以外の人々で区別されたのであろう。九条兼実が子の良通のための着服時に庭に出て帯を付けたとあるように、喪家の主であっても床から降りていることは慎みの意を表すためと思われる。

貴族たちは普段から重ね着をし、装身具の類にも非常に敏感なため、古記録では人々の服の種類や色合い、装身具の取り合わせについて事細かに記し、鈍色の喪服についても子細に注記されているが、素服については形状や色まで明記することが少ない。そのため分かりづらいのであるが、しかし、素服もそうした重ね着するものとして見ると、先行研究のような素服を黒系統の服と見る説には疑問がわいてくる。たとえば、藤原定家は父の着服に「鈍色衣」の尻を左袴に入れ、その次に「素服」を着したといい、除服には「日頃装束」と素服及び布の狩衣袴などを除いたとあって、鈍色と素服を重ねていることは明瞭である（『明月記』元久元年一二月三日条、同二年一一月二五日条）。九条兼実も喪に服する際に、まず家中で橡・鈍色の衣を着し、戸外に出てから「重服帯、麻布」麻縄に紙を巻いた帯を着用したという（『玉葉』養和元年一二月一八日条）。つまり、これらでは着服に二段階があり、家中で鈍色を着てから屋外で「素服」を着しているのである。門外で着すものが本来の素服であることは『略儀』の記事からも推定できるところで、黒や鈍色装束を着してから門外で帯を巻くという事例はほかにもあり（『台記』久寿二年一二月二三日条など）、この時の兼実も帯のみを巻いたのであろうが、それでも元々の素服が黒であったかは疑問であろう。また兼実の子の良通が軽服の帯をつけているように、重服も軽服も素服を着用したと思われる。これらは葬送終了後か不参の場合の着服であるが、葬送参加時の服に関して早いものでは、康平元年（一〇五八）に死去した『更級日記』作者の夫の葬送に子息が「いと黒きぬのうへに、ゆゆしげなるものをきて、車のともに」と供奉したとあり、黒装束の上に素服を着て随従したとある。この素服は諸注釈が指摘するように白い上着としてよかろう。大まかな見通しであるが、おそらく『西宮記』のような下襲を備えた商布製の素服から一一世紀頃には上に着るものへと変化し、黒系統の服の上に素服を着るようになっていったのではなかろうか。先行研究のいう素服はこの時に下に着る、あるいは葬送や法事以外の時に使用する鈍色の衣を指すと解するのがもっとも整合的ではないかと思う。

もっとも、後白河法皇の諒闇時には藤原定家は束帯の上から袍と下襲の素服を付けたとあるように、親や主人など場合によって重ね着の仕方は異なるようであり（『明月記』建久三年三月二四日条）、素服着服のタイミングも葬送当日からずれていくなど、不明な点も多い。これらの詳細は今後の検証を俟ちたいが、筆者は素服は染めない（白い）麻布の服が本義であり、一二世紀頃までは葬送時に着用するものであったが、時期を経て葬送と素服がかい離する傾向が見られるとしておきたい。

素服は現代の喪服が儀式の際に着るものであるように、葬送や追善仏事の場で着すほかは基本的に用いない（増田、稲田）。醍醐の埋葬が終了した翌日、重明親王が「是日孝子等暫脱商布衣、毎七日著之、其間著鈍色布直衣」（『同記』延長八年一〇月一二日条）と素服は七日ごとの法会に着用し、その間は鈍色の直衣を着ると記しているように、そうした習慣は少なくとも一〇世紀前半から見られる。したがって、少なくとも一〇世紀以後の平安時代の葬列では、白い素服を着した孝子や選ばれた近臣らが随従し、帰宅後は基本的に黒を基調とした服喪生活を送ることになったのではないかと思われる。そして、一年の周忌法事が区切りとされる親の除服には四十九日法要後にもとっておいた素服を持ちだし、河原に出るか、あるいは家司や陰陽師を遣して川に祓捨てさせたのであろう。天皇や院、皇后らのための服喪では一年後に素服を脱いだ例や（『小右記』長保二年一一月二八日条）、中陰仏事など区々であるが、院司や旧臣たちが主人である（あった）院のために服喪するか、あるいは主人である天皇の喪に従って着服するか、天皇と院のどちらを優先するかは時期によって傾向に違いがあり、また公務との兼ね合いなどによって除服を宣下されるなど着服期間を左右する要因は複数あったことが指摘されている（山下）。また、素服を給わっても個人の衰日やそのほかの忌、あるいは国司として新任の神拝を済ませる前には素服を着さないとあるなど（『中右記』嘉承二年七月二四日条）、個々の事情に合わせた対応が見られるものの、平安時代の葬列は基本的に白い帷などで目隠しされたなかに白い素服を着した孝子や近臣らが随従するといった白を基調とした光景であったと思われるのである。

さらに、素服以外にも葬送に際して着る特殊な服がある。白河法皇の葬送を記した『中右記』では素服の人々として白河の子たち、院司、非職、女房らを並べた後、当色を給う人として御輿長、輿丁、焼香や松明、御前僧など葬列で諸役を供奉する人々の名を挙げ、当色には白布と注記している（『同記』大治四年七月一五日条）。もう一つの白服である。当色は出産時や神事にもその名が見られるものであるが、長保元年の昌子内親王の葬送にも素服とともに当色を給うとあるなど、葬送にも必須のものであった。ただし、素服は持ち帰るが当色は山作所に置いて帰るといわれているように（『中右記』嘉承二年七月二五日条）、素服のような喪服の意味ではなく葬列においてのみ用いるという性格の違いがある。着す時にも素服は門外で着るが、当色は邸内で着すなどの作法の相違もあった（『左経記』長元九年五月一九日条）。このように、七世紀以前より葬送に用いられてきた白は、平安時代にあっても葬送の色としての性格を失っていない。葬列に随従する故人ゆかりの者のなかには素服でも当色でもない者もいるが、こうした人々も白杖を持ち藁沓を履くという出で立ちであり、葬列では白いものを身に帯びることが通例であった。杖は中国の『儀礼』などでも悲しみのあまりきちんと歩けないという意味で用いるとされており、藁沓も粗末な格好をして悲哀と慎みを表現するための用具としてよかろう。杖や藁沓は民俗例でもよく見られるものであるが、第三章で述べるように杖は貴族層では中世にいったん廃れており、地方の民衆にまでこうした慣習が定着していった経緯については、あるいは近世における儒式儀礼の興隆を視野に入れた検討が必要かもしれない。さらに、こうした白や粗末さを表す装束のなかでも、荼毘に従事する者についてはこれに加えて額に白絹を結ぶ（『左経記』長元九年五月一九日条、『中右記』嘉承二年七月二五日条など）などとある。『白宝』には四角い白絹を筋違いにして（三角にして）額に当てるとあり、中世の絵巻にある棺を担ぐ人物の額に巻いた三角布もこれを描いたものと考えられる（勝田）。三角布は近世から近代の死に装束としても用いられており、平安時代の額の布はそれらの淵源にあたるようである。荼毘というもっとも死に近づく役を務める者たちがとくに結んだもので、葬送における白の非日常性がよく表されているといえるだろう。

この理解が正しければ、奈良時代の「しろたえ」の服を着用する葬列から平安時代の素服や当色の葬送は基本的に連続するものとして捉えられる。ここに黒の喪服が新たに加わっていく過程に関しては葬送以後も長期にわたる服喪制度の導入と官人としての生活形態の変化が影響したのではないかと予想しているが、これ以上踏み込むことは控えたい。

出棺

ようやく出棺である。当時の葬送では天皇や一〇世紀までの皇后は輿を用いたが、通常は車を使う。車の場合、雨皮（雨除けに用いる油を塗った絹）や布で覆うように包み、車輪や牛を繋ぐ長柄も布で包む。

『次第』では車は包まずに前後の軒に白い木を渡して簾は裏返さずにそこに掛けるとあり、『略儀』でも略式の儀で下簾は垂らさず簾は裏返さないと注記されている。包まないことはおそらく平生の儀による葬礼を想定したためと思われ、裏返す作法は屏風返しのように一部で実践されていたのであろうが、『作法集』ではこれは誤りと明確に否定している。輿を使う場合、一条天皇の輿は大床の上部に五間の小屋形を設けて帷を懸け、左右に高欄、前後に小障子があり、中央には柩を収める「須須利」があり、駕輿丁四〇人が二〇人ずつ交代で輿を担ぐ大きなものであったという。

こうした輿や車を邸宅に入れ、次に棺を運び出す。吉方から松明を持った二人が先導して担ぎ役が入ってくる。『略儀』では藁沓を履いた六人の役人が棺を担ぎ、足を前にして車に乗せるが、先に足の方（跡方）を持つ二人が車に乗り、足の方から棺を下していく。そして棺の覆いの綱の端は車の前後にある鉾立に一結びに結びつけるなどとある。『次第』では載せる時には屏風を立てて人目を遮るといい、実際に高陽院泰子の葬送では屏風が立てられている（『兵範記』久寿二年〈一一五五〉一二月一七日条）。そして牛を付ける。この牛についても、距離がある場合に牛を付け替えずに済むように、肥満した牛を避けるという（『次第』『後深草法皇崩御記』）。いうまでもなく、葬送では二度同じ動作を行うことを避けるためである。山中などで車で進むことが困難な場合では輿を用いることもあり、『略儀』には高野山で一丁以上遠い場所に運ぶなら輿を用いるとされ、輿に載せる時には足方を持つ役人は輿の中を通らず外側を廻るという。そして近習の僧綱が布脂燭に枕火を付けて葬列を先導するとある。

天皇であれば役人は八人が基本となる。一条の葬送では当色を着した二人が松明をもって先導して輿を運び入れ、小屋形、須須利を撤去して輿を置く。先導役の松明は権少僧都隆円・律師尋円の二人の僧が受け取って枕火を移したという。この火を移す役は先例では先導役自らが火をつけたが、一条では僧が勤め、後一条の時も一条の先例に倣って僧が勤めたという。さらに堀河の時には再び俗人が勤めるなど微妙な変化がある。次に、役人八人が一条の棺を輿の榻に安置して須須利、小屋形で覆い、ここで棺を前にして前大僧正慶命を導師、権僧正明尊を呪願とする導師・呪願の儀が行われた。この仏事は『略儀』『次第』では省略されている。導師・呪願の儀が終われば再び吉方から輿を出すが、葬礼においては門を通らないという慣習があったため、築地を壊して路に出る。一条の時は西北の築地の破れ目から一条大路に抜けたという。これは吉方に門がないためではなく、門の近くでも築地を壊して通る。葬礼ではなく死者を平生の体裁で移動する「如在之礼」の時には築垣を壊さず小門を用いることが常とされるが（『玉葉』養和元年〈一一八一〉一二月五日条）、方角が悪いために築地を壊した例や（『玉葉』承安三年〈一一七三〉八月一六日条）、また道長の娘の嬉子を上東門院（土御門殿）から二条の法興院への移送では上東門院の南門を通った際には、うるさ型の藤原実資はこの門は天皇の行幸のおりには神璽・鏡剣も通る門であるから吉方であっても門の傍の築地を壊すべきであると批判的にコメントしている（『小右記』万寿二年〈一〇二五〉八月六日条）。生者の体裁をとるといえども、やはり死者としての側面も意識されざるをえないのである。こうした忌避意識に関わるものとしては、この日は棺を造ることを忌む日であったため造棺せず、法師二人に造り置きの棺を出すように命じたところ、二人とも出すと答えたため片方を召したが、二つの棺を召すことは世間では忌むことであるとも記す。死者が続くことを連想するためであろうが、葬送に関しては多様な忌避意識や吉凶意識が混在していたことをよく示している。『作法集』によれば、この時の吉方は嫡子の吉方であるとしているが、実際には子のいない者や若年者などこの通りにはいかない事例も珍しくなかったであろうし、また『作法集』の記事が時期的にどれほどさかのぼるかは分からない。

出棺終了後、竹箒で棺を安置していた御所を掃き、箒は方忌のない方角の川に流す。川がなければ山野に捨て、枕火を消すという（『略儀』）。竹箒の風習は古記録では白河法皇の時に初見し、それ以後の諸史料に頻出するようになっていく。さらに一二世紀後半以後には、御所を鉋で削ることも見られる（『明月記』天福元年〈一二三三〉九月三〇日条、安元〈一一七五―一一七七〉の例という）。どちらも死者と接していたものを取り除くという象徴的な行為であるが、一条、後一条の記録には同様の行為は記されておらず、この二人の葬送では行われていなかったものと思われる。また、久寿二年の藤原忠通室宗子の葬送をはじめ（『兵範記』同年〈一一五五〉九月二一日条）、院政期以後の史料では死者の竈神を山中に棄てることが出てくる。これも摂関期の史料では見えないが、これは院政期以後に四月と一一月の宅神祭で竈神が祭られるようになることと関係するのかもしれないが、記録がないだけであるかもしれない。

葬列

路へと出れば葬列を整えて出立する。葬列は松明を持つ者たちと御前僧が先導し、死者の周囲に火舎や香の輿があり、死者の後ろから親族や臣下などが歩行や車で随従することが基本である。『略儀』では生前から前駆を勤めた僧たちが二列で先行し、火舎と香、貴賤が後ろに従うといった簡略な記述となっている。葬列の構成が詳しく分かる史料として、よく取り上げられるものではあるが後一条の例を紹介しておく。

まず先頭に黄幡（これについては後述）を持つ者がいる。次に炬火の者が二列で十二人、御前僧が二十人、その後ろに御輿を中心とした一団がいる。中央には御輿があり、その四隅には香を焚いた盆を持つ者が一人ずつ、焼香四人がそれに添う。その御輿を囲んで左右に目隠しの行障が各五人、前後に各三人ずつ並ぶ。行障の外側には油を入れた坏を入れた輿を持つ火輿が歩く。その外側にはさらに目隠しの歩障が左右四条ずつ並ぶ。行障は長さ五尺、歩障は長さ六尺であるという。その歩障の内側に香と花を据えた香輿、次に御膳の唐櫃二荷、そして本来は天皇の日用品などを納めた挙物櫃が続くはずであったが、今回は行列に続かなかった。さらに関白頼通や右大臣実資、内大臣教通、右大弁源経頼らが歩障内を歩き、民部卿源道方や諸司官人らは歩障外を進んだという。中心の輿は前後左右を行障によって厳重に囲まれ、その前後を進む火輿や香輿、御膳の唐櫃や関白以下の高位者は歩障によって遮られている状態である。先頭の黄幡や御前僧、炬火らは歩障の外側となり、枕火を付けた松明を持つ二人は炬火の列の最後、御輿にいちばん近い側にいる。一条天皇の葬送もほぼ同じ構成であったと思われ、堀河や白河でもほぼ同様の役人たちがいる。また、後一条の葬列の道中では百五十余寺の僧たちが道を挟んで各々に幄と鳥居を立て香華や灯明を備え念仏を唱えていたという。

後一条は死去間際に東宮に神璽・鏡剣を渡し譲位しようとしたが間に合わず、議論の結果、譲位の体裁をとって終焉所である内裏から「如在之礼」によって上東門院へ運ばれ、そこから葬列が出立した（堀）。この後、在位中に死去した天皇はいずれもこれに倣うことになる。本書では天皇と上皇を厳密に区分していないが、平安宮内裏から葬送を行った最後の天皇となった村上の葬列は（神璽・鏡剣は葬送前に東宮に渡している）、「陰明。宜秋。殷富門」と諸門を通り抜けており、築地は壊さずに行われている。

このような天皇の死の扱い方の変化に象徴されるように、九世紀から一〇世紀頃には京内での葬送を憚る風潮が広がっていく。明文化した規定ではないものの、天慶八年（九四五）に藤原仲平の遺体を尋常の行列の体で京外の寺に移送した史料を初見として死者の移送は頻出するようになり（『本朝世紀』同年九月五日、七日条）、そうではない時にも京内と京外の区別をつけていることが判明する例がある。長元八年（一〇三五）の斎院選子内親王の葬送では室町殿から出立したが、葬所とした蓮台廟（船岡山辺り）の一町ほど手前で車に雨皮を張り車輪に布を巻くなど葬礼の形を整え、そこからあらためて葬列として行進し火葬に処したという（『左経記』同年六月二五日条）。つまりそれまでは葬列としては歩んでいなかったのである。万寿二年（一〇二五）の道長娘の藤原寛子も「常のありき」の形式で出発し、一条あたりで「例の作法」の葬列を整えたとする（『栄花物語』二五）。また、京内を憚ったためか薄葬のためかは明確ではないが、葬礼の形をとらない葬列を望む例はほかにもあり、後三条の子である輔仁親王は平生の行列のようにと遺言したため前火と黄幡はなく、行障を用意し車の軒に木を渡して簾を懸け、雨皮で車を覆い（あるいは原文に誤脱があるか）、念仏僧は前行するが鉦を打たず微かに念仏を唱えるにとどめたという（『長秋記』元永二年〈一一一九〉一二月五日条）。むろん、葬列であることは見ればわかるものであるが、そのような体裁を憚ることが肝要だったのである。輔仁親王の例は葬列そのものを平生の儀とするものであるが、選子内親王のように京外に出てから葬列を整えることは京内から一旦移送して後日葬送を行うことと同質と見なせる。では、京外移送の場合は生者と同じような行列であったのであろうか。先述のように死者を如在の礼で送る場合、方忌などを除いて築地は壊さず門を通り、親族らは歩行せず車で行くことが先例であるとされる（『玉葉』養和元年一二月五日条）。しかし、天禄元年（九七〇）の藤原実頼の移送では尋常の車を用いたとある一方（『日本紀略』同年五月一八日条）、人々は歩行で従ったという（『小右記』万寿四年〈一〇二七〉十二月六日条）。皇嘉門院の葬礼では兼実らは車で先行したが棺車には僧都らが徒歩で随従したとあり、また如在の礼でも大門は通らず小門を通るという。道長の娘の嬉子を法興院に移送したときに兄の関白頼通が藁沓で歩んだことは極端すぎるが（『小右記』万寿二年八月七日条、葬列には随従しなかったためかもしれない）、やはり移送の場合といえども生者と全く同じとはいかず死者としての扱いをする部分がどこかに存在するようである。こうした移送は「盗出」「密々」「平生」など様々に表現されているが、葬列と同様に死者の存在は承知の上でそれを儀礼として明示しないことで成り立つわけである。九世紀では貞観一〇年（八六六）死去の源信はひそかに山中に遺体を運び（『三代実録』同年閏一〇月二八日条）、元慶八年（八八四）の恒貞親王は天皇への奏上前に葬送を済ませたなどとある（『同』同年九月二〇日条）。こうした慣行は承和五年（八三八）の嵯峨の娘芳子内親王や承和八年の安濃内親王（『続日本後紀』同年一二月庚戌条、同年八月丁卯条）、承和七年と九年の淳和や嵯峨の薄葬の遺言など王家周辺から始まると説かれている（堀）。九世紀の例が京内での葬礼の体裁を避けたのかまでは分からないとはいえ、あまり華美な葬礼を催したとは考えにくい点は確かであろう。その開始時期はともかく、こうした便宜的な方法をとることによって京内での葬送忌避が可能となるのであり、これは道端に死体が存在することや死体を片づけることとは次元の異なる象徴としての死の忌避行為と捉えることができる。京内の邸宅を喪家とする例やすべての葬送を京内から排除したわけではないであろうことなど、検証すべき事柄は多いが、このような便法としての平生の儀、如在の礼の慣例化は、儀礼としての形を整えることが当時はいかに重要であったかということを端的に物語るものといえよう。

なお、葬送は京内を憚るだけではなく、船岡山周辺に向かう際には北野社の前を避けて一条大路を直進しない、七条の大将軍堂の前を通らないなど神前をさける習慣もある（『兵範記』仁安二年〈一一六七〉七月二七日条）。また白河法皇の葬送の時には、陰陽頭賀茂家栄が二条大路は伊勢神宮が通る道であるから葬列は憚るという説が古伝であると主張し、それが鳥羽上皇の耳に達し採用されたというが、そのような典拠はなく二条大路を通る先例もあると疑問視されている（『永昌記』大治四年七月一五日条）。真偽さだかならぬ「故実」が広まっていく過程が分かる史料であろう。

黄幡と呪願

後一条の葬列の先頭に立っていた黄幡は堀河、白河、鳥羽などの葬送や『作法集』にも見られるなど平安時代の葬列で広く用いられた葬具であった。『左経記』では黄幡は黄絹に真言を書き白竿につけたものとあり、ここから仏具の一種であることが分かる。『権記』には歴代葬送の黄幡に関して、醍醐上皇の葬送時には輿の小屋形の内にあり、天暦六年（九五二）の朱雀上皇の葬送では蔵人所の者が持ち、村上天皇の時には蔵人所の出納が持っていたと先例が記されている。天皇以外の葬送でも黄幡は用いられたようで、『作法集』などでは次々の人では黄幡を棺の先方に挿すというが、次々の人が何を意味するかはよく分からない。『作法集』『白宝口抄』では黄幡にはいずれも死者の抜苦を宗とする光明真言あるいは宝楼閣真言を書くとあり、死者供養のためのものであることはここからも明確である。そして、醍醐天皇の葬送時にはこの黄幡は勢祐法師が埋葬終了後に陵地に立て、醍醐の甥である右中将英明朝臣が幡の端を持ったが、先例では「孝子執之」孝子が端を執るもので行事所が知らせていなかったために作法を誤ったという。これによれば、仏具である黄幡は醍醐天皇より以前の葬送、それも天皇の葬送で用いられたものと考えられ、天皇の葬送における仏教儀礼の採用が醍醐以前にさかのぼることを明確にする史料となる。黄幡は管見の限り従来まったく注目されてこなかったが、私見では日本の葬礼における仏教儀礼導入に関して見逃すべからざる意義を持つと考えており、この点については第三章で詳述したい。

さらに仏教儀礼としては呪願・導師の儀が存在する。後一条の時には出棺前とその後の荼毘の前に二度行われていたが、村上の葬送では内膳司門前で観理と法蔵が呪願・導師を勤めたとあり（『日本紀略』康保四年〈九六七〉六月四日条）、醍醐の葬送でも仁照と基継僧都が出棺時と埋葬前の二度行っているようである（『吏部王記』延長八年〈九三〇〉一〇月一〇日、一一日条）。藤原忠平の葬送でも呪願・導師の名が挙げられており、一〇世紀前半には定着していた仏事であったと考えられる。『吏部王記』が抄出された逸文しか残らないなど史料に恵まれないためはっきりしないが、こちらも醍醐の葬送が初例とは考えにくい。おそらくは醍醐以前から葬送で行われていたと思われる。この呪願についても、第三章で考察しておく。

荼毘と埋葬

葬列が葬所に近づくと、迎え火と呼ばれる松明を持った者たちが出迎える。天暦三年（九四九）に法性寺東北で行われた藤原忠平の葬送でも迎火五位十一人が山作所の前で出迎えたとあるから、これも早くから存在したと思われる（『吏部王記』同年八月一八日条）。この迎え火にも作法があり、迎え火が葬列を出迎えると最初から同行していた松明は枕火を移した前火以外を消して下がり、迎え火が葬列に同伴しながら山作所の鳥居に至る。鳥居の外に至ると迎え火の松明も火を消して退出するという。おそらく、死者の霊を先導してきた松明を交代して山作所まで誘導することを意味するのであろう。この迎え火の役人は当色を着さないとあり（『左経記』長元九年〈一〇三六〉五月一九日条）、葬列における役割は比較的小さかったようである。前火のみは鳥居の中に入って待機するが、『作法集』によれば火を北に向けるという。

この枕火（前火）についてはいささか不明な点もある。天皇の葬礼では枕火を移した松明を持つ者は二人いる。これは荼毘に用いられ、それらを前火、先火と呼ぶことも確認できる。源倫子の葬礼では前火一人が炬火六人と区別されており（『定家朝臣記』天喜元年〈一〇五三〉六月一一日条）、『伝授類聚抄』『作法集』でも前火を荼毘に用いるとあることから、前火は枕火を移した松明のことと推定される。しかし、久寿二年（一一五五）高陽院泰子の葬送に際して先例を調べた藤原頼長が土葬であった醍醐の葬送には前火が見られず、土葬には前火がないといっているにも関わらず（『台記』同年一二月一七日条）、土葬であった藤原俊成の例では枕火を松明に移したとある。また先述の前火を用いなかったとされる（火葬と思われるが）輔仁親王の葬列では炬火六人がおり、枕火を松明に移したという記述もある（『長秋記』元永二年〈一一一九〉一二月五日条）。皇嘉門院聖子の土葬にも二人が松明を持って車の前にいたとあるように、土葬であっても松明は用いるものである。枕火を移すことと前火を用いないとの表現が同出するのであるから、前火がないとは枕火を松明に移さないことではなく、枕火を移した松明を葬列とは別に同道させる、あるいは、香に移すなどの可能性が考えられるが、今一つ判然としない。

話を葬送の次第に戻すと、輿を鳥居の中に入れ、外鳥居の内側の葬場殿に北枕にして棺を置く。『略儀』『次第』では鳥居と貴所屋以外にこうした建物を設けないというが、天皇や摂関では幄などが用意されている。棺を移す間にも行障で覆って目隠しするという。そして、先述のように棺に対して御膳・手水などを備えた後、導師・呪願の儀があった。最後の別れの儀礼である。『略儀』では出棺時の法要は省略されているがこちらの法要は上臈が行うとあり、別れの儀としての比重がより高まっていることになる。出棺時の呪願が平生の生活空間との別れとするならば、こちらはこの世との決別であり、後者に比重がかかることは納得しやすい。次に、いよいよ棺を荼毘に付す。土葬ならば埋葬となる。荼毘という言葉は平安貴族には耳慣れないものであったようで、『中右記』では「荼毘」に「焼詞也」と焼くことと注記を付けている（嘉承二年七月二四日条）。貴所屋のなかの薪の上に敷いた敷物の上に、北枕に棺を安置する。男性では棺ごと運び、女性なら車の床ごと外して貴所屋に寄せてから棺を据えると説くものもある（『白宝口抄』）。『白宝口抄』では貴所屋（魂殿と表記）に棺を据えてから通常の御膳と手水を供えるとしており、御膳には箸を一筋立て、一筋を御飯の上に横に置くとあり、手洗いの柄杓の蓋は取っておくとする。続いて、荼毘の役人たちが安置した棺の蓋を挙げて薪を入れていくが、『略儀』では先に蓋を挙げて艮から乾までの四隅に順に薪を一筋差し、その後に薪や松を棺内の遺体の周囲に入れていくとある。男性では棺内に薪を入れて蓋はあけたままにし、女性は棺のなかに薪を積んだ後に蓋を被せるという説も見られる（『長秋記』大治四年〈一一二九〉七月一五日条）。また、一条の例などでは薪としか記されていないが、白河法皇の荼毘には薪を積んだ上に藁を載せたとあり、九条良通の葬送では薪ではなく藁を用いるのが近頃の上策であるとされているなど（『玉葉』文治四年〈一一八八〉二月二八日条）、細部には変遷があった模様である。用意が整えば枕火の松明の火を移して点火する。天皇では二人の火を取り合わせて付けるとある。この時もやはり北は通らずに火をつけていくという。そして、役人が夜を徹して荼毘を行う。この時、僧らが貴所屋の近辺で真言や読経、念仏などを唱えることが多い。とくに決まりはなく、僧の意思で選んだものを唱えるというが、後一条の時には藤原頼通から念仏を唱えるように指示されていた。また、貴所屋を行障などで隠すこともあるという。

遺体を荼毘に付すとともに、死者の日用品などを上物として葬所の艮、内垣と外垣の間で焼く。この火も枕火を移した火を使うが、天皇では二人の持つ火を一つにして使用することが故実であったという

(『中右記』嘉承二年七月二四日条)。土葬の醍醐でも上物は行われており、やはり枕火は必要と思われる。『略儀』では上物は略式では省略とされる。後一条の例では御冠、御脇息、御枕、御履など死者の身の回りの品や故人の御車、さらに当日に供えた御膳や手水具、葬送に用いた輿や小屋形、黄幡なども一緒に燃やしたという。この上物については来世に届ける副葬品ではないかと思いたくなるが、故人の属人的な品のほかに葬具も一緒に燃やしており単なる副葬品とも考えにくい。葬具のうちでも牛や車、鳥居・荒垣や布などは導師・呪願の布施(車は燃やすこともある)、または近辺の寺々に分配するので、再利用しないものを燃やすのが第一義的な意味なのであろう。

土葬の場合では棺を穴に納めることになる。醍醐陵では墓穴は深さ九尺(二・七メートル)、方三丈(九メートル)、内部に高さ四尺三寸、縦横各一丈の校倉と壙戸がある大きなものであった(『醍醐雑事記』)。皇嘉門院聖子の土葬では棺の絡げ布を切って棺の上下にかけ、さらに四丈(一二メートル)の布を中にかけて六人で端を持って北首にして底に降ろしたというから、構造物はなかろうが数メートルの深さはあったと思われる。その後、侍や人夫らが穴を埋め、釘貫を廻らして、その上に故人があらかじめ銘を書いて用意していた石卒都婆を立てて墓を造っている。藤原俊成の土葬では四人で綱を持って穴に納め、埋め戻した後に棺の椚(オウコ・担ぎ棒)を切って中央に立てたという。また一四世紀の伊勢神領の法令集『文保記』では墓に立てた木が棺に触れると触穢になるとあり、ここでも土中に木を突きさす習慣が見られる。さらに、九世紀後半を中心とした多賀城の庶民層(非官人層)の集団墓地とされる市川橋遺跡中谷地地区の遺構のなかには一例ながら木棺の蓋に穴をあけて竹を刺したものがあり、これなどは民俗例における死者の霊が出入りするために墓に刺すとされる息つき竹の風俗との共通性が注目されるもので、俊成の墓所に立てた木にも宗教的な意味があったのかもしれない。

収骨と火葬塚

火葬が終わるのはおおよそ翌日である。一条は卯刻（午前五時頃）、後一条や白河は辰（七時頃）などとある。荼毘が終われば先に貴所屋や板敷きなどを壊し、次に荼毘の役人らが酒や水で火を消す。後一条では酒のみ、『略儀』は酒で消してから周囲の灰に水をかけるとあり、『白宝口抄』では水の次に酒となっている。そして炉の周囲に板敷きを敷き、敷物を敷いてから僧や近臣らで収骨を行い、茶垸の瓶に納めて加持土砂を入れる（『略義』）。『伝授類聚抄』には新しく作った折櫃四合に入れる、あるいは面々が紙袋を首から下げて拾うやり方もあるとする。後一条の荼毘では骨を拾う前に僧らが加持土砂を撒いているが、通常は収骨の後に撒く。酒の使用について『伝授類聚抄』では酒を注げば小さな骨まで分明に見ることができるようになるためとしている。

骨の拾い方にも作法があり、人々が敷物に並んで座し、上座の人が骨を箸で拾い、箸同士で順に下座へとリレーするという。『略儀』では宮々と近習が座に着き、上首の人が竹箸をもって最初に首の骨を拾い、順に箸で渡してゆき、最後の人が紙を敷いた折敷の上に置く。それから皆で骨を拾い始めるが、長大な骨は上首が拾うという。さらに時代の下る『伝授類聚抄』では、まず嫡子が先に骨を拾ってリレーし、それから各々が骨を拾うとなっている。手順上、宮や嫡子の拾った骨を皆で順に持ってから拾うのであり、宮や嫡子以外の者はいきなり骨に手を触れないということになる。法親王の次第である『略儀』と俗人を想定した『伝授類聚抄』という性格の違いはあるが、どちらも家の秩序や遺族としての役割が鮮明になってきているといえそうである。

実例を見ると、白河法皇の収骨では東に子息の仁和寺宮覚法法親王、孫の法性寺座主最雲、藤原長実、西に弟の聖恵法親王、三井寺法眼行慶、内大臣源有仁が並んで骨を拾ったという。その次第は、それぞれの前に紙を敷いた折敷と箸を置き、最初に長兄の仁和寺宮が一つの骨を弟の法親王に渡し、弟が前の折敷に置く。それを合図に人々が盃一杯分ほどの骨を拾い、長実がそれらを集めて金銅の壺に選び入れ、加持土砂を灌いでから蓋を閉め、白絹で包んだ壺を長実が首にかけて仮安置所の香隆寺に向かったとある（『長秋記』大治四年七月一六日条）。『略儀』などの次第書通りとはいかないが、おおよそ趣旨は合っているであろう。また子息が拾うという点では、一見して『伝授類聚抄』の記載に一致するように見える。しかし、七十七歳と当時としては長命の白河は多くの子息を天台・真言の寺々に入れたため子息と孫の高僧が顔を揃え、そこに甥の源有仁と近臣の長実が加わるかたちになったが、同時代の史料では天皇の実子が骨を揃う例は珍しい。在位中に死去した堀河天皇は外戚源顕房の一族や乳母子である藤原基隆らが骨を拾ったとあり（『中右記』嘉承二年七月二五日条、『後深草院崩御記』）、後三条の拾骨は天皇の身体を守る役割の護持僧四人（『後深草院崩御記』）、一条はかつての近臣の藤原行成や隆家ら俗人五人と僧五人、後一条も僧二人と源師房や藤原長家が勤めるなど、平安時代の天皇の例では外戚や乳母子らの縁故者、近臣などゆかりの者に死者と縁戚関係のある僧や近侍の僧らが加わって行われており、子息が拾骨に参加するものは管見では見られない。貴族の事例では拾骨まで書いていることは稀で、藤原宗忠が祖母や養母の葬送を沙汰した際には、火葬場に供奉していることは分かるが、実務を務めたかどうかまでは記していない（『中右記』康和五年〈一一〇三〉三月二一日条、保安元年〈一一二〇〉九月二七日条）。養母の骨懸け役は故人の「親人」の僧の定助が勤めているなど、ゆかりの人間が従事したことが推測されるのみである。また、藤原行成が祖父と母の遺骨を焼き灰として鴨川に流したときは、散骨は自身で行ったようであるものの、それ以外は不明である（『権記』寛弘八年〈一〇一一〉七月一二日条）。拾骨については葬送定文でもその項目がなく、ここから逆に拾骨は役人が行う実務行事とは一線を画していた可能性が考えられるが、この点については第三章でもう一度述べる。

拾骨が終われば、貴所跡を土で覆い卒塔婆を立て堀と釘貫の囲いを廻らして木を植え墓とする。『略儀』では葬所跡に御堂や塔を造る時には骨を少々残し、そうでなければあらかた骨を拾い取るとする。実例では後一条の葬所跡には陀羅尼を納めた石卒塔婆を立て、周囲には板を並べた釘貫を巡らして溝を掘り、さらに樹を植えて墓としたとあるが、翌年には母の上東門院彰子によって法華三昧堂である菩提樹院が建立されており『略儀』の記述と対応する（『左経記』長元九年五月一八日条、六月一九日条）。一条の拾骨では四升ばかりの白壺に納めたとあるのに対して（『権記』寛弘八年〈一〇一一年〉七月九日条）、後一条の拾骨では一升ばかりの骨を壺に納めたと量に差があることも、この場所に骨を残したことを示唆していよう。

また、跡地に御堂などを建立しない時にも火葬所に墓が設けられる。こうした墓は火葬塚と呼ばれ、現在でも京都市内各所に代々の天皇・皇后の伝承地を残すが、天喜元年（一〇五三）に広隆寺の北で火葬された藤原道長室の源倫子の葬所跡に松が植えられていたことについては、道長の四代目の孫にあたる忠実が洛西の法輪寺参詣の途次、目についた小松に手を懸けようとしたところ「あれは鷹司殿（倫子）の御葬所なり、そもそも墓所には御骨を置く所なり、所放也、葬所は鳥呼事なり」と祖父の師実に言われたという有名な史料がある（『定家朝臣記』天喜元年六月二二日条、『中外抄』上六一）。堀河、白河の葬送でも葬所を土で覆い陀羅尼を納めた石卒塔婆を立て、釘貫で囲った「山陵」を設けたことが知られるが、こうした風習がいつごろから始まったかについてはあまり明確ではない。寛平元年（八八九）の藤原基経の葬送時には勅使が「小野墓所」に向かったとあり（『西宮記』巻一四裏書）、深草山で火葬され宇治木幡に葬られたとされる基経の火葬所を深草に隣接する地名「小野」と呼んでいたとすれば葬所に墓を造っていた可能性が考えられる（『日本紀略』同年正月一五日条、堅田）。天暦六年（九五二）の朱雀上皇の葬送でも火葬所を「陵所」と呼んでおり（『吏部王記』同年八月二〇日条）、朱雀の「舎利（遺骨）」は醍醐寺の東に移されたとあるから（『同』同月二一日条）、これも火葬所に「陵」を造営した可能性がある。この推定が正しければ九世紀末頃から摂関や天皇の火葬所に墓を造ることが行われていたことになる。さらに一条天皇の葬所についても、古記録には記載はないが『栄花物語』九に「岩蔭の在しまし所」とあり、火葬所に何らかの施設＝墓があった可能性を想定できる。ここで少々問題となるのは、当時の史料では土葬の場合には埋葬を「葬」といい、火葬の場合には墓への骨の埋納ではなく荼毘を「葬」と表現していることで、埋葬と荼毘がともに「葬」ならば火葬所そのものを墓所と表現した可能性があったと考えられなくもない点である。しかし、それは逆に荼毘が「葬」であったから火葬所に墓を造ったと解釈することもでき、一一世紀以後の例から考えると素直に埋納と別に火葬所にも墓を造っていたとしたほうがよいであろう。また、奈良時代の元明天皇は火葬所をそのまま陵とすることを命じており（『続日本紀』養老五年〈七二一〉一〇月丁亥条）、明証はないが平安貴族のあいだでも火葬所を埋納所とすることが行われていたとしてもおかしくはない。

帰路

埋葬や拾骨が終わり人々が帰宅する際にもただ帰るのではなく、もよりの川などで草人形による祓を行う、来た道を替えるといった作法が行われる。ここでの祓は車に乗ったまま「祭物を供えず草人形をもって行う」（『左経記』長元九年五月一九日条）手祓ともいわれる手軽なもので、漠然と不祥を祓うといった意味であろう。なかには「手足耳目」を祓うという記紀のイザナギ・イザナミ神話を思わせる祓を記すものもあるが（『行親記』長暦元年〈一〇三七〉八月九日条）、この祓によって神事関与を禁じる触穢期間が終わるわけではない。現代でいえば帰宅時に塩をまくことに似ている。道を替えることは民俗例でも見られるものであるが、皇嘉門院聖子や藤原俊成の葬送では遺族の九条兼実や定家らが道を替えて帰ったと記している。『玉葉』に「俗説」とあるように（養和元年一二月五日条）、民間の習俗を取り入れたものなのであろう。

遺族ら籠る人々は喪家に戻り、それ以外の人々も帰るか、いったん帰宅してから再び喪家に伺候するなどする。遺体の周囲での念仏など死去直後から諸種の仏事は行われているが、いよいよ本格的な追善供養の開始となる。『略儀』『次第』では出棺前に仏供養を行い、荼毘後に本所に帰ってから例時懺法を修するといい、藤原俊成の葬送では出棺前に仏供養と例時があってから素服を着し出棺したとある（『明月記』元久元年一二月一日条）。出棺は夜であり、その前に仏事を始めることが慣例化していたのであろう。堀河の葬送では、人々が荼毘を行っている最中の明け方に留守の人々が懺法を開始している（『中右記』嘉承二年〈一一〇七〉七月二五日条）。この日は葬送翌朝になるがすでに初七日にあたり、明け方の懺法、夕方の阿弥陀経のほかに早速初七日の阿弥陀三尊像と法華経の供養が行われ、これ以後は毎日朝夕の懺法が堀河院で修され、公卿らは代わる代わる布施取りなどを奉仕したという。

遺骨の安置

茶垸壺に納めた遺骨は、墓もしくは仮安置所に安置する。茶碗に骨を入れて蓋を閉じ、白の皮袋や白の布袋などに納めて白の緒を十文字にかけ、緒の片方を輪にする。これは骨懸け役の者が首にかけて墓所や仮安置の寺院などに運ぶためである。当時の風習では御守りを首からかけることもあり（身に付けることや髻に入れることもある）、大切なものを運ぶ方法であったらしい。この役は傍親や近習らが務めることが多いが、僧が同道することが慣例となっている。僧がこの役に従事することもあり、改葬では僧が務める割合が増える。

墓所に埋葬する前には、方角の忌や土用などの理由により遺骨を寺院に仮安置することがある。この仮安置の初見史料は東山の円成寺（現在の禅林寺近く）に遺骨を安置した一条天皇である。もっとも、延喜二一年（九二一）に死去した源当時の遺骨の骨粉を散骨のために蓮舟法師の私の寺屋に安置していた例もあり（『左経記』長元九年〈一〇三六〉六月一日条）、方忌や日次を気にする当時では一条以前にも寺院への仮安置は存在したであろうが、公的な寺院への仮安置を明示する史料としては一条が最初となる。一条の遺骨を安置するに至る経緯は、父の円融陵の傍に土葬すべしという一条の遺言があったにもかかわらず、藤原道長がそれを忘却して北山の岩陰で火葬にしてしまったため大将軍の方忌にかかったという（『権記』寛弘八年〈一〇一一〉七月一七日条）。これ以後、後一条の骨は神楽岡の浄土寺、後三条は円宗寺、堀河と白河は船岡の香隆寺など天皇の遺骨が寺院に仮安置されることが三条を除いて白河に至るまで通例化する（黒羽）。

遺骨の仮安置所は墓であると同時に墓ではない面を持つ。一〇世紀頃には墓参の習慣はあまりなく、主に官位の昇進などを報告するための墓参が行われる程度であったが、こうした遺骨の安置所に関しては通常の墓とは異なって臣下らが度々参詣していることが指摘されている（黒羽、小林）。一条の葬送後しばらくは連日下臈の公卿や殿上人が遺骨に参詣していたとあり、これについて藤原実資は「共の心を得ず」と批判しているが（『小右記』同年七月一四日条）、埋葬された死者と比べて現世とのつながりを多少なりとも残した状態と見なされたゆえと考えられよう。藤原道長が天皇の遺言を忘却していたという点はどこまで本当かは分からない。道長以外に中宮彰子や近習らもその遺志を聞いていたとあるから、火葬までの十数日の間も彼らは道長に遠慮して言い出せなかったというところであろう。遺骨の仮安置についても、北山の金輪山付近に適した場所があるという陰陽師らの進言にもかかわらず道長は吉所を探すためと称して葬送まで埋葬所を決断せず、大将軍の忌云々以前に当初から火葬後は一旦円成寺付近に仮安置しておく手順になっていた。金輪山の墓所予定地は占地され絵図を書き石卒塔婆まで設置されていたとあり、遺言でも大将軍・王相方など方忌に関わらず埋葬すべしとあったとされ、ここまで用意しながら埋葬せずに終わったことを世間でも凶悖と噂したという（『小右記』同月二〇日条）。かりにこれが故意であったとしても道長の意図は分からず、最後は遺言に従って円融陵の傍らに埋葬しているように、道長は自身や娘らも火葬にしているから当然のごとく火葬しただけであったと考えてもよいが、遺志に反する葬法などの異例について道長本人の言を鵜呑みにしてよいものか疑問は拭えない。

こうした寺院への仮安置については、天皇以外にも、源師房、藤原師実の室源麗子、藤原忠実の室源師子など摂関家とも関わる村上源氏の人々に関する史料があるが、貴族たちにどこまで普及していたのかは不詳である。当時はしばしば改葬がなされているが、源師子の遺骨が西郊の青蓮寺から源氏の北白川墓地の源麗子墓の傍に納められた際など（『兵範記』久寿二年五月二〇日条）、当時の史料では遺骨安置からの埋葬も改葬と表記されるので、存外多かったのかもしれない。なお、貴族以外の例では、法成寺の堂下に骨を入れた櫃が置いてあったという事件もあった（『水左記』承暦四年八月七日条）。仮安置ではないが、せめて遺骨を功徳のある寺に置く供養のつもりであったのかもしれない。また遺灰を飲んで自殺を図った女もいたが、これも俗信のようなものといえるであろう（『左経記』長元七年八月二四日条）。

墓

貴族の墓所は、藤原氏基経流ならば宇治木幡の御蔵山山中の墓地に埋葬する例が多く、ここには藤原道長によって法華三昧堂と多宝塔を有する浄妙寺が建立された（『御堂関白記』寛弘二年一〇月一九日条など）。具平親王流の源氏では北白川の一門墓地に二一人が眠っているとされ、こちらは具平親王の息で藤原頼通の養子となった源師房が法華三昧堂である寂楽寺を建立している（『兵範記』久寿二年〈五二〇〉五月二〇日条）。それ以外にも吉田神楽岡や船岡山、鳥部野付近など平安京の葬所であった地域、さらに藤原忠平創建の法性寺の山中などゆかりのある寺院や北山、嵯峨野などそれ以外の所に葬られることも多々ある。鳥部野の範囲は時代による変化もあるとされ判然としないが、現在の珍皇寺の南、鳥部山、阿弥陀峰付近や祇園社の東とされる大谷周辺などが葬送に用いられたようである（勝田）。氏の墓については奈良時代から「氏墓」が政策的に保護されていたことを窺わせる史料があり（『続日本紀』慶雲三年〈七〇六〉三月丁巳条）、和気清麻呂の先祖四代の墓が本拠の吉備に存在したことや（『日本後紀』延暦一八年〈七九九〉二月乙未）、渡来系の葛井、船、津の三氏の墓地が河内国丹比郡野中寺以南の寺山にあったことが分かるものの（『日本後紀』延暦一八年〈七九九〉三月丁巳条）、九世紀末に鳥部野に藤原氏の葬地があったこと（『三代実録』仁和三年〈八八七〉五月一六日条）、一〇世紀以後には大江氏の墓が醍醐寺近辺にあった（『醍醐雑事記』）というほかは知られない。

貴族層以外では、上記の葬所以外にも河内国の交野雄徳山（男山）、平安京南の深草山の西面、平安京右京の佐比大路以南の桂川の河原、桂川の五条から六条辺の河原なども葬送の地であった（『類聚国史』大同三年〈八〇八〉正月庚戌条、『類聚国史』延暦一一年〈七九二〉八月丙戌条、『三代実録』貞観一三年閏八月廿八日条）。また、山城国の愛宕と葛野両郡は「毎有死者。便葬家側。積習為常」と家の傍に埋葬する風があったとされている（『日本後紀』延暦一六年〈七九七〉正月壬子条）。これは後代の屋敷墓のように敷地内に埋葬したという見方と、当時は家の周囲二・三十歩に木を植えて占有することが許されており、そうした樹林中であったという考えがある。

さて、貴族たちが寺院を墓所とした場合でも、現在のような石塔の林立した境内墓地ではなく、山林中に釘貫を廻らし卒塔婆や石塔を建立した墳墓を造営するものが一般的であったようである。しかし、一一世紀に入ると藤原穆子が観音寺に建立した無常所への埋葬や（『御堂関白記』長和五年〈一〇一六〉八月一日条）、選子内親王の骨を三井寺の御堂の建立予定地に安置（『左経記』長元八年〈一〇三五〉六月二五日条）、昌子内親王を北山の岩倉観音院の魂殿へ安置といった（『小右記』長保元年〈九九九〉一二月四日条）、寺院内の施設や寺堂への埋葬例が現れはじめる。無常所は本来ならば終焉を迎える場所のはずであるが、経緯は不明ながら生存中に建立したにもかかわらず死去後に運ばれていることからこの時は墓所として機能したことになる。一一世紀末以後、寺院の堂の基壇などのなかに骨あるいは遺体を埋葬する例はさらに増え始める。醍醐寺山上伽藍の諸堂舎には白河の中宮源賢子を始めとした女性九人、男性一人の遺骨が安置されており（『醍醐雑事記』）、白河や鳥羽は自身が建立した安楽寿院や菩提樹院の三重塔に埋葬され、後白河は法住寺法華堂、六条・高倉は東山清閑寺の法華堂など天皇家では法華三昧堂への埋葬や納骨が慣例となっていく。遺骨信仰ともいわれる納骨習俗については、一二世紀の堀河天皇の遺髪や鳥羽皇后の美福門院の遺骨の高野山への納置が最初とされることもあるが、それより早く一一世紀半ばに比叡山の法華三昧堂に死者の骨を送る例が二つある（『大神宮諸雑事記』、『行親記』長暦元年九月一六日条、福山）。このように、葬地や空閑地に墓を造るのみならず、寺院の敷地内や寺院の側、堂内への納骨・埋葬、あるいは墓所の上に堂を建てるなど墓と寺の距離は接近してくる。中世後期から近世社会で葬送や火葬に従事し卑賤視された僧形の三昧聖と呼ばれる人々とは異なるが、三昧堂の三昧僧たちも納骨に関与するなど、葬送から埋葬に至るまで仏教の関わりは様々な側面で深まってくるのである。

魂殿

最後に、当時の葬法として著名な魂殿について一言しておく。遺体を火葬せず仮屋に安置して閉ざす魂殿のイメージは、『栄花物語』に記す中宮定子、藤原長家室と後室、三条天皇皇后娍子らの葬送によるところが大きいであろう。定子の葬送は、

> 黄金作りの御糸毛の御車にて……おはしますべき屋も皆降り埋みたり。おはしまし着きて払はせ給て、内の御しつらひあべきことゞもせさせ給。やがて御車をかき下させ給ひて、それながらおはします。今はまかで給ふとて、

兄伊周以下の人々が供奉するなか遺体（棺）を車に載せ鳥辺野南方にもうけた魂殿（霊屋）まで運び、

魂殿表

	年月	名前	表記	場所	史料
①	貞観一〇年（八六八）	源信	一屋	北山嶺下	『三代実録』同年閏一二月二八日条
②	承平元年（九三一）	宇多法皇	魂殿	大内山	『吏部王記』同年七月二〇日条
③	正暦四年（九九三）	源保光	北舎代	松前寺北	『権記』寛弘八年七月一一日条
④	同	源保光女	玉殿 西倉代	松前寺西	同上
⑤	長徳二年（九九六）	高階貴子（道隆室）	さるべき屋	桜本	『栄花物語』五
⑥	長保元年（一〇〇〇）	昌子内親王	御魂殿	観音院	『小右記』同年一二月五日条
⑦	長保二年	中宮定子（道隆女）	霊屋	鳥部野南	『栄花物語』七
⑧	長和五年（一〇一六）	穆子	無常所 舎	観音寺	『御堂関白記』寛弘七年九月二九日条、長和五年八月一日条など
⑨	寛仁元年（一〇一七）	藤原遵子	屋	般若寺	『御堂関白記』同年六月五日条、『小記目録』二〇
⑩	寛仁二年	藤原実資姉	屋（仮納）	般若寺辺	『小右記』同年四月三日条
⑪	治安元年（一〇二一）	藤原長家室（行成女）	霊屋	北山、観隆寺北地	『栄花物語』一六、『権記』治安元年条
⑫	万寿二年（一〇二五）	皇后娍子	桧皮葺屋 玉屋 玉殿	雲林院西院	『日本紀略』同年四月一四日条、『左経記』同月同日条、『栄花物語』二五
⑬	万寿二年（一〇二五）	長家室（藤原斉信女）	桧皮葺屋	法住寺北門	『栄花物語』二七

装束をしつらえた霊屋内に車ごと棺を安置して人々は涙ながらに帰参したという。この時は、「煙とも雲ともならぬ身なりとも草葉の露をそれと眺めよ」という歌から本人の「例の作法ではない」土葬の意思を推測し、魂殿にこめることになったとあることは先に触れた通りである。このように当時は魂殿への土葬が行われていたといわれるが、じつはこの魂殿は一〇世紀後半から一一世紀前半までにしか見られない限定的な作法であることが建築史の清水擴氏によって明らかにされている。清水氏はさらに、土葬といわれる魂殿であるが、魂殿に納めた死者をあらためて火葬する例が複数あることに着目し、魂殿も結局は火葬を行うことが前提の施設であったのではないかと推測している。筆者もこの見解に賛成である。清水氏の挙げた史料に筆者が私案を加えたところでは、魂殿と推測される事例は前頁の表のようになる。このうち以下、検討しておくと、大内山の宇多は同所で火葬されているから、火葬を前提とした施設であったことは自明である。『作法集』に貴所屋を魂殿と呼称していることとも関連しよう。⑤昌子内親王も魂殿に薪を詰め込んで閉じており、これも火葬のための施設としてよい。⑫皇后娍子は半年後に木幡に改葬されているから火葬したと推測でき（『日本紀略』万寿二年九月二四日条）、⑬長家後室は法住寺の北大門の側という所に設置している点を見ると小屋が朽ち果てる前に処分することを予定していたと考えられよう。中宮定子は築地を築いているからこのまま放置されたのではないかとの推測もあるが、改葬した娍子も築地を築いており決め手とはならない。ほかは遺体を屋に納めたとあることから魂殿の例に入れたが、⑩藤原実資姉は遺体を屋に仮置きしたとあるから別の最終的な処分を予定していたことが分かる。⑨⑩ともに仁和寺のさらに西方の山中に所在した般若寺に置いたとあり、その般若寺には一般の寺僧とは別に三昧僧が存在したことは（『小右記』治安三年一一月二日条など）、先の納骨や墓寺との関連からも注目しておきたい点である。そして⑨は翌年に改葬しており（『小記目録』二〇）、やはり火葬を予定していたことが分かる。⑧穆子は建物に埋葬したという意味で挙げたものであるが、無常所という施設を建立供養しており、いわゆる魂殿ではなく御堂に近いものと思われる。源保光と娘は十七年後の散骨となっているが、筆者の読み解くところでは、これは蔵人などとして三十日間の改葬の穢れに触れる余裕のなかった行成が（暇は七日）、一条天皇の死に際して長年の懸案を解決することを思い立ち、あえて一条の穢に触れてその翌日に行ったという経緯であったと思われるもので、魂殿は最終処分ではなかったことがここからも窺われよう。⑪はその藤原行成の娘であるが、観隆寺の裏山は三条天皇の陵が築かれた場所でもある（『御堂関白記』寛仁元年五月一二日条、黒羽）。行成は産死した妻の骨も散骨しており（『権記』長保四年〈一〇〇二〉一〇月一八日条）、娘の遺体もいずれは処分する予定であったとしてよかろう。つまり、最初の源信と建築の性質の異なる穆子、不明な定子と貴子を除くほかの魂殿は仮設か火葬施設であった可能性が高いことになる。定子に関しては、一年後に火葬されている昌子内親王の遺言が「火葬しない」というものであったという例もあり（『権記』長保元年〈九九九〉一二月五日条）、後に火葬されていたとしてもおかしくはない。貴子にも同じことが当てはまろう。それでは、何のために魂殿を造ったのかということになるが、おそらくは生前そのままの身体を焼くことを嫌ったことなどによる火葬の一時猶予のような施設であったのではないかと考えている。一一世紀中葉は史料が少なくその後の経過は不明であるが、それ以後の史料で玉殿が姿を消すことについては一二世紀には寺堂への遺体の埋葬が見られるようになることが関連するのかもしれない。なお、中国唐代には仏教信者の女性がいったんは先に死去した夫の墓に合葬したのち、あらためて火葬し遺灰を塔に入れるよう遺言している例があるという（西脇）。当地における儒教的な規範と個人の信仰を両立させる折衷案であるが、玉殿における土葬と火葬の関係にも似た点がある。以上の筆者の見立てが正しければ、魂殿は単なる土葬ではなく火葬と土葬を組み合わせた性格をもつものであり、貴族たちの火葬への意識や日本における葬法の歴史を考える上で興味深い葬法であると位置付けられよう。

第二章　モガリから葬喪へ

『魏志倭人伝』と『隋書』

縄文、弥生から古墳時代にかけての葬送・墓制や死生観については考古学による膨大な研究蓄積があり、歴史時代以前の列島上で行われていた時代や地域・階層によって異なる様々な葬送・墓制のあり方を知ることができる。我々にとってとくに興味深いのは、縄文・弥生時代中期までの東日本を中心に見られる複葬・再葬制や、弥生墳丘墓や古墳の同一墳丘・石室への多人数埋葬や別の古墳への改葬のような、現代の一次葬を中心とした葬送とは様相を異にした葬墓制のあり方であろう。その死生観についても、縄文における幼児埋葬の土器棺や貝塚への埋葬・遺骨安置、弥生墓に見られる人面付土器を用いた埋葬のような再生を願ったとされる埋葬様式など現代とは異質な部分も多かったようである。またこれとは逆に、縄文時代から古墳時代にかけて産死など一部の特殊な死者と思われる遺体の再生・活動の阻止のために頭や足などを切って埋葬する断体儀礼の習俗があったとされる。さらに、五世紀後半から末頃の大分県中津市上ノ原横穴墓をはじめとした各地の人骨を調査した田中良之氏は、五世紀後半から七世紀代にかけて埋葬後数年から十年程度の期間を置いて死者の脚部の関節または全身の関節などを毀損して（あるいは外さずに）食物や土器類を供える風習が各地で行われていたことを明らかにし、それらが死者の社会的な死の認知を示すための「ヨモツヘグイ」「コトドワタシ」儀礼であり、当時成立した父系直系家族における新家長の優位性を誇示するために行われたのではないかと論じた。これらは考古学的な手法による当時の死者・霊魂観念や葬送儀礼の復元作業として参考になる。こういった考古学的な遺跡・遺物に関する議論は専門の研究者の解説書も多く、それらを参照いただくとして、本章では文献史料から七世紀以前の葬送やモガリ儀礼、さらには令制による葬送儀礼と服喪制度の導入までの経過を概観する。

日本列島上における葬送について記した最古の文献史料は中国の正史になる。邪馬台国記事で有名な『魏志』倭人伝には葬送習俗について以下のように記す。

其の死には、棺有りて槨無し、土を封じて塚を作る。始め死するや喪を停むること十余日、時に当たりて肉を食はず、喪主哭泣し、他人就きて歌舞飲酒す。已に葬れば、家を挙げて水中に詣りて澡浴し、以て練沐の如くす。

これによれば、三世紀頃の倭では死体を収める棺は用いるが棺を納める槨はなく、埋葬地には土で塚を作る。死から十余日間は喪として肉を食べず喪主は泣き悲しみ、他の人々は歌舞飲酒するという。そして埋葬が終ると遺族らはこぞって水辺で水を浴びるが、それは中国で父母の一年忌に練衣を着て沐浴する練沐のようであると評している。死後すぐに埋葬するのではなく十余日間にわたり涕泣し歌舞飲酒することや埋葬後に沐浴を行うことは後世のモガリや喪服を除く日の祓と類似することはしばしば指摘されるところである。この水浴は『晋書』では「不祥を払う」ためと表現されている。喪中の人々については、航海中に船の安全を祈願する持衰が「不梳頭、不去蟣蝨、衣服垢汚、不食肉、不近婦人」と体を洗わず肉食や女性との接触を避ける様子が「如喪人」喪人のようだともある。なお東夷伝には朝鮮諸国に関して、高麗は「金銀厚葬」され、沃では仮埋葬した骨を取り出して一家の骨を同じ槨に埋葬するなどとあり、倭の「棺有りて槨無し」はこれらに比べて簡素である。これについては、東洋史学の立場から三国志の史料的性格を検討した渡辺義浩氏によれば、当時の中国の薄葬思想から朝鮮諸国と比べて倭国の習俗を評価する意図が読み取れるという。

次に、『隋書』東夷伝倭国の条にも葬送習俗の記載がある。

死者は、棺槨を以て斂め、親賓は屍に就きて歌舞す、妻子兄弟白布を以て服を製す。貴人は三年外に殯し、庶人は日を卜して瘞む。葬に及び、屍を船上に置き、陸地にこれを牽く、或いは小輿を以てす。

こちらでは遺体を収める棺と槨があり、親族や参会者が屍（棺であろう）のある場で歌舞し、妻子兄弟は白布の服を着る。貴人は三年にわたりモガリし、一般の人々は日を占って埋葬するという。また葬送には棺を運ぶ船を用いて陸上でこれを引くか、あるいは輿によって棺を運んだとしている。貴人の範囲がどの程度を指すかは分からないが、そのモガリに三年を要したとあることは、記紀における天皇のモガリが後継問題など特段の事情がない限り数カ月から半年程度であることに比べれば長すぎるようにも思える。しかし、同書では高麗（高句麗）についても「死者殯於屋内、経三年擇吉日而葬、歌舞作楽以送之」と屋内で三年の「モガリ」を行った後に歌舞で送って埋葬するとあり、百済も高麗と同じとある。百済の武寧王夫妻の墓誌では、五二三年五月に亡くなった王は五二五年八月に埋葬され、五二六年十二月に死去した妃は「居喪在酉地」酉（西）の地に喪してから五二九年二月に王と同じ墓に埋葬されたという。両者の埋葬まで月換算では王は死去月を含めて（閏月は計算していない）二八月、妃は二七月となる。妃は西方のいずこかで約三年の喪が行われたことになり、その期間についてはおおむね『隋書』記載と対応するのである。中国古代の士大夫の葬礼を記した『儀礼』士喪礼では入棺後（斂）の棺を正殿西階の上、西壁近くの穴に仮埋葬することを殯と呼び、三カ月後にあらためて墓への埋葬を行うと記す。漢代以後には葬礼の日数は簡略化される傾向にあるが、こうした礼制の規範を大幅に超える「殯」が高麗、百済と倭の三者に記され、またその行事内容が具体的に記されていること、百済の武寧王の事例が確認できることは、それらが何らかの情報に基づく記載であったことを推測させる。とはいえ、「殯於屋内」との表現は倭の「外」と比べるならば『儀礼』のような居宅内の殯を連想させ（建造物の規模による相違かもしれないが）、武寧王妃の例と細部まで一致するわけではなさそうであり（武寧王陵北方の公州市艇止山遺跡を武寧王妃の喪〈殯〉の場とする見解が多かったが、最近「居喪」は一般に遺族の服喪を指す語で殯ではないとの指摘が出された。墓誌に「改葬」と続く点がやや気になるが、この説では『隋書』記事と対応することになる）、また倭の貴人の葬礼に必ず三年のモガリが行われていたとも考えづらい。しかし、推古三四年五月に死去した蘇我馬子の桃原墓は蘇我氏一族によって造営されたが、同三六年九月に推古の葬送が終了した時点でいまだ桃原の墓所に蘇我摩理勢ら一族の宿廬があったとの記事もある（『日本書紀』舒明即位前紀、ただし蝦夷や摩理勢らは推古後継を巡る政治活動を行っている）。想像の域を出ないが、おそらくは中国の礼制では親に対する喪を足かけ三年（二五月または二七月）と規定していることを踏まえ、時にはそれに準じるような長期間のモガリ（あるいは葬送までの経過期間）が存在したことが反映した表現ではないかと思われる。

ちなみに、考古学的研究によると、六世紀後半築造とされる愛媛県松山市の葉佐池古墳一号石室の三体の人骨を調査した田中良之氏は、そのうちのB人骨に死体や腐肉を好む二種のハエの蛹の抜け殻が存在していたことから、埋葬以前の遺体が密閉空間ではない場所に少なくとも三・四日以上安置されていたことを明らかにした上で、七日から一〇日程度で埋葬されたと推測している。ただし、この人骨は初葬者ではなく七世紀初め頃の追葬と目されるものである。初葬者の例では、同じく田中氏は古墳時代前期の熊本県宇土市向野田古墳の単葬の成年女性人骨の関節部などが乱れていないことから、軟組織が腐朽するほどの長期のモガリを行っていないか、あるいは遺体の管理が行われていたとしている。これに対して、六世紀後半の円墳である奈良県御所市石光山二二号墳や七世紀前半の茨城県鉾田市梶山古墳など人骨の乱れや欠損により白骨化以後の埋納であることが明らかな事例などは長期のモガリの存在を示唆するとも取れるが、あるいは一次葬後の改葬であった可能性も残る。この点については後述する葬送における遺体の扱い・運搬法やモガリ儀礼の多様性などとも関わるものである。モガリ期間に関しては当時の日本における古墳の築造が生前か死後か、また改葬や追葬の問題と時期及び地域による差異が関わって判断は難しいが、実際の古墳被葬者クラスのモガリは時と場合によって十日程度から数年単位まででかなり幅のある状況であったとしておくのが無難であろう。

さらに、『隋書』の記事に関して注目されるのは、奈良県葛城郡広陵町の四世紀末から五世紀初頭頃とされる巣山古墳の周濠から、船の部材とされる複数の木製品が出土していることである。河上邦彦氏の復元案によれば、これらは表面に円や直弧文様が施された約二メートルのクスノキ製の波切り板、櫓か櫂と推定される四メートル以上の棒状木製品、スギ製の赤色顔料の残る舷側板、鳥形木製品や人形などであり、組み合わせると長さ七メートルに及ぶ赤色顔料が塗られた陸上を修羅で引く船型の山車が復元されるという。また人形などが破壊されていることから、葬送終了後には破砕儀礼が行われたと考えられるとされる。復元案については別案もあるが、それが船の形であることには異論がない。巣山古墳は四から六世紀の古墳が散在する馬見古墳群のなかでも全長二二〇メートルを有する主墳であり、内陸部に位置する古墳の葬送において船（山車）が用いられていたことが裏付けられたのである。船は鳥とともに古墳の壁画にもしばしば描かれ、また埴輪として造形されるように葬送儀礼との関わりが深い（辰巳）。鳥を象った船や舟葬、舟棺を用いる葬制はインドネシアなど東南アジアから太平洋地域に広く分布しており（大林）、日本でも五世紀頃の房総半島など一部の海岸の洞穴遺跡で船や船棺を用いた葬法が見られるなど（辰巳）、舟や鳥は死者の他界への旅を表象するものとして用いられたと考えられる。さらに葬送に用いる船に関しては『古事記』仲哀記に喪船という表現もある。この場合は九州から大和へ遺体を運ぶために用いる（偽装であったが）水上の船を指しているが、待ち構えていた忍熊王らが「喪船に赴きて空船を攻めむとしき」とあるように一見して普通の船とは異なる装いがあったことが読み取れ、おそらくは何らかの葬具を備えていたのではないかと思われる。四世紀後半の天理市東殿塚古墳で発見された鰭付円筒埴輪に描かれた三つの飾り船には、舳先に鳥、船上には櫂や櫓、吹き流しの幡や翳、また切り妻屋根の屋形などが描かれており、五世紀の三重県松坂市宝塚一号墳の船形埴輪でも翳や屋形などが表現されている。むろん実際の喪船そのものではなかろうが、死者の旅路のイメージとして参考になるものである。もっとも、『隋書』には小輿を用いるとも記載されており、被葬者の地位や地域、あるいは時期による葬送の変遷があったのかもしれないが、部分的とはいえ記紀などからはうかがい知れない葬送儀礼の実態が中国の史料と考古資料の照応から確かめられたことの意義は大きいといえる。

ヨミの国伝承

周知のように、『古事記』や『日本書紀』神代上第五段（以下『書紀』）の第六・第九・第一〇の一書には、火の神カグツチの出産による陰部の火傷がもとで死去した妻イザナミを追い、黄泉を訪ったイザナギが変わり果てたイザナミの姿に衝撃を受けて逃げ帰ったという生死の世界を別つ起源を語る神話がある。よく知られた神話ではあるが、通常用いられる『古事記』と『書紀』の各伝承ではその内容にはかなりの差異を含むため、それぞれを見ておきたい。

『書紀』第六では黄泉のイザナミのもとに赴いたイザナギに対して、イザナミは既に自分は「ヨモツヘグイ」（黄）泉の食物を食べたために手遅れであり、また自分の姿を見ないようにと告げる。これは昔話の類型である禁忌破りのパターンであり、当然ながら約束を守らず灯りをともしたイザナギは、膿があふれウジのたかるイザナミの姿を目の当たりにすることになり、「汚穢き国」に来てしまったと逃げ出す。恥をかかされて怒ったイザナミは八人の「よもつ醜女」を差し向けるが、イザナギは後ろ手に剣を振るい、また頭に着けた黒カヅラや櫛を投げつけ、それらが変化したブドウやタケノコを醜女らが食べる隙に、あるいは異伝では大木のもとに小便をし、それが川となって遮る間に、さらに逃げて泉津（ヨモツ）平坂に至る。最後に自ら追ってきたイザナミに対してイザナギは平坂で千人引きの岩をもって道を塞ぎ、イザナミに「コトドワタシ（絶妻之誓建）」を言い渡す。そこでイザナミが一日に千人の民を殺そうといえば、イザナギは一日に千五百人を生むと返し、さらに「ここを過ぎるな」と言挙げしつつ投げつけた杖は境界の神である岐神であり、続けて投げつけた帯、衣、フンドシ、履もそれぞれに神となったといい、塞ぐ岩は泉門（ヨミド）を塞ぐ大神、又の名を道返大神というとある。そして中つ国に帰還したイザナギは日向の小戸の中瀬で禊ぎを行い、その際に住吉神などの九神が生まれ、その後に目や鼻を洗うとアマテラスやスサノヲら三神が生まれたと続く。また、泉津平坂に関しては、これは特定の場所のことではなく臨終の際に息絶える瞬間、つまりは生死を別つ境目となる時間のことを指すとの注記がなされている。後世の付記とも疑われるものであるが、弘安九年（一二八六）写の『吉田本日本書紀』以下の諸本に存在する一文であり、単純に後代の付加と片付けることもできない。現に、鎌倉時代の卜部（吉田）兼方による注釈『釈日本紀』では、この個所について、現在（鎌倉時代）は霊魂のみがあの世と往復できるが、往古は身体で行き来できたという神代の不可思議さを考えるべきであると言及するにとどまっている。この注記をかりに鎌倉時代のものとしても同時代のなかにあってはかなり特異な内容としなければならない点に変わりはない。おそらくは中国思想を学んだ『書紀』筆録者による注記としても良いのではないかと筆者は思う。

第九の一書では、イザナギが訪れるのは「殯斂（モガリ）之処」とされる。イザナギに対して当初は生前のごとき姿で出迎えたイザナミであったが、自分を見ないように言い残して忽然と姿を消す。時に周囲は暗く、イザナギが灯りを点すと見えたのは膨満したイザナミの体とその首や胸、腹、背などの上に蹲る八人の雷公の姿であった。驚愕して逃げ出すイザナギを八人の雷公が追うが、イザナギは道端にあった桃の木に登り桃の実を投げつけて雷神を撃退、さらに杖を投げつけてここより先に雷は来ないと呪い、この杖は境界の神である岐の神というとある。そして桃で雷を避けることの起源がこれであると注記する。ここでのイザナギは道を逃げるとあるが坂は出てこず、イザナミの追走や帰還後の祓、イザナギとイザナミの「コトドワタシ」もない。第一〇ではイザナミのもとに至ったイザナギに対し、イザナミは自分の姿を見ないように告げる。しかし、その言葉に反して姿を見たイザナギをイザナミが恥じ恨み、またイザナギも自身を恥じてイザナミに離別を告げ、さらによもつ平坂での争いを経た後、黄泉を去ったイザナギは「泉国ヨモツクニ」を見た不祥を橘の小戸で祓い、大地や海原の諸神が生まれたという。第六の一書と基本的な構造は共通すると思われるが、細部には省略もあるらしくイザナミの居た場所やイザナミの容姿、追跡と妨害に関する描写は欠けている。また第七の一書にもヨモツ平坂やコトドワタシなどの言葉が列挙されているが、単語を列ねたのみで伝承の内容は語られていない。

『古事記』では黄泉国に到ったイザナギが、黄泉の殿の戸内から出てきたイザナミに一緒に帰るように求めたところ、イザナミはすでに自分は「ヨモツヘグイ」したが黄泉神に相談すると言って殿内に戻る。なかなか出てこないイザナミを待ちかねたイザナギが灯りをともして殿内を覗いたところ、ウジがたかり雷神が載るイザナミの姿を目の当たりにして驚愕し逃げる。怒ったイザナミはよもつ醜女と雷神に追わせるがイザナギは先ほどと同様にかわし、最後に黄泉平坂でイザナミ本人に対して岩を塞ぎコトドワタシをした後、杖や服などを脱ぎ捨てて橘の小戸で祓をしたという。『書紀』第六と第九の一書を合わせたようなエピソードとなっているが、『古事記』では「殿」があると明記され、また黄泉平坂は出雲国の伊賦夜坂であるとの注記がなされている。この伊賦夜坂については『出雲国風土記』出雲郡宇賀郷の条に記す「脳（なづさ）の磯（いそ）」と呼ばれる浜の西方にある洞窟中に人が入ることのできない穴があり、夢でこの洞窟に近づいた人間は必ず死ぬとされるため昔から「黄泉の坂・黄泉の穴」と呼ばれているという地名伝承との関わりが想定されている。なお、この洞窟は出雲市猪目の猪目洞窟に比定されており、調査では洞窟内から弥生から古墳時代の人骨と舟形木棺、須恵器などが発見され、なかには七世紀後半の須恵器も含むことからその頃まで墓地として利用されていたらしいという。

黄泉という言葉は「地中の泉」や「地下の他界」などを意味する大陸由来の概念であり、万葉集にも使用例が見られ、またその関係には議論もあるが「根の国」「底の国」といった類義表現もある。記紀の黄泉国伝承については、五世紀末から六世紀に普及した横穴式石室の葬送儀礼をある程度反映しているとの説（小林、白石）、第九の一書に「殯斂（モガリ）之処」とあることなどからモガリ儀礼の投影とする見方（斎藤、西郷、門屋、穂積）、横穴式石室の儀礼に『出雲国風土記』の「黄泉の坂・黄泉の穴」のような洞窟への葬送儀礼が合わさった伝承とする説（森）、それらすべての要素の複合的反映説（土生田）、国文学研究者からは『古事記』の黄泉国は地下ではなく山上に設定されているという説（神野志）などが出されている。最近では、屍床や横口式家形石棺など遺体を見えるように安置し玄門を設置する九州型石室と遺体を石棺に密閉する畿内型石室の相違から、神話を九州型石室の儀礼の反映とする見解も提起されている（和田晴吾）。また、コトドワタシにおける「道反之大神」などは疫神を饗応して追い返す道饗祭に登場する神名であることから道饗祭の起源神話とする説や黄泉の国伝承全体が葬送に限らない複数の構成要素の組み合わせから成り立つものとする考え方もある（広畑・中村）。神話伝承の成立年代や筆録時期との関係、その内容をどこまで現実の儀礼の投影と考えるかといった問題はさておき、ここでは神話の大枠の構造に関して一言しておきたい。

まず神話を構成要素の面から検討すると、「殯斂処」と書かれる第九の一書と黄泉と記すそれ以外の伝承ではかなりの差異があることが分かる。上述のように、黄泉とする伝承ではイザナミ本人の追跡、よもつ平坂でのコトドワタシ、帰還後の祓があることに対して、モガリ伝承ではそれらを欠き、境界を分けることは杖によって行われるのみである。「坂」は必ずしも傾斜を意味せず「境・堺」と同義の言葉であるとの説も出されているが、黄泉伝承とモガリ伝承における「坂」の有無を念頭におくならば、黄泉と中つ国は地形的な特徴によって区切られていると解したほうがよかろう。『古事記』には「坂本」

ともあり、こちらでは傾斜を指すことも明らかである。さらに黄泉伝承では膿が湧くなど死体の腐敗度も進行しているように描かれており、それが結果として汚穢や不祥を祓うエピソードとつながる。一方、モガリ伝承には「汚・穢」の語は出ず、それと対応するかのように祓のエピソードもない。以上のように、黄泉とモガリ伝承ではそもそもの説話の基本的構造に違いが存在するのである。このように見るならば、この神話全体をモガリの投影とする説については、その伝承内容が他とは異質であることから否定的にならざるを得ない。杖や道端の木など各要素については異伝間に出入も見られ（櫛に火を灯すことや櫛から竹が生える説話は『書紀』海宮訪問神話にもある）、また『古事記』はそれらを総合した形を語っているようであるが（したがって『古事記』を神話考察の基礎に据えることにも躊躇せざるを得ない）、少なくとも『書紀』の一書の比較においては、同じモチーフの伝承ながらモガリと黄泉とではその想定するイメージが異なっているとすべきではないかと筆者は考える（「殯斂」には入棺や葬送といった意味もあるが、ここでは黄泉との対比としてのモガリと解する）。黄泉国伝承には異界としての理念的な色彩が濃厚な印象があり、それゆえに『古事記』の黄泉伝承の成立を七世紀後半から八世紀初頭にまで引き下げる見解も出されるほどではあるが（笹生）、書紀のような各種異伝の存在からすると伝承の原形の成立はさらにさかのぼるとすべきであろう。したがって、なかには杖や小便といった確認しがたい要素を含むものの、岩で塞ぐという行為や遺体の描写の具体性などを踏まえれば、黄泉の国伝承には横穴式石室の葬送儀礼がある程度反映していると見ておかしくはないとの立場を筆者はとりたい。さらに付け加えると、モガリ伝承と黄泉の国伝承は同じモチーフを共有することから、相互に関連性を有することも確かであろう。

モガリ伝承のほうが比較的素朴な印象を受けるとはいえ、それを基盤として黄泉伝承が付加的に発展したとも、逆に黄泉伝承から派生的に成立したとも考えられる。これについては葬送儀礼とモガリ儀礼が連動しつつ変化し、双方に影響を与え合った可能性もあり得ることを指摘するに止めたい。

以上の神話に出る「コトドワタシ」や「ヨモツヘグイ」に関する考古学的な考察としては、横穴式石室の閉塞儀礼が「コトドワタシ」であるとする説や（白石）、六世紀以降に拡大する畿内型横穴式石室内での須恵器や土師器による食物供献儀礼を「ヨモツヘグイ」とする見解が有力である（白石、土生田）。五世紀代における朝鮮半島系の竪穴式石室や木棺直葬墓の棺上や棺側の土器副葬も食物供献儀礼の跡と捉えられているが、横穴式石室内への多量の土器の持ち込みは百済系の横穴式石室とされる五世紀後半の大阪府柏原市高井田山古墳のような百済系文化に淵源を持つと想定されている。横穴式石室や羨道から桃の種や貝殻などの食物遺物が出土する例もあり、六世紀後半の群馬県高崎市の綿貫観音山古墳では、屍を置く屍床の前に高坏や水瓶などが並べられ、屍床の上には桃の種、石室前にも高坏や水瓶があるなど、葬送時の食物供献儀礼の痕跡が保存された事例となっている（笹生）。神話にも出る桃に関しては、横穴式石室からの出土事例は九州から関東にかけて（可能性のあるものを含めて）一一例が数えられ、時期的には六世紀末から七世紀初頭頃の推古朝にあたる古墳が多いとされ、出土地点は羨道の奥や遺体の側など、なかには須恵器の蓋に神話と同じ三つの桃核を納めた例もあるという（桃崎）。桃の意味については、七世紀後半に再建された法隆寺金堂柱に雷避けの桃が封入されていることや中国の古典『春秋左氏伝』襄公二九年条に巫が桃茢（桃の棒に葦の穂を付けた箒状のもの）で殯を払うとあることなどから、弥生から古墳時代の墳墓や遺跡における桃の出土のような前代からの中国思想の受容を下敷きにしつつ、推古朝における百済系の造塔儀礼や中国の方相氏の観念の影響を受けたものという説がある。この理解に従うならば桃に関する伝承の成立年代は六世紀末以後となるが、桃の説話は書紀ではモガリ伝承に含まれるもので黄泉伝承ではないという問題やより早い時期の桃の出土事例もある。やはり伝承と現実の儀礼の関係はそう簡単には割り切れない部分が残る。

こうした一連の埋葬儀礼や地中の異界のごときイメージは、すでに述べたように朝鮮からの横穴式石室やそれに伴う儀礼、あるいはより広い範囲にわたる種々の文物や技術・観念の伝来が倭国の人々へと徐々に影響を与えた結果生み出されたものと見なされる（白石）。とはいえ、中国では地下の墓室を死後の生活の場として設えるが、日本では宮崎周辺の地下式横穴など一部を除いて地面の下ではなく盛土の比較的上部に埋葬施設を造作し、生活用具の副葬が少ないなど独自性も存在する。中国文献では「昌陵因卑為高、積土為山、度便房猶在平地上、客土之中不保幽冥之霊」（『漢書』傅常鄭甘陳段伝）のように客土（盛土）では霊が休まらないといった文言も見られ、それは「客土無気、与地脈不相連」（『太平広記』方士二）といったような地相や墓相を選ぶ占術とも通じる思想によるものであったと思われる。これに対して、日本における墳丘内への埋葬慣行には他界を地下とするだけではない側面、つまり山上他界観や山中他界観に通じる部分があるとも考えられる。古墳と他界観については、横穴式石室を黄泉国とする理解以外にも前方後円墳を壺と見なす立場や古墳を他界の擬い物とする説など様々な見方がある。死後の世界については、人々が明確に体系化された思想を保持していたと考えるよりは、様々な概念が緩やかに混在していたとするほうが妥当であろうが（土生田）、それでもなお当時の葬送儀礼の具体的な内容については、今後も様々な角度からの検討が続けられるであろう。

喪屋の諸儀礼

記紀神話ではアメノワカヒコのモガリに関する伝承もよく知られている。天つ神として中つ国平定の命を受けて天下ったにも関わらず国つ神の妻を娶り復命せずにいたアメノワカヒコは、その邪心を疑ったタカミムスビ（またはアマテラス）の放った返し矢により絶命する。『書紀』神代下第九段本文によれば、天上の父がワカヒコの尸を天に運び天上の喪屋でモガリが行われたとあり、カワカリを持傾頭者（きさりもち）及び持箒者（ははきもち）、スズメを舂女（つきめ・記は碓女）、あるいはニワトリをきさりもち、カワカリをははきもち、ソビを尸者（ものまさ）、ミソサザイを哭者（なきめ・記は泣女）、トビを造綿者（わたつくり）、カラスを宍人者（ししひと・記は御食人）として、八日八夜「啼び哭き悲び歌（しの）」んだという。さらに、ワカヒコに酷似した友人のアジスキタカヒコネが弔問に訪れたところ、父母や妻子らがワカヒコと勘違いしたため「汚穢しい」死人と間違われたタカヒコネが激昂して剣で切り倒した喪屋が今の美濃の喪山であるといい、世間の人々が死人と間違われることを忌むことの起源はこれであるとの注記が付されている。ここでは、死人そのものが「汚穢しい」と表現されていることに注意しておきたい。『古事記』では天上の父及び妻子が天下って地上に喪屋を設けたとあることと諸役に尸者や造綿者がないなどの異同はあるが大筋は同じである。

早くから指摘されているように、鳥たちがモガリを奉仕するとされることは、ヤマトタケルの霊が白鳥と化して飛び去ったという逸話のように、鳥と霊魂との関係の深さによるものであろう。八日八夜「啼び哭き悲び歌（しの）」んだという記述も、『倭人伝』や『隋書』の「歌舞飲酒」や「歌舞」と対応しており、七世紀以前のモガリ習俗を反映したものとしてよさそうである。また、日常の住居などではなく仮設の喪屋を作ること、それが剣で切り払えるような簡素なものであったことが分かる。モガリの諸役については難解であり諸説あるものの、おおむね平安時代前期の『書紀』講義録である『日本書紀私記』乙本や鎌倉時代の卜部兼方『釈日本紀』以下の諸注釈を参照し、きさりもちは食物などを頭上に載せて運ぶ役あるいは遺体の頭を持つ者、宍人は酒食の用意、造綿者は死者の衣服を着せる者または死人を沐浴させる者、つきめは稲を臼で搗く女性、尸者は死者の代役として食物を受ける者、泣き女は現在の台湾や韓国でも見られるように葬礼で泣く役目の女性、ははきもちはモガリの場を清掃する役などとされる。尸者については『儀礼』などに記された中国の祖先祭祀における尸を念頭にした解釈であろうが、中国では死者の孫が務めるとされるのにたいして、こちらは親族ではない。また食物供献や涕泣、沐浴などは後代の日本の葬送・モガリ儀礼でも対応する役割が見られるのに対して、尸者やきさりもちは他史料では類例が見られないようでありその実態はよく分からない。

こうした解釈は主に注釈当時の習俗や漢字の意味などに基づいたと思われるものであり、むろん論者によってはそれ以外の説もある。例えば、きさりもちは頭を持つとあることから北首や入棺の役（斎藤）、つきめについては搗くという行為が宮廷の鎮魂祭におけるウケブネを搗く所作との類似性から鎮魂とする理解（川村）、箒については邪霊を祓うために用いたとする説や（五来）、招魂の呪具であるとして死者の蘇生を願う呪術的な用途を想定する見解もある（川村）。いま、これらに関して説得力のある解釈を提示することは困難であるが、その難しさを示す一例として箒を取り上げてみよう。まず、招魂説は正倉院宝物の玉を飾った箒＝玉箒を「魂箒」とする理解から派生したものと思われる。この玉箒の帯には「子日目利箒　机覆帯　天平宝字二年〈七五八〉正月」と書されており、めとき（目利）はぎという灌木の茎を束ねて穂先に瑠璃玉を貫いたものであるという。実際に『万葉集』巻二〇には同年正月に内裏で王臣たちに玉箒が下賜され、大伴家持が「初春の初子の今日の玉箒手に取るからにゆらくたまのを」と詠んだとあり（四四九三）、この下の句の「ゆらくたまのを（魂の緒）」をタマフリとする解釈が招魂説の基盤となっているようである。しかし、本来この玉箒は藤原仲麻呂が導入した正月に皇后が蚕を世話する中国由来の先蚕儀礼に用いるものであり、玉＝魂との連想を在来の習俗として一般化する説に同意することはできない。したがって玉箒説には従いがたいのであるが、これとは別に箒と蘇生については『日本霊異記』中七に関連する記述が見られる。七話は元興寺智光が行基を誹謗したために地獄に落とされたとの説話であるが、責苦の一つとして燃える鉄柱に抱きつかされ、焼けただれた後に鬼が箒をもって柱を撫でつつ「活きよ活きよ」と唱えると死者の肉体が復活し、無限に責苦が続くという箇所がある。よって、ここから箒と蘇生の関わりを主張することは依然として可能であることになる。

次に、葬送に関わる箒としては、既述のように一二世紀の貴族の葬礼において出棺後の部屋を掃くという行事が定例として記され、さらに『日本書紀私記』乙本にもははきもちを「死人持立波後ニ、其臥処掃清也」と死人を運び出した後にその場所を掃き清める者と注釈している。現存する成書としての『日本書紀私記』には甲乙丙丁の四本があり、甲本が弘仁三年（八一二）、丁本は承平六年（九三六）の講義録とされるものの、乙本と丙本については残る承和一〇年（八四三）、元慶二年（八七六）、延喜四年（九〇四）、康保二年（九六五）のいずれの講義録にあたるかは不明である。しかしながら、乙本のこの記載によって出棺後の清掃習俗が九世紀から遅くとも一〇世紀半ば頃までには貴族社会に広く行われていたことはほぼ確実といえ、これがモガリの役の一つとされていることからも、この清掃は単なる片づけのためではなく、死者が二度と戻ることのないように掃きだす、あるいは死者と触れたものを掃き清めるといった象徴的な作法としてよいであろう。また、邪霊を払うとする説は来客が帰るように箒を立て掛ける風習からの連想などによるものであるが、この風習は一一世紀末から一二世紀初頭頃の『東山往来』に記されるように意外に古い由緒を持つものである。さらに民俗例でも死体のそばに箒を置く風習が存在するという（勝田）。『春秋左氏伝』の箒も思い起こされる。加えて、喪屋の清掃説についても堀河天皇の葬送史料では尊勝寺下部を前庭の掃除役としたという記述があり、そうした配慮があったことを間接的に示唆する（『中右記』嘉承二年七月二四日条）。このように、いずれもアメノワカヒコ伝承の成立時からは時間が隔たるものとはいえ、箒にまつわる史料を並べるだけでも種々の解釈を許す余地が残るのである。葬送に関わる用例としては出棺後の清掃がもっとも時期が近く直接的なものであろうが、箒の用途一つとっても十分に論証することは難しいこと、裏返していえば想像力を働かせる余地が大きいことは分かっていただけたのではなかろうか。

そしてまた、上記のような考え方の相違は、モガリ儀礼の性格をどのように考えるかという根本的な議論とも関わってくる。感情の整理や後継問題などを含めた社会的諸関係を再編成する移行期間としての側面はさておき、宗教儀礼としてのモガリの性格については、これも諸説あるものの、主なものとしては折口信夫に代表される招魂（蘇生を願う）儀礼説と五来重が強調する死霊の鎮魂儀礼説がある。前者は、これまた論者によって論調は異なるが、古い時代には生死の境界が曖昧で復活のために遊離した魂を呼び返す（折口）、あるいはより合理的に、死を正確に判定することが困難で蘇生する事例が珍しくなかったために一定期間のモガリが行われるようになったとする見方である。後者は令の注釈を集めた『令集解』喪葬令親王一品条にある、葬送に従事する「遊部」は「凶癘魂」の鎮魂を職務とするとの記述が主たる根拠で屍が浄化され骨化する期間をモガリとする。両説の間には、古代の宗教的諸観念の基調をどのように考えるかという立場の相違が大きく横たわっているが、モガリ儀礼の解釈のみに限れば両者は必ずしも相反するものでもなく、モガリ儀礼のなかに双方の要素を見出すことが可能であり、時間の経過によって前者から後者へ比重が移行するといった折衷的な理解も成り立つ（川村）。ここでは一元的な本質論には拘わらず、モガリ儀礼の具体的な内容について和田萃氏などの先行研究に依りつつもう少し詳しく見ておきたい。

匍匐・発哭儀礼

まず、古くは人の死に際して匍匐儀礼が行われていたらしい。『古事記』景行記にはヤマトタケルが東国遠征の帰路に伊吹山の神の気によって逝去したおり、その葬地に妻子らが駆けつけて「匍匐ひ廻りて哭為して歌」と腹ばい泣きつつ悲しみを歌ったとあり、神話においてもイザナミの死去時にイザナギは枕方と足方に腹ばって泣いたとする（『書紀』神代第五段第六、『古事記』）。また『万葉集』二の持統一〇年（六九六）に死去した高市皇子への柿本人麻呂の殯宮挽歌では「鹿じもの　い匍ひ伏しつつ　ぬばたまの　夕になれば　大殿を　ふり放け見つつ　鶉なす　い匍ひもとほり」と高市皇子に仕えた舎人らが埴安（はにやす）の御門の原（香具山宮）で白い衣を着て鹿のように這いつくばるとある（一九九）。遡れば継体天皇の陵墓とされる今城塚古墳の人物埴輪においても腹這いの姿勢のものがあり、少なくとも古墳時代後期から死やモガリに際してこうした匍匐（涕泣を伴う）儀礼が死者への衷心や哀悼を示す行為として広く行われていたと思われる。匍匐儀礼は、哀悼に限らず高貴な人の前に出る作法であったとされ、推古朝以前には宮門から政庁まで這って進んだと考えられており（『書紀』推古一二年九月条、『旧唐書』東夷伝倭国条）、また日本に限らず中国でも親への敬意の表現や喪礼における哀悼としての「號咷之慕、匍匐殯宮」（『晋書』二〇凶礼）といった匍匐の所作が存在した（『旧唐書』一〇粛宗本紀、同二五礼儀志五など）。日本における匍匐儀礼一般は公的には跪礼とともに天武一一年（六八二）に禁止されているが、その後にも跪伏礼の停止を命じる詔が幾度か出されているように（『続日本紀』慶雲四年一二月辛卯条など）、喪における匍匐儀礼もただちには廃絶しなかったようである。

なお、匍匐儀礼の一種とみなされているものに『書紀』仁徳即位前紀が伝える屍に跨るという所作がある（和田）。応神天皇が崩じた後、太子の菟道稚郎子は兄大鷦鷯尊と皇位を譲りあい自死する。三日後、太子のもとに駆けつけた大鷦鷯尊は、胸を打ち泣き叫び「髪を解き屍に跨りて」三度その名を呼んだところ太子は蘇生、大鷦鷯尊に言づけした後に再び棺に伏せて死去したという。『古事記』にはない『書紀』のみの伝承であり、むろん事実ではないにせよ名を呼ぶことで一時蘇生したとしている。ここで三度名を呼ぶとあることは、『礼記』『儀礼』以下の中国の諸文献で葬礼の最初に行われるとされる招魂儀礼（復）において、屋上に上り死者の名を三度呼び衣服を振るとあることを想起させる。招魂儀礼は日本にも伝わり、時代は降って万寿二年（一〇二五）に藤原道長が娘の嬉子の死に際して陰陽師に屋上で招魂を行わせた記事がその史料上の確実な初見として知られる（『書紀』天武一四年一一月丙寅条に天皇のために招魂を行ったとあるが、鎮魂祭の日付とも取れるものである）。民俗例でも屋上に上る招魂儀礼が見られるといい、道長の記事と合わせて日本でも古くから葬送における招魂が行われていたと述べる論もあるが、民俗事例に関しては近世における儒式葬礼の知識からの波及の可能性を考察することが先決であろう。『儀礼』の伝える招魂儀礼については蘇生ではなく死者の魂が他所に遊離せず無事に葬礼を受けることを意図したものとする説もある（大形）。筆者はそちらに賛意を表するが、道長の記事では娘の蘇生を願う目的であったことは明らかで、日本では招魂儀礼が死者や病者の蘇生・回復を目的として行われていたということはできようが、葬送については中世の文献にも所見がない。いずれにしろ、蘇生を語る大鷦鷯尊の伝承を招魂儀礼の影響とすることは早計であるとしても、屍に跨る所作が一般的なものであったかいなか、匍匐儀礼に含まれるかいなかは検討の要があろう。

次に、匍匐儀礼に類似したものとしては声を挙げて泣く発哭儀礼がある。アメノワカヒコの喪屋にも

「哭女」がいたが、『万葉集』には天平一六年の安積皇子への大伴家持の挽歌に「こいまろび　ひづち泣けども」(三―四七五)などとあり、『出雲国風土記』意宇郡安来郷条には女子を鮫に殺された父が「女子を濱上に歛めて、大く苦憤り、天に號び地に踊り、行きて吟ひ居て嘆き、晝も夜も辛苦みて、歛めし所を避ることなし」と、埋葬場所の周囲を転げまわりつつ歎き悲しんだとする。当初は全身で哀慕や悲しみを表現する所作であったのであろう。こうした哭く所作は普遍的なものであろうが、中国の葬礼では、『礼記』では大声で泣きながら肩を出して足を踏み鳴らす哭踊、胸を打って哭く哭擗などの大きな所作が説かれ、唐代の『大唐開元礼』では入棺の歛、喪服を着す成服、食事を備える朝夕の奠、発葬など葬送の諸事において喪主以下の「哭」が頻出する。日本の天皇の葬礼では天武天皇の殯宮に皇太子草壁皇子が官人を率いて慟哭したようなモガリ儀礼及び葬礼の場における勅使や参会者らの発哭(『書紀』天武天皇九年〈六八〇〉七月戊戌条など)、それ以後では持統が自身の死後の天下の素服と挙哀を禁じ、文武は三日間の挙哀と一月の凶服を遺詔したように天皇・皇后らの喪にあたっての官人や人々らによる「挙哀」や着服が定式化されていたことが史料から窺われる(『続日本紀』大宝二年〈七〇二〉一二月甲寅条、慶雲四年〈七〇七〉六月辛巳条)。挙哀・慟哭の儀礼性は、乙巳の変で殺された蘇我蝦夷らの遺体を「屍許葬於墓。復許哭泣」墓に葬り哭くことを許したとあることや(『書紀』皇極天皇四年〈六四五〉六月己酉条)、阿部大臣の死去に際して孝徳天皇が挙哀し、その後に前帝の皇極や皇太子中大兄らが従って哭いたとあることによっても明らかであろう(『書紀』大化五年〈六四九〉三月辛酉条)。上の二記事は潤色の可能性も想定されようが、天武七年(六七八)の十市皇女の葬送(『書紀』同年四月庚子条)など七世紀後半には見え始める公的な場における定式化された挙哀は、たとえば平安時代の『貞観儀式』挙哀儀に「挙哀三段、段別三声」と三回ずつ三度にわたって哀と叫ぶとあるような、在来の涕泣儀礼とは一線を画した、中国風の礼制の一環として再定位されたものと考えられる。

喪屋の遺体

悲しみの次には、死者を弔う段階に移らねばならない。仮設の喪屋を設置し、遺体を安置することになる。喪屋については、考古学からも神戸市住吉東古墳など墳丘上や古墳群内の施設跡を喪屋とする見解（泉森、土生田）や、奈良県御所市南郷大東遺跡、福岡県行橋市延永ヤヨミ園遺跡などで発掘された囲いを設けた屋の中に木槽や木樋などで水を通した導水施設を喪屋と想定する説（穂積、米田）、文献史料で明らかになる喪屋（殯宮）は墓とは離れた場所に設けられていることから、群馬県伊勢崎市多田山古墳群から発見された長方形の掘り込みの周囲に柱穴を廻らした六九号竪穴のような墓所とは少し離れたいくつかの遺跡に喪屋の可能性を見いだす論などがある（田中、深沢）。導水施設は、遺構以外にも三重県松阪市の宝塚一号墳や大阪府八尾市心合寺山古墳、藤井寺市の狼塚古墳などで導水施設型の囲形埴輪が出土するなど四世紀から五世紀にかけて盛行したとされるもので、周囲を囲うこと、南郷大東遺跡では多数の燃えさしや墳墓以外では珍しい盾などが出土すること、など後述するモガリとの共通性もあり一定の説得力を持つが、文献との対応がないといった難点もある。これについては六世紀代にモガリ儀礼が変容したためとの説明も提示されているものの、水の祭祀施設や産屋とする異論もある。墓所や集落と喪屋の位置関係やモガリ儀礼が時代を通じて一定であったとも限らず、地域性や時代性、階層性などによる相違の可能性も含めての総合的な検証を続けていく必要があろう。

さらにまた、喪屋において死体がどのような状態で安置されていたのかについてもよく分からない。棺が埋められていたか、置かれていたのか、棺の蓋を空けていたか、遺体を覆ったまま寝床にでも置かれていたのか、あるいは露出していたかなど具体的なことは不明である。田中良之氏は葉佐池古墳一号石室B人骨のウジの痕跡から遺体が密閉されていなかったとし、六世紀の香川県善通寺市宮が尾古墳のモガリと思われる壁画などを考え合わせて、外部から覗けるような状態で遺体が安置されていたと考察している。導水施設説を取る立場からは、樋を流れる水で遺体の沐浴・管理を行い骨化させるといった想定がなされており（米田）、ほかには木棺の穴から遺体の腐乱状態を確認していた可能性（土生田）、また和田萃氏は遺体や棺に腐敗防止の朱を塗り、遺体を棺に納めて喪屋内に仮埋葬もしくは安置していたと推測されている。喪屋における遺体の扱いは古墳への移送手段とも関連するが、これについては棺に関する考察が不可欠である。和田晴吾氏は弥生時代から後期古墳までの棺は墓や古墳に据え付けるものであり、七世紀前葉に至ってようやく運搬可能な木棺、または漆で布を張り合わせた漆棺などが用いられるようになるとする。そして、据え付ける棺の時代には古墳における納棺・埋納儀礼こそが死者との最後の別れとして重要な意義を持ち、持ち運ぶ棺が採用される六世紀末から七世紀の推古朝頃にモガリ及び入棺儀礼に重点が移ったと論じる。明言はされていないが、氏は据え付ける棺の時代は板などで遺体を運んだと想定されているようである。ほかにも考古学者からは、先述の巣山古墳で船材とともに樋のような部材が検出されていることなどから導水施設の樋を船の底板に転用して運んだ、あるいは船に石棺を載せて運んだといった仮説も出されている（米田、河上）。文献では『播磨国風土記』賀古郡条に景行天皇の妃であった印南別嬢の葬送に関して「其の尸を挙げて印南川を度る時、大き飄、川下より来て、其の尸を川中に纏き入れき。求むれども得ず。但、匣と褶とを得つ。即ち、此の二つの物を以ちて其の墓に葬りき」と遺体が風により水中にさらわれ、探したが櫛箱と首飾りの布以外は見つからなかったとある。この記事では棺を用いず板のようなもので運んでいたという解釈も不可能ではない。アメノワカヒコ伝承では『書紀』神代第九段第一の一書に棺で運んだとあるが、これが編纂時点からどこまでさかのぼるかは不明である。

平安貴族の葬送では姿勢を直す以外には遺体に触れることを注意深く避け、葬送では棺の運搬もできるだけ隠す傾向が見られたが、こうした感覚は時代によって変容する可能性があるものである。たとえば石枕を備えた石棺や屍床では遺体を直接寝かせて置いたと考えられ、狭小な棺に互い違いに、あるいは同方向に遺体を積み重ねたと考えられる合葬事例や横穴式石室や同一の棺、横穴墓での追葬時の骨の片づけ行為、あるいは頭蓋骨などを意図的に再配置する行為など古墳時代においては遺体や遺骨を直接的に扱うことが後世に比べて多かったと思われる。白骨化した遺体を棺内にあらためて伸展葬の状態で並べ置くことも、後世とは遺体に関する感覚がかなり異なっていた可能性を示唆していよう。そうであれば、なおさらモガリや葬送における遺体の扱いについても予断なく証拠に基づいた判断を行う必要がある。六世紀末の藤ノ木古墳の家型石棺に葬られた二人のうち北側被葬者は棺底に絹や平絹の布を敷き、遺体を平絹と赤色顔料付着の繊維で数回斜めに巻いた上に玉鬘を頭部に装着して埋葬されたと推測されている。前述の愛媛の葉佐池古墳のB人骨も頭部に繊維が付着していたことから遺体の布巻の可能性が考慮されている。これは遺体を覆った衣装や衾（布団）を布で縛る中国の入棺法にも近いことから、モガリや葬送（あるいは葬送までの一連の過程）の形態もそれに相応した内容の儀礼が行われていた可能性がある一方、両者ともに同棺合葬や追葬といった従来からの葬法を踏襲した部分が見られる。また六世紀後半から七世紀の群集墳においても、例えば奈良県榛原市能峠南山一号墳では石室内において骨化させた遺体の骨を奥棺に四体分、西棺に一体埋納した複次葬の痕跡が認められ、ほかにも群集墳では成人の伸展葬を行うには狭小な小石室などの改葬・複次葬が想定される墓が多数存在する。七世紀前半の桜井市能登谷一号墳のように石棺内の釘の遺存と骨の配置から改葬骨を伸展葬の形で木棺に納めたまま石棺に埋葬したと推定されている（河上、森本など）。石室内で骨化するものは、田中良之氏が想定した五世紀後半以後の横穴墓における埋葬後数年以上経過後の儀礼までが葬送であったとする説とも似ているが、この場合には石室への埋葬で弔いが終わるのではなく骨化までが葬送の過程といえる。そして、横穴系のみに限らず、竪穴系の埋葬施設でも同様の埋葬後の儀礼が存在したとする研究者もいる。このような遺体を最終埋葬するまでの一連の手続き、すなわち遺体を骨化する場所や方法、その間の遺体への扱い、それが一定の集団内で慣習化されているのか否かといった面から改葬と複次葬やモガリ、追葬の諸概念の定義とその関係性を整理することは筆者にはできないが、近年では古墳時代の一回性ではない葬送のあり方に焦点をあてた研究もあり（岩松）、遺体の扱いに関する考古学的な資料からの解明を待ちたいところである。

殯宮の設営

殯宮・喪屋の場所が特定できる史料は天皇（大王）以外では限られるが、六世紀後半以後の天皇の場合、河内の古市で殯宮を営んだ欽明を除き、ほぼ宮の近傍や宮内に殯宮が設営されている。暗殺された崇峻は即日埋葬されてしまったものの、敏達は広瀬、推古は南庭、舒明は百済宮の北に百済大殯と呼ばれる殯を行い、孝徳は南庭、筑紫朝倉宮で死去した斉明は筑紫で喪儀を行い、さらに飛鳥に戻って飛鳥川原で殯を起こし三日間発哀したとされ、近江宮で死去した天智は新宮、天武は南庭、持統については作殯宮司と造大殿垣司を任命して藤原宮の西殿で一年の殯を行ったとある（『続日本紀』大宝二年〈七〇二〉一二月乙丣条）。文武についてはは持統の時にも作殯宮司を務めた官人らに「供奉殯宮事」と殯宮の事を供奉するように命じたという。これについては葬送まで六か月間は内裏殿舎を用いて遺体を安置したと考えられているが、殯宮を造営したとする説もある（三上）。もっとも、中国の殯儀礼では遺体を正殿の西階の上に仮埋葬するとされ、院政期の白河法皇は板敷の床に砂を撒いて遺体を安置していることなどを想起するなら、持統の例も含めて殿舎に砂を撒く、板敷きを外すなど殿舎を利用して装束替えを行っていたというように想像を膨らませてみたくなるが、今となっては知るよしもない。次の元明天皇は死後六日で火葬され、それ以後の天皇も死去から葬送まで長くとも一月程度を上限に葬送されるようになり、モガリが廃絶したと見なされている。死去から殯の記述が見られるまでの期間については数日から一〇日前後、翌月など幅があるが、多くは記述が簡略で日数などは厳密には特定できない。しかし、天智は八日後、持統は作殯宮司任命から六日後に「殯」とあり、天武の殯宮については二日後の「起殯宮」と一五日後の「殯於南庭」の二つの記事が見られ、これを起工と完成あるいは完成と殯儀礼の開始ととるかで解釈が分かれる余地があるが（一五日目は大津皇子の謀反発覚と同日で、何らかの影響があった可能性もあろう）、殯宮が仮設的な施設であることには違いがない。天皇の殯宮の構造については、大殿垣とあるように塀が廻らされ、門が設けられていたことは敏達の殯宮に押し入ろうとした穴穂部皇子が宮門で阻止されたとあることからも分かる。規模については史料に欠けるが、当時の宮の南庭ならば大きさには限度があったはずである。

天皇以外では、『書紀』天智八年一〇月に藤原鎌足が近江京の自邸で死去した時に「遷殯於山南」とあり（同月辛酉条）、自宅以外での殯が行われたとも解釈可能であるが、この記事が高句麗僧道顕の『日本世記』の引用であることもあって場所の比定と葬送の有り様の復元は難しい。まず平安時代以来、鎌足の墓は多武峰とされているが（『三代実録』天安二年〈八五八〉一二月九日条など）、少なくとも一二世紀には当初の被葬地は摂津国嶋下郡阿威山であった（後に多武峰に改葬）とする史料があり（『多武峰略記』）、これに関連して高槻市の阿武山古墳から発見された被葬者の貴人を鎌足と見なす学説もある。鎌足のひ孫にあたる藤原仲麻呂が編纂した『藤氏家伝』鎌足伝には殯の記載はなく、その葬送については天智九年閏九月六日に王公以下の参会のもと山科精舎で火葬され、紫蓋のような雲と音楽が聞こえたとあるがもちろん額面通りに受け取ることはできない。その葬送も公卿百官が挙哀し、朝廷から賜わった司南、方相、羽葆、鼓吹に荘厳され、葬列が内裏の門前にさしかかると素服を着した天皇が喪車に歩み寄って泣いたとあるが、これは葬具の内容などから中国の葬送儀礼に倣った潤色とみられる。天皇が挙哀する例としては上述の孝徳天皇が阿部大臣のために朱雀門で挙哀した記事や、十市皇女の死に際して天武が発哀したといった例もあるが、門前から喪車に歩み寄ったとはさすがに誇張が疑われる。また鎌足は来世で観音の導きに従って弥勒菩薩の兜率天に昇るようにとの願いをこめた金の香炉を天智天皇から賜ったとされるが、これについては薨去四日後に天皇が鎌足家に行幸して香炉を下賜したという異例の弔問がなされており、その祈願内容はともかく仏教的な追福が意図されたことは認められよう。「殯」の用法としては七世紀末から八世紀初頭制作と推定される渡来系氏族の船王後の墓誌に「殯葬」、和銅三年の因幡国伊福吉部徳足比売の墓誌では「火葬し、即ち此の所に殯す」と埋葬も含めた意味で殯を用いており、喪葬令京官三位条にも「殯斂」などとある。中国文献では玄奘の伝記『大慈恩寺三蔵法師伝』に玄奘の改葬を「遷殯」と表記している例もある。このように「殯」を含む語にも葬送や埋葬といった用例が見られるため、『日本世記』の「遷殯」も一概に殯宮を指すと断じるにはいささか心もとない。かりに『家伝』と『書紀』を合わせ、大化の薄葬令の例外として殯宮を起こしたとするならば内裏門前を通って近江京の近傍または山科で約一年の殯を行い、そこから葬列を発して人々の見守るなか山科寺で火葬したとなるが、周知のように『続紀』では大宝二年の道昭の火葬を本邦最初と特筆するように鎌足の火葬は疑わしく、また『家伝』は墓所の地についても何も触れていないなど、不明瞭感は否めない。

「殯」の場所を明記した史料として知られるものに、斉明天皇が鍾愛した八歳の孫、建王の死去時に

「今城谷上。起殯而收」今城谷に殯宮を起てて収めたとの記事がある（『書紀』斉明四年〈六五八〉五月条）。斉明はことのほか悲しみ、自分の死後に建王を合葬することを命じ、建王を偲んで詠んだ複数の歌が『書紀』に収載されている。今城谷については現在の大淀町今木に比定する説が有力ながら（和田）、最近では「今木」との小字名も存在した飛鳥村岡の酒船石遺跡の残る一帯を斉明の庭園施設として今城谷に比定する見解が提出されている（西本）。上の記事については、今城谷に喪屋を建て墓に埋めたとする解釈が一般的である。孝徳紀の「殯を起こす」、大化の薄葬令の「埋収」といった表現から、普通に読めばそのように理解することになる。後述する草壁皇子らの例とともに、モガリと墓が同所であったことを示す数少ない史料とされるものであるが（和田）、筆者は今一つその理解に確信が持てないでいる。今城谷において殯礼を行って別地に仮埋葬した、または改葬を前提に一旦殯宮に納めた（小倉）といった解釈の可能性を捨てきれていない。斉明天皇の強い愛情により思い出の今城谷の地でモガリと埋葬を行ったという西本昌弘説のような例外的事情を想定することもでき、素直に読むならば今城谷でモガリと埋葬が行われたとする解釈の妥当性が高いことは認めつつ、ここでも一定の留保をつけておきたい。また、建王のその後については、斉明の強い意志表示にもかかわらず明確ではない。斉明七年（六六一）に死去した斉明の埋葬については、『書紀』天智六年（六六七）二月戊午条に、

合葬天豊財重日足姫天皇与間人皇女於小市岡上陵。是日。以皇孫大田皇女葬於陵前之墓。高麗。百済。新羅皆奉哀於御路。

とある。この記事の内容は、ここまで殯宮に在った斉明と六六五年に死去した娘の間人皇女の合葬と死去日不明の大田皇女の葬送がこの日に行われたと読むか、すでに斉明らが合葬されていた陵の前に大田皇女がこの日埋葬されたと解するか、前二者の改葬と大田皇女の葬送が同日に行われたという三つの解釈ができる。大田皇女は天智の娘でもあるが、そのためのみに「御路」で朝鮮諸国の哀悼が捧げられたとあることは不審である。しかし、「是日」が大田皇女の葬送にかかることも無視できない。「是日」は同日に行われた別の行事を記す際に用いる表記であるから、翌月に近江遷都、翌年正月に天智が即位したことを考え合わせて、斉明らの改葬と大田皇女の葬送が同時に行われたと折衷的に解しておきたい。

この小市岡上陵としては二つの石室を持つ八角墳であり、南東に越塚御門古墳が隣接する牽牛子塚古墳が最有力視されている。当時の天皇の陵墓に特有の八角墳である牽牛子塚古墳が斉明陵であることはほぼ確実であろうが、建王の合葬については史料的にも考古学的にも明徴がない。陵についても文武三年（六九九年）に斉明陵が天智陵とともに修造されたという記事に基づいて、この時に大幅に手を加えたという見方もある。天智が母・斉明の意向を無視したとも思い難いが、はたして斉明の傍らに皇子の棺（亡骸）は移されていたのか、判断しがたい部分が残る。

さらに「殯宮」の語については『万葉集』二に明日香皇女（七〇〇年没）と高市皇子（六九六年没）の「城上」の「殯宮之時」、日並皇子（草壁・六八九年没）の真弓の岡の「殯宮」の時に柿本人麻呂が作ったと題する挽歌がある（一九六、一九九、一六七）。草壁の墓は真弓山陵（高取町の東明神古墳が有力視されている）であり、殯宮の場と一致し、高市皇子の墓は『延喜式』諸陵寮式に「三立岡墓。高市皇子。在大和国広瀬郡。兆域東西六町。南北四町」と現在の奈良県北葛城郡広陵町に所在したとあるが、挽歌の城上については高市皇子の子の長屋王家木簡に見える「木上」として広瀬郡とする説（上野など）、飛鳥の「木部」とする説（和田）やそれ以外の場に比定する説がある。『万葉集』三三二四に「城上の道ゆ……石村（磐余）を見つつ」とあることが飛鳥説に有利な材料となるが、人麻呂歌ではないことが難点である。現状では「木上」説が説得的と思われ、筆者もこちらを支持する。これが認められれば草壁・高市の「殯宮」と墓所の所在は一致することになる（明日香皇女は不明）。高市皇子の葬送の様子は、生前の居所の香具山の宮を「神宮」に装い、その門前では白妙の麻衣を着た従者たちが這いつくばって悲しみに暮れており、「百済の原」を通って神葬りに「城上の宮を常宮と高くしたてて神ながら鎮ま」ると詠まれている。こうした墓所との所在の一致、三歌に用いられる永続性を意味する「常宮」という表現、墓誌などの埋葬の意味での「殯」の用例、香具山宮を「神宮」と呼ぶことなどから生前の「宮」を殯所として挽歌題詞の「殯宮」を永続的な墓所とする説が賀茂真淵以来唱えられてきた（賀茂真淵『万葉考』、『新日本古典文学全集』注釈など）。しかし、近年では「常宮」の語は神亀元年（七二四）に元正天皇が行幸した仮設の玉津島離宮にも用いられていること（九一七）、城上宮は既存の宮「を」殯所としたと表現されていること、「神宮」は殯宮への移送以前の居所の模様替えとも解せること、草壁に仕えた舎人の立場から詠まれた挽歌群でも生前居所の島宮の寂寥や真弓への宿直奉仕などが詠われていること（年ごろなど一定期間の哀悼を示唆する表現もある）、何より「殯宮」という言葉そのものから墓所ではなく殯所であるとする説が支持を増している（渡瀬、身崎、上野、平舘）。また、喪葬令皇都条の京内の埋葬禁止条項に準じて、天皇以外は皇子女といえども数か月に及ぶ死穢（狭義の触穢ではない）を避けるため藤原京域では殯宮は営まれなかったとも論じられている（上野）。これらの見解に関しては、やはり「殯」の用例に葬送の場合があること、平安時代のような死そのものを隠す形式ではなく香具山宮では死者の所在を明示していること、門前の哀悼儀礼が後述する喪葬令に説く発喪儀礼と類似すること、モガリ以前の居宅の設えやモガリにおける喪屋への移動の作法などは史料からは検証不能であること、神亀二年の吉野離宮行幸に際しても「常に通はむ」「万代」といった恒久性を讃える歌が詠まれているように（九二三）、玉津島「離宮」も仮設の頓宮よりは恒久性があったと思われること、河内王の葬地も「宮」と詠んでいること（四一七）などいくつかの疑問も残り、再検討の余地がないとはいえない。また、七世紀の皇族の埋葬までの期間が分かる史料では、皇極二年（六四三）九月死去の皇極の母の吉備島皇祖母命が九日（『書紀』同年九月丁亥条、九月乙未条）、天武の娘の十市皇女が八日（『同』天武七年〈六七八〉四月丁亥朔条、四月庚子条）、天武の夫人の氷上夫人が一〇日など（『同』天武十一年〈六八二〉正月壬子条、正月辛酉条）とごく短いことも不審点といえよう。史料に限界が存在する以上、確定的なことはいえないが、これらの歌については葬送儀礼の時代的変容に伴う新しい様式、あるいは草壁挽歌に関しては夭折した草壁を天武と重ね合わせるために天武殯宮における誄を取り入れた表現が見られるといった評価がなされているように、それ以前のモガリ儀礼のたんなる延長ではない時代的な特質を有するものとして先入観なく分析することが肝要であろう。

シノビゴト

さて、モガリ儀礼に話を戻そう。モガリ儀礼は殯宮（喪屋）内で行われる儀礼と屋外の殯庭で行われる儀礼に大別され、殯庭儀礼には歌舞、誄（シノビゴト）の奏上、奠などがある。死者を悼む言葉が誄である。天智四年（六六五）の死去の藤原鎌足の子の貞恵の伝『貞恵伝』には高麗僧道顕による中国風の漢文の誄が載せられているが、殯宮（喪屋）では口頭でメッセージが発せられる。大化の薄葬令では王以下のモガリが禁じられるとともに、髪を切り股を刺すという身体毀損を伴う誄が殉死や宝物の副葬などと一括して旧俗として禁止されているように、それまで広く行われていたものであったらしい。とくに天皇のモガリにおいてはもっとも政治的な意味を帯びることになる儀礼である。天皇の殯宮での誄については大陸渡来の人々の影響により安閑朝頃から天皇・皇后らのモガリにおいて行われるようになったとする和田萃氏の説、欽明朝における百済からの文物の渡来を重視し、『書紀』における大王の殯の初例でもある欽明の殯宮に大陸系の儀礼が導入されたとする山尾幸久説、欽明の殯宮が設けられた河内の古市に集住する渡来系氏族が新しい殯宮儀礼に関わったとする吉田晶氏の説などがあり、現状では欽明朝説への支持が広がりつつあるようである。また、身体毀損を伴う誄は騎馬文化と関連するともいわれているが、その当否は筆者には判断できない。

誄の史料上の初見は五八五年敏達天皇の殯宮における記事で、蘇我馬子が剣を佩いて奏上した様子を物部守屋が矢にあたった雀のようだとして嗤い、守屋が手足を震わせて誄をしたことを馬子が鈴を懸ければよいと嘲ったとあり、ここから誄は悲しみを表現するような所作を伴ったものと思われる（敏達一四年八月己亥条）。天皇の殯宮での誄は馬子や守屋のような大連、大臣や皇子など政権の執政者が行っていたが、時代が下るにつれてその代理者へ、さらに官司制の整備に伴って各司の代表者へと変遷していくとされる。また和田氏は、敏達の寵臣であった三輪逆がこの時の殯庭で「不荒朝庭。浄如鏡面。臣治平奉仕」と己が朝廷を平穏に治めると政治権力を目指すかのような内容を述べたとあることに注目し、前王死去後の不安定な時期の殯庭における誄が政治的闘争の性格を帯びることもあったと指摘している。

蘇我氏所生の欽明天皇妃・堅塩姫の改葬に際して軽の衢で行われた誄では、阿倍内臣鳥が天皇の代理で誄を奏上して明器・明衣一万五千種を捧げ、次に諸皇子が順番に、三番目に中臣宮地連烏摩侶が大臣に代わって、四番目に大臣が八腹臣らを率いて境部臣摩理勢に氏姓之本を誄させたとある（『書紀』推古二〇年〈六一二〉二月庚午条）。改葬であることや衢という場所、明器・明衣という大陸風の副葬品が多数揃えられるなど蘇我氏の権勢を示すための異例の態勢であるが、まず堅塩姫の子の推古天皇が改葬する経緯や丁重に遇する本意を述べさせ、次に堅塩姫所生の皇子らがそれぞれの立場から、さらに蘇我氏の「氏姓之本」氏の系譜や堅塩姫に至る事績などを述べたと思われる。推古三六年（六二八）三月に亡くなった推古は南庭に殯を設けたとあるが、九月になってようやく「始起天皇喪礼。是時群臣各誄於殯宮」と葬送の儀を開始して群臣が誄を行ったとある。その四日後に不作のため負担をかけないようにとの遺令に従って竹田皇子の陵に合葬したとあるが、九月までの六か月間については後継者争いなどがあったためであろうか、天候不順以外は『書紀』は何も語っていない。舒明天皇も六四一年一〇月に死去して百済大殯と呼ばれるモガリを行い、この時には東宮開別皇子が年齢一六にして誄を行ったとあるがしばらくは関連記事がなく、翌年一二月一三日に喪を始め誄を行ったあり（皇極元年〈六四二〉一二月甲午条）、翌日に日嗣（歴代天皇の系譜）を誄した後、同月二一日に埋葬されたとある。モガリの諸儀礼のなかでも葬送を前にした最後の儀礼とそれ以外の区別があったようである。天皇・皇后の場合にはモガリの最終に日継（系譜）と和風諡号が献呈されることが慣例となっており（開始時期には議論がある）、持統天皇は火葬当日に諡が奏上され、文武、聖武の母宮子、光仁、桓武の母高野新笠、桓武らも葬送日やその直前に諡号が贈られている。面白いのは聖武で、葬送時には出家者として諡号献呈をしないとしていたが、後に娘の孝謙が親を顕彰し名を残すことは子の務めであると諡号を定め、同時に草壁皇子にも諡号を贈っている（天平宝字二年〈七五八〉八月戊申条）。この時は孝謙が淳仁に譲位した直後であり、文武の父で曾祖父にあたる草壁にも諡号を贈呈しているところを見ると、自らの系譜の連続性を意識し、天皇としての名を代々繋げておくという皇統意識の現れを読み取ることができそうである。持統以前にも、天武や舒明のモガリの最後には騰極次第や日嗣などの皇統譜が奏上されており、堅塩姫の例にしても死者を歴代の系譜のなかに位置付けることが重要であったことを物語っている。

誄詞として全文が記録されているものは桓武、平城、淳和に諡号を奏上する詞しかなく、その内容は類型的であるが、こうした埋葬前最後の誄以外にも、臣下らがそれぞれの立場から行う誄が存在していた。朱鳥元年（六八六）九月一一日に殯宮を起こした天武には、同月二七日から壬生（養育氏族）や諸王などの内廷官司、太政官以下の外廷官司、国司や隼人、倭や百済王といった渡来系氏族、諸国造とそれぞれの集団ごとに代表者が順に誄を奏上している。この誄儀礼は四日にわたり行われたが、各日の早朝に僧尼による発哀が行われ、にもかかわらず僧尼たちは誄を行ったと記されていない。僧尼の死者に対する儀礼的な向き合い方に俗人との何らかの違いがあったことを示唆する興味深い事実である。また殯宮に膳や華鬘などを奉献した日にもほとんどの場合で誄が行われている。ただし、皇太子草壁が百官を率いて慟哭することも数度に及ぶが、一度目に誄があったほかは慟哭のみで終わっているなど、殯宮の儀礼に必ず誄が伴ったわけではないらしい。

文武以後、殯宮が設けられなくなってからも誄は続けられる。天皇、皇后らの諡号奏上の日には諡号を奏上する四位から三位程度の位階の人物が誄人を率いて奏上することが例であった。持統の葬送当日には従四位上当麻眞人智徳が諸王・諸臣らを率いて諡号を奏上したとあり（『続日本紀』大宝三年〈七〇三〉一二月癸酉条）、桓武の諡号奏上には中納言正三位藤原朝臣雄友が参議クラスの誄人たちを率いて諡号を献じたとあるから（『日本後紀』大同元年〈八〇六〉四月甲午朔条）、誄人とは王臣の代表者たちのことと推測される。また、臣下においても左大臣多治比眞人嶋の葬送には監喪使や葬料の下賜とともに公卿の誄と百官の誄を述べる官人が派遣され（『続日本紀』大宝元年〈七〇一〉七月壬辰条）、左大臣石上麻呂にも太政官、五位以上、六位以下の誄を述べる官人が遣わされている（『続日本紀』養老元年〈七一七〉三月癸卯条）。しかし、太政官の長たる左大臣二人のほかは臣下への誄は早々に姿を消し、これ以後の天皇の弔意を伝える弔使や贈位については誄とは表記されない。その天皇への誄も承和九年（八四二）七月に亡くなった嵯峨上皇が遺詔で誄・諡を停止したとされることを契機として見られなくなる。また、薄葬令にあった身体毀損を伴う誄の禁止は身体毀損が主であって誄自体は禁止対象ではなかったとも考えられるが、王以下のモガリが禁じられたことや大宝令の施行などによって氏族の葬送形態も変化し、儀礼としての誄も下火になったのではないかと推測される。

上述のような公的モガリ儀礼としての誄以外では、七世紀以前から埴輪の製作や山陵造営などの葬送儀礼に携わっていた土師氏が、もっぱら凶事に関わるとの偏見にさらされるという理由で年末の山陵使などへの供奉を停止することを求めた延暦一六年の状に「其殯宮御膳誄人長」と殯宮御膳誄人長という役を勤めていたとある（『類聚三代格』巻一二）。遺体を埋葬した塔や遺骨安置の堂舎を殯殿と呼ぶ例は平安時代にも複数あり（『中右記』天仁元年六月八日条、『兵範記』久寿二年一〇月二六日条など）、ここの殯宮も喪屋ではなく天皇や皇后らが葬送まで安置された場所を指すとしてよい。モガリ儀礼で食物奉献が行われていたことはアメノワカヒコ神話の御食人、後述する遊部の伝承などによってよく指摘されるところであり、後述する天武の殯宮において食事や供え物を捧げる際に誄を奏することが多かったことを考え合わせるなら（誄者はより高位の者であるが）、奈良時代には死者への食を供奉する膳部らとともに何らかの言葉を奏上する役割を土師氏が勤めていたと考えることができる。第一章で述べたように死者へ生前のごとく御膳を供えることは平安時代後期の史料にも見られるが、その場で特別の所作が行われていたという形跡は特になく、死者への御膳供奉における特有の所作は延暦一六年の時点をもって途絶えたということになる。また、天武の御膳奉献は二年間で六回程度しか記されておらず、正史に記されるような御膳供奉以外に喪屋内での折々の御膳供奉がなされ、すでにそこに土師氏が関わっていたのか、あるいは殯宮を設置しなくなったことによって日常の延長としての日々の御膳供奉が行われるようになったのかなどといった疑問も生じるが、正史では細々の儀礼は省略されているであろうから、なんとも言いがたい。次節で述べる遊部伝承のように喪屋では一定頻度の食物供奉が行われていた可能性が高く、それはあるいは和田氏が推測されたように別火によって調理されたものであったのかもしれないというにとどめる。次に遊部について述べておく。

遊部と歌垣

モガリや葬送に奉仕することを職掌としたのが遊部である（従来の論ではもっぱらモガリでの役割について論及されるが、筆者は葬送時の奉仕を含む可能性を想定している）。喪葬令親王一品条には身分ごとの葬送用具の種類と数量を規定した後「以外葬具及遊部。並従別式」とそれ以外の葬具と遊部は別の規定によれとある。この遊部について、延暦年間の令の注釈である令釈には「隔幽顕境。鎮凶癘魂之氏也」と幽顕の境界を分け凶癘魂を鎮める人々と注記する。穴記では、葬礼で死者を慰撫する人々がおり、各地を遊行して租税を負担しないから遊部というとの一文もあるが、これは租税制度が整備されたのちの解釈であろう。さらに天平一〇年（七三八）ごろに成立した大宝令の注釈書の古記には次のような遊部の起源伝承を載せている。遊部は大和国高市郡に居住し、垂仁天皇の子の円目王と伊賀比自支和気の女の末裔である。比自支和気は代々の天皇の殯所で刀を負って戈を持つ祢義と刀を負って酒食を持つ余比の役を務める氏であり、祢義らが申す詞は他人に知らせるものではなかったという。しかし雄略天皇の崩御時には比自支和気氏がおらず、御食を七日七夜奉らなかったために天皇の霊が荒ぶった。そこで比自支和気の氏人である円目王の妻を探し出したところ、比自支和気氏は自分以外絶えており、また女の身で兵（武具）を負うことは難しいとして夫の円目王が代役で供奉し天皇の霊は和らいだという。その結果、今後は円目王の子孫たちは「手足毛成八束毛遊」といつまでも遊びを奉仕することを詔され、「遊部君」と名付けられたとある。

遊部君の出自伝承であるが、円目王の生存年代の矛盾や二人一組の所作を円目王は一人で行ったのかといった疑問点はあるにせよ、ここからは酒食と武具を持ち、呪言を唱えて（動作を伴うであろう）殯宮内の大王に奉仕する遊部君の姿が浮かび上がる。この祢義・余比を女性と理解する説もあるが（五来、和田）、伝承内容それ自体に女性と限定するだけの理由に乏しいことは円目王の妻の辞退の言葉からも分かるとおりである（稲田）。女性一人が残されたとあることは、遊君の始祖を男系で王統に結び付けるための伝承的作為とも考えられよう。また、この続きには「但此条遊部。謂野中・古市人歌垣之類是」とこの条の遊部は河内の野中・古市の歌垣の類であると付記されている。歌垣とは男女が集団で踊りつつ歌を掛け合い求愛する風習で、中国雲南省の少数民族や東南アジア各地には今も残るという。宝亀元年（七七〇）には河内の由義宮で野中郷の葛井・船・津と古市郷の文・武生・蔵の六氏の男女二百三十人らによる歌垣が供奉されており（『続紀』同年三月辛夘条）、男女別に並んで緩やかに歩み（踏みしめ）つつ宮褒めの歌や古詩を歌いながら袂を挙げて節をつけるという中国の「踏歌」風の芸能が行われたとある。この百済系の六氏こそ古記のいう野中・古市人にほかならないとされる（加藤）。もっとも、この古記の一文の解釈については諸説あり、遊部は歌垣にも参加していた、遊部と歌垣の姿が似ていた、遊部から歌垣へと交替したなど種々の議論がなされている。しかし、文章解釈としては、ここでいう遊部は円目王の始祖伝承を持つ高市郡の遊部君ではなく、令文の遊部は野中・古市の人の歌垣の類であると述べたものと解さざるを得ない。加えて「之類」は管見では具体例・代表例を挙げる用法が多い。したがって、高市郡の遊部君が令制下の葬送に奉仕したという理解や類似説には賛同しがたく、この遊部は野中・古市の歌垣（それ以外の人々を含む可能性はある）を指すとしなければならない。それでは歌垣と殯宮の関係は如何となるが、これについては先述のように欽明天皇の殯宮が大和から離れた河内古市に設けられたことに着目し、古市を本拠の一つとする土師氏の統括のもと当地の百済系氏族である船・津氏らによる新しい殯宮儀礼が取り入れられたものとする説が提示されている（吉田）。天皇のなかで欽明の殯宮のみが生前居所から離れた地に設置された事実と古記の「野中・古市の人」の表記を整合的に説明できる点で魅力的な仮説である。もっとも、天皇の殯宮における歌垣の類の奉仕がそれほど長い由来を持つものならば、古記の注釈が高市郡の遊部君伝承が中心で歌垣は付加的な文言に留まることにはやや不審が残る。また、後述のように喪葬令ではモガリに関する規定はなく、遊部（歌垣）は何を行っていたのかという問題もある。平安時代には喪家が棺以下の葬具や役人らを調達していたのに対して、令制では親王と三位以上は葬具などを貸与する公葬制が採られたが、歌（舞）を職掌とする歌垣が死去から埋葬に至る過程のどこに介在するのかとあらためて考えてみると意外と難しい。天武の殯宮における喪礼（葬送）の開始時には土師氏と（高市郡の）檜前忌寸氏による盾伏舞が行われたとあり（盾伏舞を遊部と関連付ける見方もある）、これは服属を表現する舞とされるもので王権以外では意味はないものと思われるが、葬送直前の時点であることは参考になるかもしれない。しかし葬送前と限定はできず、葬列や埋葬・火葬前における奉仕の可能性も考慮しておくべきであろう。

このように文献史料が限られるなか、モガリや葬送と歌垣については近年、遠藤耕太郎氏によって雲南省など東アジアの少数民族の喪葬歌舞との比較研究が進められている。氏によれば、チベット系のモソ人の葬儀では、遺体を母屋の脇部屋の穴に埋めて母屋には空の棺を置き、近親女性は哭き歌を歌う一方、職能者ダパと葬儀を司る長老アフが棺に対して酒食を献じて死霊が荒ぶることを防ぎつつ、祖先への道を唱え祖先の系譜に故人を追加していく。三日ほど続く殯の最終日の夜（火葬前日）、中庭（殯庭）で職能者や長老、村の男女らがシッツォ、ハンバ、ジャッツォの三種の歌舞によって死者をあの世に送り、翌朝に遺体を棺に移して日の出とともに火葬に出立するという。シッツォとは六〇歳以上の死者に行われ、竹の杖をついたダパを先頭に家族以外の男性が手をつないで焚火の周りを淡々と巡り、死者に対して死者は祖先の地へ向かう決まりであること、あなたはもう死んだと歌う。これは死者に自分の死を受け入れさせ、このような足取りで祖先に地へ向かうのだと教えて霊魂を祖先の地へ送る歌舞である。ハンバは、母屋で家族以外の親族男性が二人一組となり、鎧兜で身を固めて木刀を持ち、ダパの掛け声とともに中庭に飛び出し、鹿や熊などの真似をしながら刀で悪霊を退治する。ハンバは死者の旅路を邪魔する悪霊や死者によりつく悪霊（未練を残し祖先の地に行けなかった死者たち）の退治、また死者の悪霊化を防ぐための戦いを模した踊りである。ジャッツォは七〇歳以上の死者のために踊るもので、若い男女が手を携え足を踏み鳴らして焚火の周りを踊る歌舞である。遠藤氏によれば、これは長寿に対する寿ぎであるとともに死者が順次生まれ変わる再生の予祝ともされ、また足を踏み鳴らす所作に悪霊退治の意が読み取れ、さらに男女の恋愛の契機ともなるものであるという。

文献のみではうかがい知れない遠藤氏の研究の臨場感を伝えるために長く紹介したが、祖先の系譜を唱えることは日嗣の誄、死者に死を言い渡すことは第三章で後述する平安時代の引導作法を想起させ、また氏も指摘するように酒食の供献や武具の踊りは遊部君伝承、男女による大地を踏み鳴らすジャッツォは歌垣を連想させるものである。むろん、これは数ある東アジアの喪葬儀礼のなかの一例であり、また当地の葬礼ではチベット仏教僧「ラマ」の役割も大きいとされるなど、そのまま日本古代の葬礼にあてはめることは当然ながらできず、これをもって歌垣が葬列出立前の死者の送魂儀礼を行っていたというわけにもいかない。しかし、古代の喪葬儀礼の観念的な意味を想像・考察する際に多大な示唆を与えるものとはなろう。

さて、遊部君伝承においては死者への酒食の供献がその職掌とされていたが、古記による限り令制下では遊部君の奉仕は明示的には想定されていないことになる。歌垣にそのような職能を想定する根拠もない。遊部君の存続を推測する見方もあるが（吉田）、やはり史料に基づいた仮説を立てておくべきであるとすると、浮かび上がるのは「殯宮御膳」に奉仕する土師氏である。土師氏の葬礼との関わりは、推古天皇一一年（六〇三）に来目皇子が筑紫で死去した際に土師連猪手を派遣して周防の娑婆で殯を掌らせたとあること（『書紀』同年二月丙子条）、皇極天皇二年（六四三）に吉備嶋皇祖母命の死去に土師娑婆連猪手に喪を視させたこと（同年九月癸巳条）、白雉五年（六五四）に難波宮で死去した孝徳の殯宮を百舌鳥土師連土徳が掌ったとあることなどから（同年一〇月壬子条）、七世紀にはモガリや葬送を職掌の一つとしていたことが確認できる。その葬礼との関わりは、殉死を防ぐために土師氏が造った埴輪を墓に供えるようになったと垂仁紀に語られているように（垂仁三二年条）、埴輪や古墳の造営などから発したとされているが、埴輪や大型古墳の造営が途絶えた七世紀の土師氏は軍事・外交など幅広い職掌に進出しつつ、時に天皇らの葬送儀礼をも任される位置にあったのである。令制下でも喪葬令百官在職条には「土部示礼制」とあり、諸陵司には土部一〇人が属していたことが知られる。この規定の実効性は疑問視されているものではあるが、土師氏が七世紀から八世紀のころに葬送儀礼を担う立場と位置付けられていたことにはなる。土師氏と遊部の関係については、和田氏は土師氏の管掌下に入った高市の遊部が野中の歌垣の歌謡を取り入れたという解釈を示されている。そうした理解ももちろん成立するであろうが、高市郡の遊部君にこだわらず、七世紀以降に土師氏へと交替していったという考え方もできる。前述のように土師氏と歌垣の関係も想定可能であり、モガリや葬送の場において前代の遊部君の役割を引き継ぎ、呪的な言葉や身振りを交えて死者に供奉した土師氏の面影を残すものが「殯宮御膳」の誄であったとひとまずは仮定しておきたい。

殯庭儀礼

このほか、天武の殯宮では挙哀などが繰り返されていた。何度も論及されているものではあるが、殯宮儀礼の全体にわたって記される唯一の史料であるため、ここでもその概略を摘記しておく。

朱鳥元年
九月　九日　死去
　一一日　発哭の開始。殯宮を南庭に起こす。
　二四日　南庭に殯し、発哀する。大津皇子の謀反。
　二七日　四日間の各官司の誄、僧尼の発哀。
持統元年
正月　朔日　皇太子草壁が百官を率いて慟哭、布勢御主人の誄。衆庶と梵衆の發哀。奉膳の奉奠。膳部・采女ら発哀。奏樂。
　五日　皇太子が百官を率いて慟哭。僧尼が従って発哀。
三月　廿日　華縵を殯宮に奉る。これを御蔭という。丹比真人麻呂の誄。
八月　五日　殯宮に嘗。これを御青飯という。
九月　九日　周忌斎を京師の諸寺で行う。
九月　十日　斎を殯宮で行う。
持統二年
正月　朔日　皇太子草壁が百官を率いて慟哭。
三月　廿一日　華縵を殯宮に奉る。藤原朝臣大嶋の誄。
八月　十日　殯宮に嘗を奉り慟哭。大伴宿禰安麻呂の誄。

八月　十一日　　浄大肆伊勢王に葬儀を宣す。
十一月　四日　　皇太子が百官と蕃客を率いて慟哭。奠と楯節舞を奏し、諸臣が先祖の奉仕の状を誄。
十一月　五日　　蝦夷が調賦を担い誄。
十一月十一日　　皇祖之騰極次第を誄。大内陵に埋葬。

いくつかの記事を省いたが、先述した誄のほかにも正月や埋葬前など折に触れて皇太子が百官を率いての慟哭があり、八月には青飯といわれる奠、三月には御蔭といわれる「華縵」を奉じ、周忌に連動しての斎、音楽や舞の奏上、さらに蝦夷や蕃客など王権の支配の正統性を示す人々が動員されていることなどが確認できよう。八月の青飯は新穀のことかとされ、三月の華縵は仏教儀礼に使用する天井から吊す華縵のこととも貴人にさしかける覆いや花飾りともいわれ明確ではないが、正月の慟哭とともに年中行事的に位置付けられていることは確かである。これらのうち蕃客については、允恭天皇の死を聞いた新羅王から派遣された弔問使が素服を着て楽器を持ち、難波から飛鳥まで歌を歌い泣きながら殯宮に参上し（『書紀』允恭天皇四二年正月戊子条）、また欽明の殯宮にも新羅の弔問使が参上したと伝えられるなど（『同』同三二年八月丙子条）、天武天皇以前から死者の徳を宣揚するものとされていたと思われる。また葬送を前にした慟哭や誄などは推古や舒明の例でも行われたものである。これに対して、官司制に基づく誄など国家体制の整備に伴う秩序態勢が見られることや僧尼の挙哀はこの時のみの特徴である。

さらにモガリ期間については、欽明以後のモガリ期間には敏達の六年近い長さから孝徳の三月までバ

天皇のモガリ（死去から埋葬までの期間を死去月・日を含めて示した）

天皇	崩御年月	起殯	埋葬	期間(殯)	場所
欽明	571年4月	5月	571年9	6月(5)	河内古市
敏達	585年8・15	同日カ	591年4・4	5年9月	広瀬
用明	587年4・9	不明	7・21	4月	不明
崇峻	592年11・3	なし	即日埋葬	なし	なし
推古	628年3・7	同日カ	9・24	7月	南庭
舒明	641年10・9	10・18	642年12・21發喪13	15月	宮北
孝徳	654年10・10	同日カ	12・8	3月	南庭
斉明	661年7・24	11・7	不明	不明	飛鳥川原
天智	671年12・3	12・11	不明	不明	新宮
天武	686年9・9	9・11	688年11・11	27月	南庭
持統	702年12・22	12・29	703年12・26	13月	西殿
文武	707年6・15	6・16	707年11・20	6月(5)①	不明
元明	721年12・7	—	12・13	7日	—
元正	748年4・21	—	4・28	8日	—
聖武	756年5・2	—	5・19	18日	—
称徳	770年8・4	—	8・17	14日	—
光仁	781年12・23	—	782年1・7	15日	—
桓武	806年3・15	—	4・7	23日	—

①文武天皇のモガリ期間は死去からは6カ月、元明天皇の即位からは5カ月となる

ラつきが見られるが、天武は二七月、持統は一三月、文武の六月と順次漸減し、さらに元明の華美を排した薄葬による七日後の火葬を境に平安時代の葬送と変わらない期間のうちに葬送が執行されるようになる。天武の二七月というモガリ期間に関しては『儀礼』士虞礼に説く中国の葬送が二七月で一区切りとされることとの一致が注目される。天武の次の持統の一年は親の服喪期間である一年、文武を五月とするならば祖父母・養父母への服喪期間と対応する。持統死去時の文武は孫、文武の後継となった元明は母となるのでモガリ期間と死者との血縁関係は一致するわけではないが、礼制関連史料に見られる期間と対応していることは注意しておいてもよいであろう。

また、比較可能な事例がないため根拠を挙げることは難しいが、華鬘や青飯、正月の挙哀など殯宮・庭儀礼の内容に年中行事的な要素が見られることは、従来のモガリと質を異にする可能性が高いのではないかと筆者は考えている。筆者の見解では、年中行事的な繰り返しとは死者を生者と同じ時間感覚のもとに過ごす存在として扱うこと、すなわち生者の時間の中に死者を位置づける行為にほかならない。記紀神話にあったように、生者と死者は境界を異にする存在であったはずであり、死者を滞りなく死の世界へと移行させるためのモガリ期間中に生者と同じ時間スケールの行事が天武以前から行われていたのかという疑問を拭い去ることができない。ほかの史料がないため論じようもないのであるが、草壁の正月の参会は後の正月朝賀の先駆けと指摘されるように死者への儀礼というよりは生者としての父帝・天武に対する礼としての性格を持つもので、従来の殯宮儀礼とは一線を画すものと考えられる。持統の殯宮においても正月に親王以下の百官による拝礼が行われているが（『続日本紀』大宝三年〈七〇三〉正月癸亥朔条）、これは天武の殯宮儀礼を受け継いだものとしてよかろう。正月の膳部による御膳の供奉や楽官による楽の奏上なども遊部などの職能者によるものではなく、通常の儀式に近い形式の行事ということができる。以上が認められるならば、天武のモガリ儀礼は中国の礼制を意識したものとして日本のモガリ史上の一つの画期となるものであったことになる。

モガリ習俗と秘儀説

上記のほか、モガリ関連の史料としては熊襲討伐中に倒れた仲哀天皇の死を隠すために海路で大和へ戻り火を消したまま豊浦宮において「無火の殯斂」と火を消したままモガリを行ったとあり、モガリでは火が用いられたことが知られる（『書紀』仲哀九年二月丁未条）。これは後代の枕火と共通性があろうが、昼夜継続して火を絶やさないのか、夜間限定かはこの記事のみからは判断しがたい。中国においても顔之推『顔氏家訓』風操に「喪出之日、門前然火、戸外列灰、祓送家鬼」とあるように呪的僻邪として火を用いる習俗があり（第三章で触れる帰殺習俗に関わると思われる）、『儀礼』『礼記』にも殯門の外や堂上に火を設けるなどと葬送儀礼内の火の使用も見られるが（『儀礼』既夕礼、『礼記』喪大記）、これらでは明るくなれば火を消すとあり実用的な性格が認められる。日本では醍醐天皇の土葬において夜が明けても火を消さなかったとあるように、火を絶やさないことに意味があったものと思われる。また殯宮の運営に関しては、反正天皇のモガリ中に地震が起こり、允恭天皇が様子を見させたところモガリを掌る殯宮大夫であった玉田宿祢の姿がなく、別の場所で宴を行っていたことが発覚したとの伝承もある（『書紀』

允恭五年七月己丑条〉。玉田宿祢は葛城襲津彦の孫とされ、この時に天皇を殺そうとして返り討ちにあったという謀反伝承の一種であるが、モガリ時の政情不安定さを示すと同時に、王族以外の有力者が殯宮運営の責任者とされることが不自然ではなかったらしいことを示唆している。

モガリ儀礼が殯宮（喪屋）内で行われる儀礼と殯庭儀礼に大別されることはすでに述べたが、殯宮内には親族の女性らが籠り、女性が秘儀を行っていたとする説が長く一般的な理解であった。秘儀説の主な根拠は、敏達天皇の殯宮に押し入ろうとした穴穂部皇子が宮門で阻止されたこと、その時には殯宮内に推古が居たこと、天皇を弔う挽歌の作者が柿本人麻呂以外は女性であること、敏達や天武の殯期間中に後に即位することになる皇后の推古や持統の活動の形跡が希薄なことなどである（和田）。先のアメノワカヒコの喪屋に哭女らが奉仕するとあることも補強材料となる。この秘儀説については最近になって異論が提起されている（稲田）。その論点は、挽歌の場が殯宮内であることを示す明確な論拠がないこと、遊部が女性であると限定できないこと、敏達のモガリ期間中の炊屋姫（推古）は殯宮以外の場所にも滞在していたらしく、蘇我馬子らに担がれて穴穂部皇子の誅殺にも加わっていること、天武のモガリ期間中に出されている天皇の詔は持統の命と考えられることなどがある。私見も後者に近いが、もう一点、穴穂部皇子が宮門で阻止されたという史料の解釈について加えておきたい（『書紀』用明元年〈五八六〉五月条）。これは穴穂部皇子が炊屋姫を奸さんとして殯宮に乱入しようとしたが、敏達の寵臣であった三輪君逆が兵衛に門を閉ざさせ穴穂部は目的を果たせず、穴穂部は戻ってから物部守屋と蘇我馬子に三輪君逆の無礼を訴えたというものである。この時の穴穂部が訴えた三輪君逆の無礼とは、先にも触れた誄で諸王や大臣らを差し置いて自身が「朝庭を鏡のごとく平らかに治める」と述べたこと、さらに穴穂部が殯内を見ようとしたところを阻み、七度呼んでも応じなかったこととある。この史料をもって、男性である穴穂部が殯内には入れなかったなどと読めなくもないが、そうした理解には疑問もある。もし最初から男性が入れないものであったならば、それを拒んだ三輪君逆の行為は正常である。七度呼んでも答えなかったことは無礼にあたるが、それは別の問題である。穴穂部が「自強入於殯宮」と強引に押し入ろうとしていることは確かであり、むやみに立ち入るものでもなかろうが、その行為が常識に反することであったならばそれを堂々と無礼と主張できたであろうか。先にも述べたように、殯宮内の遺体安置の様子は分からず、実際の儀礼もどのようなかたちであったかは不明である。宿直などの番を行う者はいたのであろうが、正史に記録される誄などの儀礼のほかにどのような儀礼が行われたのか、この時の推古が何のために殯宮に滞在していたのかについても史料はなにも語っていない。前後状況を推測できる状況にはないとはいえ、この史料から殯宮儀礼の秘儀性を強く主張できるかは疑問である。

なお、和田氏が参考に挙げられた風葬や土葬をした遺骨を女性が洗って再度埋葬する沖縄の洗骨制や民俗事例に見られる埋葬後に遺族が墓所近くの喪屋に籠る風習に関しては、これも稲田氏によってその歴史性に疑問が指摘されているところであるが、実際に近世に国学の影響によって古代習俗の再興としての喪屋制度が創出されたという興味深い事例の発掘（森）、さらに洗骨習俗は史料上では一六世紀頃から確認されるものという指摘があることを付け加えておく（赤田）。

薄葬令

これまでも言及してきたように、身分による墓の規模や墓地の集約など葬送習俗に関するまとまった規制を意図したものがいわゆる大化の薄葬令である（大化二年〈六四六〉三月甲申条）。この法令については「王以上」「王以下」などとあることから親王と王の身分が区分される天武初年より前の天智年間、あるいはそれ以後の天武年間に出されたものとの見方、人夫の使役には戸籍が不可欠として庚午年譜以後とする説または造墓規制を述べる前半とモガリ以下を規制する後半を分ける説もあるが（田中、山尾など）、本書では文飾はあれども概要は大化当時のものとする立場をとる。また薄葬令とはいわれるものの葬送以外の習俗も含めた四箇条からなっており、墓の規模により身分を表示することを目的とした法令とする理解よりは、筆者は葬送のみに限らない習俗・文化政策の一環と捉える見方により魅力を感じる（北）。

令の冒頭部は厚葬を戒めた漢・魏の文帝の詔の引用である。古に倣って墳丘は低く木を植えず、棺は簡素にし、金・銀・銅や塗車・草霊を副葬することや死者の口に玉を含ませる飯含を停止し、御膳の供奉を三度までとするなどの薄葬の詔を引き、人民の貧窮は墓を造るためであるとして墓の大きさや使役する人夫の数と日数、葬送に用いる布帛類を定めている。その規定は王以上と上臣、下臣、大仁・小仁、大礼以下小智以上の五つに区分し、王以上は長九尺、幅五尺、外域は九尋四方、高さは五尋で一〇〇〇人を七日間使役し、葬送の帷帳には白布を用い、棺の運搬には轜車を使用するとあり、上臣は外域が五尋、高さ三尋、五〇〇人を五日、車はなく担いで運ぶとする。下臣は白布を用い二五〇人を三日使役、大仁から小智は封土がなく長さ九尺、高さと幅が四尺の墓室に一〇〇人を一日使役、大礼以下小智以上は同規模の墓に五〇人を使役一日とし、白布や運搬手段の規定はない。そして王以下小智以上の墓は小石で造り帷帳には白布を使用すると定め、庶民は地に埋めるのみで帷帳には麁布を使用し、王以下庶民まで殯を営まず、畿内をはじめとした諸国は埋葬場所を限定することを命じている。この後の条では、家族らの自殺や他人や故人の馬を殉死させること、身体毀損の誄などの禁止規定、また「或本」では錦綾五綵金銀の副葬、さらに諸臣以下の金銀使用を禁じる文言があったと伝える。

当時の有冠位者は畿内豪族に限られることから前半部の実質的な適用範囲は畿内であったことになるが、墓の規模については規定通りとする説と、身分による上限を定めたものとする制限説がある。考古学からは長さの単位が唐尺（約三〇センチ）か高麗尺（約三六センチ）かという議論とともに当時の古墳の石室（横口式石槨）の規格との比較が行われており、対応する古墳の少なさが指摘される一方、なかには薄葬令以後にもう一つの規制が存在しある程度実践されたと推定する論者もいる（高橋）。葬送儀礼に関する規定は、白布や轜車の使用（支給と考えられる）とモガリの制限、身体毀損を伴う誄と殉死の禁止がなされている。モガリについては多言を要しないが、これ以後は親王以上のみにモガリが許されたことになり、上記の高市皇子や皇孫ではあるが建王らがその実例にあたる可能性がある。殉死に関しては、信濃国には夫に対して妻が殉死する俗が存在したとあり（『職員令』弾正台条）、大津皇子の謀反の際にも妻が自死したなどとある。前半の引用部は日本の習俗を述べたものではないが、金銀の副葬は後述の庶民の習俗の一つにも挙げられるなど日本にも存在したもので、飯含は死者の口に米や玉などを入れる中国の風習であるが、九世紀の嵯峨上皇の遺詔に名称が出るほかは日本の他史料には見えない。轜車については喪葬令にも親王の葬具として規定があるほか、元明上皇の遺詔では轜車に金銀を鏤めないことを命じており、実現したかはともかくこの時にも中国風の作法を志向した可能性はあろう。白布に関しては喪葬令にも「帷帳」とあるように目隠し用の障蔽具と考えられ、高市皇子の殯宮挽歌に香具山宮を神宮に装束したとあることもおそらく帷帳類を用いたと思われる。これは王から下臣までは使用規定があるが量は定められておらず、材質も王から小智までの白布と庶民の粗末な麁布という区別があるのみで身分上の差異が少ない。こちらも文飾の可能性が高かろうが仁明天皇の遺詔では「綾羅錦繍」を「帛布」に代えよとあり、薄葬令には豪奢な布の使用を制限する意図があったと捉えられよう。この「帷帳」が理念や文飾であった可能性もないとはいえないが、帷帳は親王一品条でも末尾に記されたもので取り立てて重視されておらずことさら文飾するかは疑問であり、かりに当時用いられていなかった障蔽具の使用を推進する目的であったならばその用法をも記しておく必要があるはずである。したがって、帷帳は薄葬令当時の葬送で実用されていた可能性が高いとしてよいだろう。これが正しければ、七世紀半ばには遺体の所在を隠す形での葬礼・葬列が催されていたことになる。

ここで令制以前の葬礼に関する史料を挙げておくと、『書紀』神代第五段の第五の一書にカグツチ出産により死去したイザナミを葬ったとする有馬村では「土俗祭此神之魂者。花時亦以花祭。又用鼓吹・幡旗歌舞而祭矣」と人々が花の季節には花で祭り、また鼓吹・幡と歌舞で祭ったとある。次に『常陸国風土記』信太郡条逸文に黒坂命が陸奥の遠征の帰途に亡くなり、その葬列に「輪轜車」と「葬具の儀の赤籏と青旗」があったとある。また『古事記』允恭条に載せる軽太子と衣通王が謀反に失敗して自死する前に詠んだ「隠り国の泊瀬の山の大峡には幡張り立てさ小峡には幡張り立て」の歌も葬送関連の可能性が指摘されており、ここにも幡がある。さらに『書紀』継体二四年条の近江毛野の葬送に妻が「枚方ゆ笛吹き上る近江のや毛野の若子い笛吹き上る」と歌ったとあることも葬送の情景とできる。

このうち、『常陸国風土記』は轜車とあるようにどこまで遡る伝承かが不明確であり、『古事記』も葬送という根拠に乏しい憾みがある。前者の青赤の旗は軍葬の軍旗とも考えられ、近江毛野も半島駐屯中に呼び戻される途次に死去しており、軍事と切り離しがたい。イザナミについては葬送を模した祭祀と考えるならば書紀編纂時以前の在地の葬礼の可能性はあるが、鼓吹という表現は軍楽や儀仗の音楽を指す言葉であり、次節で述べる天武年間以後の葬送の知識が反映している可能性も無視できない。『魏志』や『隋書』の歌舞を上記記事と結び付けることも多いが、『隋書』が明示するのは葬送以前の死体安置期間の行為であることは、『隋書』高麗伝に殯の後に歌舞で送ると記述されていることと対比すれば明らかである。先に述べた喪船の絵に描かれた幡や翳、または武具埴輪などと上記の幡や軍楽的な楽との関わりを想定することもできようが積極的な証拠はなく、七世紀以前の葬列の姿を復元することはやはり困難である。あえて今後のために何らかの見通しを提示しておくならば、まずは遺体を載せた喪船には威儀具を備えていたらしく、葬列でも遺体はともかく船全体を隠す必要はなかろうと思われる。距離にもよるが修羅で引く船が一晩で古墳に到着したかも疑問となる。これに対して輿ならば後の葬列にも近く、あるいは輿で遺体を運ぶようになることと障蔽具の使用が関連するのかもしれない。先述のように天皇の殯宮に百済系の儀礼が導入されたとしたならば、葬列に関しても「歌舞」で送る形式が移入されたとしてもおかしくはないが、史料がなく分からない。ほかにも棺の使用や遺体の扱い、陵墓への埋葬・墓前儀礼など不明な点は多いが、具体的な内容に関してはこれからの課題としておきたい。

薄葬令では、上記以外にも京での課役から帰京する民が路頭で死去すると近傍の住人が死者の縁故者に祓を強要するため家族らが死者を放置することが多いとし、民が河で溺死するとそこに遭遇した人がどうして自分を溺死の場に逢わせたのかと言って祓を強要する、路傍で炊飯していると自分の路で炊飯したと言って祓をさせる、甑を借りて炊飯した民が甑をひっくり返すと祓をさせるといった「愚俗」の停止を命じている。当時の習俗を如実に感じさせる興味深いものであるが、これらを一篇の法令で根絶させることは困難であろう。そもそも、国家の課役が原因でもある。薄葬令に関しては、繰り返し指摘されているように大礼以下は一日で墓の造営を終えるとされるような無理な規定も見られることなどから、薄葬令の意図について墓やモガリから葬列中心の葬送に誘導するためと推定する説もある（北）。七世紀代の政策の基本的な方向性はその通りであろうが、古墳の規模はすでに縮小しつつあり、モガリの実態もよく分からない。葬列を中心とするには薄葬令の葬具に関する規定はあまりに貧弱でもある。まずは旧弊の廃止を目指す理念的な部分が先行したものと捉えたい。

令の葬送

薄葬令の後、天武天皇一二年（六八三）に死去した大伴連望多の葬送には天武が初瀬王を遣わしてその壬申の乱における功績と祖先の奉仕を顕彰させ、鼓吹をもって弔ったとあり（『書紀』同年六月己未条）、持統五年（六九一）には大三輪、石上、藤原、石川氏ら一八氏に祖先の墓記を提出させ（同年八月辛亥条）、さらに先皇の陵や功臣らの墓に陵戸を設ける（同年一〇月乙巳条）など葬墓制度の整備が進められている。鼓吹は唐制の軍楽のことで、天皇から音楽を給わって盛大に弔わせたことになる。鼓吹は喪葬令親王一品条にも規定されており、この記事などから持統三年六月に諸司に頒布された浄御原令にはすでに喪葬に関する何らかの規定があったとする説もある（滝川）。祖先の墓記については、『日本書紀』編纂の材料として各氏の祖先の事績を記した家記のごとき史料を提出させたとの理解が一般的であるが、「墓記」という名称から各氏の墓所の所在などを記録したものとして、氏の墓地を認定するための施策とする説（森）、最近では代々の天皇陵の所在地を確定する参考材料にするためとの見解が出されている（笹川）。筆者も「墓記」の呼称を素直に読むならば墓所の所在地の記録とすることが妥当ではないかと考える。また、墓記提出の二年前にあたる持統三年一二月二五日の日付を持つ一八氏の一つの采女氏の采女竹良の墓碑『采女氏塋域碑』が江戸時代に発見されており、現在では碑の原物は失われているが江戸時代の拓本が残されている（静岡県立美術館蔵）。この碑文には竹良が墓所として賜った形浦山（南河内郡太子町春日の片原山とされる）の四〇（四千とも）代の墓地の木を伐採するなど他人が侵すことを戒める旨が記されている。面積に関しては四〇代＝〇・八段（一段＝約九九〇平方メートル）と四千代＝八町では差が大きく、四〇代なら個人（や家族）の墓地、四千代なら氏の墓地となろうが、四千代では周辺の磯長谷に所在する用明、推古陵より広大となり、付近には奈良時代の官人らの墓地もあることから采女氏が八町もの領域を占有していたと考えることは難しいとする見解（三谷）が説得的であろう。墓上の碑の建立は後述する大宝・養老令にも規定されるもので、墓地の保護・占有は喪葬令の含意するところであると同時に、慶雲三年（七〇六）に出された氏々祖墓や私宅周辺二・三〇歩の占有を許可する詔とも相通じるものである（『類聚三代格』巻一六）。また持統七年には藤原京造営に伴い破壊した墓の尸を収める詔が出されているが（同年二月己巳条）、平城京造営時にも同様の勅が出されており（『続日本紀』和銅二年〈七〇九〉一〇月癸巳条）、これらの諸史料も八世紀以後の一連の葬墓制度がこの時期に胎動していたことを示すものと捉えることができそうである。

持統三年の浄御原令の内容については明確ではないながら、大宝・養老令には親王以下の官人らの葬送や墓地、さらに血縁者や縁故者が服喪する期間などを定めた喪葬令が備わっていた。現存するものは養老令のみであるが、大宝令はその注釈書である古記からある程度は復元でき、また日本令が手本とした唐令についても近年発見された北宋の天聖七年（一〇二九）制定の天聖令の写本からその復元作業が進展を見せている（稲田）。養老喪葬令は十七条からなり、宮都や大路周辺の埋葬禁止、三位以上と氏上や氏の別祖のみの造墓の許可、墓には官姓名を記した墓碑を立てること、死去した官人に同僚らが分番して会葬すること、親王以下三位以上の官人への葬具や監喪使の支給、天皇陵の管理、天皇は二等以上の親族の喪に錫紵を着すこと、遠征や遠隔地で死去した全ての官人への葬具と喪料の支給などが盛り込まれている。葬法については、墓を造ることができる者でも「大蔵」を欲すれば許すともあり、古記には「大蔵」は「以骨除散」つまり散骨と注釈されている。

葬送儀礼の詳細は主に親王一品条に規定され、一品は方相・轜車、鼓一百面や大小の角笛、幡が四百竿、金鉦・鐃鼓が二面ずつ、楯が七枚、二品は方相や盾がなく葬具の品数を減じ、諸臣一位と左右大臣は二品に同じとされる。これ以下、品目と数を減らしていき、四品親王と三位以上までが葬具の支給にあずかる。また当時は親王の就任が想定されていた太政大臣は一品を上回る数を支給される。そしてこれ以外の葬具と遊部は別式によるとあり、別の規定があったはずであるが残念ながら不明である。葬具が支給される範囲は三位までとされているが、五位以上と無位の親王や諸王の希望者は轜具や帷帳を借用することもでき、また私に葬具を用意することも許可される。朱説の注釈によれば私の備えは親王以下の対象者全てに許されるもので、また三位以上の葬具も給付ではなく貸与であったという。これ以外の葬具については「衣垣・火炉等之類」、あるいは職員令喪儀司条の古記には「儀式之具物耳。并陳図等是」、また令釈にも「鼓吹并帷帳等之類」とあり、帷帳などの目隠し用具と火葬の炉・音楽などが挙げられている。「陳図」は不詳であるが、一二世紀の白河法皇の葬送では喪輿を制作した工匠が「天子葬礼図」を参照したとの記事もあり（『長秋記』大治四年七月一五日条）、こうした葬送の配置図のようなものが想定されていたのかもしれない。さらに、官人たちには賻物として絹や布の葬料の支給も規定されていた。なお、注釈では轜車は「喪屋」を載せた車とされている。ここから、人々の入る喪屋のようなものを想定していたといった解釈を廻らせることは不可能ではないが、あまり現実的ではないと思われる。車や輿に載せうる程度の大きさで棺を覆う屋形状のもの、つまりは平安時代の小屋形のようなものを指したとするのが無難であろう。方相とは中国の葬送で用いられる魑魅魍魎を払う四目の異形の者であり、日本では年末の追儺で邪気を追う役としても見られるものである。そして、四品以上の親王と諸臣の一位及び左右大臣には葬送当日を含めた三日間の発喪、すなわち挙哀儀礼が許され、三位には葬送当日、太政大臣には五日間の発喪が定められている。天長一〇年（八三三）編纂の公式の注釈書である義解によればこの発喪期間は死去当日に開始するものではなく葬日から逆算するもので、「鼓角幡盾」などの凶儀（葬具）を周挙（設営することであろう）したうえで「与所司発喪」と監喪使（または会葬の官人か）らと行うものとされ、これは跡記によると「在家」つまり故人の邸宅でなされるという。かりに浄御原令あるいは単行法令において同様の規定があったとしたならば、先述したように高市皇子挽歌における香具山宮の装いは太政大臣として五日の発喪があったことに対応する可能性が出てくるが、もちろん想像の域を出ない。

葬送を行う役人については、天皇や皇后らの葬送では葬司が任じられて葬送が行われている体制になっていたが、官人らについては、喪葬令百官在職条によると親王及び太政大臣と散一位の葬送には治部省の副官である治部大輔が「監護喪事」とあり、大臣以下二位までは治部少輔、三位は治部丞が喪事を監護し、内親王らもこれに準じる。そして、三位以上の葬令はみな土部が礼制を示すといい、これは古記によれば治部省が土師宿祢らを派遣することであるという。また喪儀司という凶事儀式と用具を掌る役所もあったが、その具体的な活動については未詳である。

以上のような令文からその葬送を復元すると、行列には幡を並べ立て、鼓や鉦を叩き角笛を吹く楽人らを従え、死者の車や輿を帳などで囲って歩む葬列を思い浮べることができる。霊亀年間（七一五・七一六）に亡くなった志貴親王の葬列に松明の列があったように（『万葉集』二―二三〇）、実際にはこれ以外の葬具も存在したはずではあるが、第一章で述べた平安時代の葬列では幡や楽人らが不在であることと比べるとやはり変化が見られる。なお、日本令のもととなった唐の喪葬令では、方相、轜車、挽歌（柩を挽きながら歌う）者、挽歌に伴う鐸、車の装飾や人々の装束などが規定されている。さらに唐代の代宗の葬送を記録した貞元一七年（八〇一）成立『大唐元陵儀注』では多数の副葬品を載せた車や、死者の魂を連れ帰る魂車、多くの随従などの行列の構成や陵における儀礼など皇帝の死去から埋葬までの具体的な経過を知ることができる。もっとも、日本令にある鼓や鉦、角笛などの鼓吹は唐の葬列の条文にはないが、日本の令では編目ごと受容されなかった官人らの行列に関する規定には鼓吹や旗・盾があり、日本の喪葬令ではそれを取り入れたと推測されている（稲田）。さらに唐の葬送では挽歌者が葬列に従っているが、ここで気になることは先述のように日本の遊部について、古記に「歌垣」と注記されていたことである。『古事記』のヤマトタケル伝承では、ヤマトタケルを葬った妻子らが陵の前で腹這い泣きながら歌を歌い、さらに白鳥となって飛び立ったヤマトタケルの魂を追いかけ泣きながら「浅小竹原　腰なづむ　空は行かず　足よ行くな」と歌い、さらに白鳥が止まった時に歌った二つの歌と合わせた四つの歌が「今に至るまで其の歌は、天皇の大御葬に歌ふなり」と天皇の葬送で歌われるものとある。これは『万葉集』にあるような天智天皇など個別の死者に捧げる歌ではなく天皇の葬送で通用されるものとあり、それが死者の魂を追いかけ、あるいは墓前で死者を慕いながら悲しみつつ歌うと伝承されているのである。ヤマトタケルの墓は伊勢の能褒野、大和の琴弾原、そして河内古市とされることも示唆的である。先述のような遊部伝承の内容と関連史料から読み取りうる範囲を超えるものとなるが、あるいは令における遊部は死去から葬送までの期間や葬列、火葬・埋葬時においてこうした歌を歌う者と想定されていたのではないかと考えてみたくなる。もっとも、こうした迂遠な考証をしなくとも、万葉挽歌が文字通り葬送・葬列で歌われていたとする立場ももちろんあることは付け加えておく。

葬送の実態

それでは、官人たちはこうした規定に基づいて治部官人や土師氏による監督のもとに葬送を行っていたのか、というと少々実態は異なるようである。日本における実例と隋唐の例、さらに日唐の令文を比較検証した虎尾達也氏の研究によると、監喪使は文武三年から貞観六年（八六四）までの正史に見えるが、治部官人が派遣されていることはほとんどない。監喪使の派遣対象も親王・内親王が大部分で、次に大臣以上や宮人（女官）であり、大臣以外の三位以上は浄御原令施行下の大納言と僧正が一人ずつしか見えないという。九二八年に編纂された『延喜式』太政官式には親王と大臣に装束司と山作司を任じるとあり、装束司は天皇の葬礼にも任命される役であるから、五位以上の官人複数名からなる監喪使によって天皇の葬礼に准じた葬送が行われていたと考えられる。もっとも、宝亀元年（七七〇）死去の従二位前大納言の文室浄三は鼓吹を辞退、贈従二位大納言藤原縄麻呂に葬事を官給するなどとあり八世紀には大臣以外の男性にも葬具や人員を支給することはあったようであるが、縄麻呂に監喪使の派遣は記されておらず、葬送の執行形態は不明である（『続日本紀』宝亀一〇年一二月己酉条）。また、天皇の事例でも土師氏の葬司への関与は、持統の造竈副長官や文武の造山陵司以外に確認されない（榊）。虎尾氏によれば、治部が監護し土部が礼制を示すとの日本令の規定は、唐令にあった鴻臚卿、丞らが一品、二品らの喪事を監護し、司儀令が礼制を示すという規定を継受したものであるが、現実には大宝令以前の日本の葬送の執行形態を反映した形が行われていたと考えられる。もっとも、宝亀元年（七七〇）死去の従二位前大納言の文室浄三は鼓吹を辞退、贈従二位大納言藤原縄麻呂に葬事を官給するなどとあり八世紀には大臣以外の男性にも葬具や人員を支給することはあったようであるが、縄麻呂に監喪使の派遣は記されておらず、葬送の執行形態は不明である（『続日本紀』宝亀一〇年一二月己酉条）。

以上のように、令の規定する葬送儀礼がどこまで実行されたかについては疑問符を付けざるを得ない。ただし、親王や大臣には監喪使が派遣されていたのであるから、そこでは規定に沿った葬送がなされていたはずである。その葬送の具体的内容が分かる史料はないが、わずかに天平七年死去の舎人親王の葬装束所が直径二寸の瑠璃玉四口、それがなければ壺十口を求めていることや（『大日本古文書』一‐六三二）、志貴親王の葬送の手火（松明）の様子が高円山の野火のようだと歌われているものがある（『続紀』同二年八月甲寅条、『万葉集』巻二‐二三〇）。瑠璃玉に関しては、『古事記』編者の太安万侶の火葬の蔵骨器から真珠球玉が四つ出土しているなど八、九世紀の墓から水晶玉やガラス玉が出土することと関連するかもしれず（秋山）、彼らが棺や蔵骨器に納入する品を手配しているとしてよければ、監喪使は天皇の場合のように入棺以下の儀礼を行い、葬礼を催行していたと認めてよさそうである。また、長屋王の変に際して亡くなった吉備内親王は鼓吹を停めたほかは例に准じて長屋王とともに生駒山に葬られたとあり

（『続紀』天平元年〈七二九〉二月甲戌条）、大納言藤原眞楯は大臣の葬を賜ったといった位階による葬送の下賜を示す史料も複数あるなど（『続紀』天平神護二年〈七六六〉三月丁夘条など）、令制の葬送の実態がないわけではない。とはいえ、方相については天皇の葬礼でも聖武、光仁、桓武、文徳天皇のみであり、親王らの葬送で常用されたかは疑問もある。さらに、宝亀元年に死去した文室浄三が「薄葬不受鼓吹」と葬料や弔使を受けつつ鼓吹を辞退したことをはじめ（『続紀』同年一〇月丁酉条）、九世紀半ば以降には承和五年（八三八）の嵯峨の娘芳子内親王や承和八年の安濃内親王（『続日本後紀』同年一二月庚戌条、同年八月丁卯条）らのように監喪使そのものを辞することが例となってゆき、天皇でも清和以後の上皇は縁葬之諸司や天下素服、挙哀、山陵の設置の停止を遺詔することが慣例化する。天皇の葬送諸司については当初から完成形であったのではなく、御装司と造御竈司のみであった持統の葬送から、聖武は装束司、山作司、造方相司、養役夫司、光明皇后は装束司、山作司、養民司、前後次第司などと増加しており、これは令制の理念にもとづいた天皇の葬送儀礼の整備過程と捉えることが可能である（稲田）。しかし、早くも九世紀前半には天皇と上皇の地位の分化に伴って、嵯峨の薄葬や淳和の葬司辞退、散骨といった上皇の薄葬が顕在化する（『続日本後紀』承和九年〈八四二〉七月丁未条、同七年〈八四〇〉五月辛巳条）。天皇の場合には依然として葬司の任命など一定の格式を備える必要はあったものの（谷川、堀）、仁明は「綾羅錦繍」を粗末な「帛布」に替えて鼓吹と方相を辞退するなど薄葬を指示し（『続日本後紀』嘉祥三年〈八五〇〉三月癸夘条）、文徳も方相以外はそれに倣うなど天皇の葬送も変容を免れていない。そして醍醐の葬礼では現存史料は断片的とはいえ楽人や（黄幡以外の）旗の形跡は見られず、また一一世紀以後の葬礼でもそれらの影はない。このように、葬料の下付や弔使の存在は一〇世紀以後にも散見するが、喪葬令の理念に基づいた葬送儀礼がある程度具現化されていた時期はかなり限定されるといえる。もっとも、延暦年間には市井の富豪が隊伍を組み「幡鐘」を用いる華美な喪儀を行なっていたという史料もあり（『類聚三代格』一九、延暦一一年〈七九二〉七月二日官符）、これが仏具の幡でなければ貴族階層以外にも影響を及ぼしていたことになるが、これもその命脈が限られていたであろうことは平安時代の史料にその痕跡が乏しいことからも推測できる。なお、葬送の音楽に関しては先述の『書紀』継体二四年条の近江毛野の葬送に「枚方ゆ笛吹き上る」と「笛」があり、聖武の葬送でも笛人に曲を吹かせたとある（『続日本紀』天平勝宝八年〈七五六〉五月壬申条）。ここから令制の鼓吹もその実態は在来の音楽の系譜を引くものであったとする見解もある。しかし、大宝令以前の葬送が令制に反映しているとしても、それがどこまでさかのぼる儀礼であるかは明らかにしがたく、それ自体が浄御原令やその前後の儀礼改革によるものであった可能性もある。また、令制や七世紀半ば以降の儀礼改革が在来の葬礼を大きく変容させたことは確かであろうが、それらがどこまで定着して次代に影響を与えたのかについては、それ以前からも大陸の影響を受けてきたであろう在来儀礼の実態が不明である以上その評価は難しい。あるいは火の呪的性格などのほうが時代を超えて生き続けていたのかもしれないが、この点については日本以外の史料を参照してあらためて考えることとしたい。

服喪の導入

遺体を扱う葬送儀礼のほかにも、再三述べてきたように令制には服喪期間やそのための休暇の規定、朝廷の廃務など死者を悼むことに関わる規定がある。まず葬喪令の付則には天皇と父母、夫と本主には一年の喪、祖父母・養父母には五月、曽祖父母・外祖父母・伯叔父姑・妻・兄弟姉妹・夫之父母・嫡子には三月、高祖父母・舅・姨・嫡母・継母・継父・同居の異父兄弟姉妹・庶子・嫡孫に一月、衆孫・従父兄弟姉妹と兄弟子に七日とする。次に仮寧令には父母の喪にあえば解官すること（一年で戻る）、それ以外には夫と祖父母・養父母・外祖父母には三十日の仮、三月の服には二十日、一月の服に十日、七日の服には三日、そして服紀の対象とならない三カ月以上七歳未満の者の死であれば、その血縁関係によって本服三月であれば三日、一月には二日、七日には一日の休暇を取ることを定める。つまり父母の場合には喪に服すことを最優先とするが（多くは短縮される）、それ以外では服喪期間より休暇は短く、喪中であっても出仕または欠勤を前提としていたことになる。

前章で述べたように服喪においては哀悼の心情を表す喪服を着用し、音楽や宴飲などの華美を避ける生活を送ることになるが、令本文には官人たちの服装など細部に至るまでの規定はない。古記に白色の服を着し漆の沓や帯は避けるなどと（冠は禁じるとも許すともいう）ある程度である。唯一、令文に喪服の規定がなされるのが天皇であり、養老喪葬令服錫紵条では、

凡天皇。為本服二等以上親喪。服錫紵。為三等以下及諸臣之喪。除帛衣外。通用雑色。

と天皇は本来ならば服喪すべき二等以上の親族の喪のために錫紵を着用し、それ以外の親族や臣下の喪には帛衣（白の練衣）以外の色の服を着すとある。等親とは儀制令に父母・養父母・夫・子を一等、祖父母・嫡母・継母・伯叔父姑・兄弟姉妹・夫之父母・妻妾・姪・孫・子の妻を二等とするなどとされるもので、令文通りならば臣下の服紀規定より広い範囲を含むことになる。儀制令太陽虧条では日食があった場合と「二等以上親及外祖父母。右大臣以上。若散一位喪」二等以上の親と外祖父母、右大臣以上の死去に際しては「不視事三日」政務を三日行わないとあり、国忌及び三等親と百官三位以上の喪には一日廃務するという。喪葬令にいう錫紵とは本来の中国の用語では麻の種類を指すものであるが、令釈に「錫紵者。錫色紵服耳。鑞黒曰錫。然則。黒染浅色耳」と記すように日本では錫は黒色を指すとされ、古記に「錫紵。謂黒染之色」あることから少なくとも天平年間にはそのような理解が成立していたことが分かる。しかし、実際の錫紵の使用法に関しては不明な部分が多い。まず、「若自不臨者不服耳」「退則脱耳」「臨五月以上服親喪」といった古記の記述からこの条文自体が大宝令では少々異なっていたことが稲田奈津子氏によって明らかにされている。正しくは分からないが、大宝令ではおそらく、

凡天皇。臨本服五月以上服親喪。服錫紵。臨本服三月以上服親及諸臣之喪。除帛衣外。通用雑色。

といった条文であったのであろう。この「臨」と「為」の文字の違いによって文意の力点は変わり、「為」では親族の喪のために服するという一般的な意味が強くなるが、「臨」では古記に「若自不臨者不

服」と述べるように天皇自身が儀礼の場に赴くという意味合いが濃くなる。たとえば唐の『大唐開元礼』には臣下が親や祖父母らの「為（ため）」に着服する際の規定や、皇帝が外祖父母や諸王妃主の「為」に挙哀する場合と外祖父母や諸王妃主らの喪に「臨」む、つまり喪礼に臨幸する際の規定の双方があるなど、「臨」と「為」の使い分けが存在する。日本の服錫紵条のもととなったとされる唐令第二条も臨喪（皇帝や皇太子が臣下の喪に赴き弔う）の際の錫紵（錫縗・緦縗）服用規定である（大津）。日本でも先述のように天武七年（六七八）の天武皇女の十市皇女の葬送にあたり「天皇臨之降恩以発哀」と天皇が出御して発哀し、大化五年に孝徳は朱雀門前で挙哀したと伝える。また舎人王の死に際しては高市皇子と川嶋皇子を遣わし「因以臨殯哭之」（『書紀』天武九年〈六八〇〉七月戊戌条）と葬礼の場に「臨」んで挙哀させたとある（この「臨殯」は葬礼の場で遺体〈棺〉に向かうといった意味であろう）。もっとも、厳密にいえば「臨」はその場に立ち合うこととそうした機会に遭遇することという両様の意味を持つ。十市皇女の死去は天武が天神地祇を祀るために倉橋河上の斎宮に行幸しようとした直前に宮中で急死したという特異なもので、天武の発哀も、孝徳のような門前または内裏内で行われた可能性もある。したがって、古記のいう「臨」も葬礼の場への臨幸というよりは門からの望見・見送りや内裏内での哀悼儀礼を想定していたとも考えられる。事実、例外的ではあるが養老四年の藤原不比等の死去に際して元正天皇は「挙哀内寝」と内裏正殿で挙哀を行っている（『続紀』養老四年〈七二〇〉八月癸未条、不比等は二等親に入らない）。しかし、この場合でも儀礼の場に臨むという空間的な意味を有する点は変わらず、わずか二例の特異なものとはいえ孝徳紀と天武紀の二つの記事の存在は依然として重要である。このように考えてよければ、大宝令では天皇が何らかの儀礼の場に臨む際に錫紵を服し、帰れば「退則脱」ぐ（古記）する規定であったが、実際には空文化したために養老令によって改訂されたといった理解に落ち着くことになる。大宝令と養老令は両者ともに天皇が一時的に儀礼的な場に臨むことを指すとする見解もあるが、同じ意味ならば令文変更は必要なく、一般的な語の用法の違いを考えても少々納得しがたい。

次に問題となることは、令制下の天皇が実際に錫紵を着していたか、また喪のための儀礼や行為を行っていたか否かである。これについてもまた明確ではないが、一応触れておく。まず天皇の錫紵着用の初見史料は桓武天皇が母高野新笠の死に際して「服錫紵。避正殿御西廂。率皇太子及群臣挙哀」と錫紵を着して正殿の西廂に降り、皇太子以下を率いて挙哀したとの記事である（『続紀』延暦八年〈七八九〉一二月乙未条）。この時には百官と畿内は三十日の服としているが、天皇の除服の記事はない。次に、東宮であった平城は桓武の死の二日後に遠江貲布を用いた服と皂厚絹の頭巾を着用、御膳は粥以外を控えて慎む意向を示し（『日本後紀』大同元年〈八〇六〉三月辛巳条、癸未条、己丑条、四月庚午条）、桓武の改葬に際しても当日に「御前殿東廂下、群臣於前庭、挙哀」と東廂の下に降り、前庭の群臣とともに挙哀したという（『日本紀略』大同元年〈八〇六〉一〇月庚午条）。淳和は姉妹である因幡内親王のために「素服」を一日着用（『日本紀略』天長元年〈八二四〉九月壬申条）、兄の平城のためにも服喪し、釈服後も一年間心喪している（『類聚国史』三五、『日本紀略』天長元年七月乙亥条、一二月辛巳条）。仁明は叔父淳和のために後継者は子と同然であるという理由で清涼殿において遠江貲布製の「素服」と冠を着して哀泣し、十五日後の除服の後にも橡染御衣で朝政に臨み、御簾や屏風の縁などは墨染布の調度に変えている（『続日本後紀』承和七年〈八四〇〉五月癸未条、戊戌条）。嵯峨の遺詔でも仁明に対して七日間衰絰（喪服）を着すことを指示しているなど、桓武以後に天皇の喪服着用及び正殿を降りての挙哀の催行や一定期間の慎み行為などが開始されている。喪服については遠江貲布＝素服であることが仁明の史料に明示されており、これが錫紵を指す可能性が高いことは『西宮記』一七に錫紵を遠江貲布としていることからも推測できるであろう。本来の素服は白であるが、天皇は傍期を絶つ、つまり本来の服喪を行わない代わりに錫紵を着すとされており（儀制令・喪葬令の集解諸説では父母には服喪するとの説と父母も絶つという両説があるが）、後代の用例に照らしても天皇にとっては錫紵が素服にあたるという意味で素服（や衰絰）という表現がなされたと解して無理はない。また古記にはすでに錫紵は墨色とあったが、上の史料のなかで仁明が除服後に橡染（黒系統の褐色）の服や墨染の調度に変えたとあることも、当時の錫紵が黒であったことを支持する傍証となる。

それでは、喪服の着用期間はどうかといえば、桓武の母のための錫紵着用は挙哀時のみであったとする論も出されているが（小倉）、すでに指摘されるように翌年三月の節会停止に際して「以凶服雖除、忌序未周」と凶服は除いたものの一年の忌のうちであるとする詔は一年の服喪を念頭に置いたものと見られる（『続日本紀』延暦九年〈七九〇〉三月庚子条）。また天応元年（七八一）の父光仁の死に際して当初は六カ月とした凶服を桓武の意向で一年に延長したところ災いが頻発し、原因は天下の吉凶混雑による神祇の祟りであると占われたとして公卿らが桓武に凶服を解くことを求めた上奏に「忍曾閔之小孝。以社稷為重任」と桓武自身の孝心を忍んで釈服するよう嘆願する文言がある（『続紀』天応元年一二月丁未条、延暦元年〈七八二〉七月庚戌条）。翌日に釈服されたが、ここで桓武の孝心が問題とされていることを見れば天下百官だけではなく桓武本人も慎み、すなわち何らかの喪の状態にあったとするべきであろう（山下）。そうであれば、母のための喪も挙哀のみに止まらなかった可能性が出てくることになる。平城の例では父桓武のために三月一九日に着服したとあり、除服は明記されていないもののここでも御膳を粥のみにするといった哀悼を示す慎み状態が続けられている。五月七日に天下釈服を命じており、平城の除服もこの時であった可能性がある。もっとも、この間には伊勢奉幣使の派遣などもなされているが（『日本後紀』大同元年〈八〇六〉四月己酉条）、天下素服や着服との関係はよく分からない。これ以後、仁明は淳和に対して「以日易月」として一五日間着服し（「清涼殿」の記載に誤りなければ正殿上になるが）、文徳も仁明のために「以日易月」として三月二三日から四月六日までの一三日間着服するなど（『文徳実録』嘉祥三年〈八五〇〉三月庚子条、四月癸丑条）、親に対しては一三日程度の着服（着脱のみであろうが）が基本となり、さらには廂や廊に倚廬を設け出御することが定例化していく（渡部）。

なお、桓武以前の天皇については喪服の使用を示す直接的な史料もそれを否定する積極的な証拠もないことは稲田奈津子氏も強調するところである。とはいえ、百官素服の場合、周囲の官人らが素服の着服期間にある中、天皇のみが常服でいるという事態も（たとえば神祇祭祀関連の特殊な理由でもない限り）考えれば不自然ではある。しかし、天皇が常服でいることを示す証拠もない。稲田氏は釈服や諒闇終了時に祓が行われること、そして桓武の母の高野新笠と持統の死去後間もない大晦日に天皇が祓を行っていることをもって服喪中ではない可能性を示すとする。たしかに、延暦八年一二月二八日に亡くなった高野新笠の場合には世俗で行う喪解除（祓）に倣って大晦日の祓を行ったとあり（『政事要略』二九、延暦九年外記別日記）、また大宝二年一二月に死去した持統の例でも東西文部の解除が実施されている（『続紀』同月壬戌条）。しかし、高野新笠の例では神祇官人は常のように内裏に入らず、撫で物の御麻は内侍に託して天皇に進める形で行われたといい、持統の場合は神祇官の大祓は停止されている。天応元年の光仁死去時には葬送前であるために大晦日の大祓や追儺を避けたらしく、時によって対応は分かれるようであるが、上記二例に関しては神祇官人が死者のいる内裏内に入らない意味と思われ、服喪の有無とは直接関連しないのではないかと考えられる（渡部）。したがって、桓武以前の天皇の喪服の着用に関しては明確な手がかりを得ることはできないが、先述のように大宝令の令文を養老令ではことさらに改定していること、官人らが素服を着用している間に天皇のみが常服でいる特別な理由も見当たらないことから、天平二〇年の元正の死去時など血縁や養子関係のある天皇がおり天下素服が行われている期間（場合により期間は異なる）には天皇も錫紵を着用していた可能性もまったくないとまではいえないと考える。

モガリの影

煩雑な話が続いたが、最後にモガリの終焉について考察しておく。天皇のモガリは文武天皇の記事を最後に殯宮関連の葬司任命が見られなくなり姿を消すとされる。文武の次の元明は椨山の竈で火葬してその場で埋葬すること、陵に常葉樹を植え刻字之碑を建てることを遺言し、死去の六日後に平城京北方の椎（ナラ）山陵において喪礼を用いず火葬された（『続紀』養老五年〈七二一〉一〇月丁亥、一〇月庚寅条）。この碑は高さ三尺、広さ二尺、厚さ一尺ほどの「太上天皇が養老五年十一月十三日に葬された」と記す簡単な銘を持つ瑪瑙製の碑で（『東大寺要録』六）、江戸時代に発見され現在も陵上に安置されているという。この元明の葬送以後、天皇・上皇の殯宮の設営は史料からその姿を消すのである。とはいえ、天皇（や貴族ら）が死去の当日に埋葬されるわけではもちろんなく、とりわけ聖武の葬送までには二〇日近くの日数を経ている。先述のように、平安時代にはその間の遺体にも御膳供奉などの作法がなされていたと思われ、奈良時代にも「殯宮御膳」供奉が存在していた。なかには、先述の光孝天皇死去後の御膳供奉記事（『紀略』仁和三年九月二日条）をもってモガリの残存とする見解もあるが（渡部、堀）、奈良・平安時代の葬送は後世と比べて葬送までの期間は長いとはいうものの、一部では平安後期まで続く御膳作法をもってモガリと呼ぶ必然性は薄い。モガリの定義もまた難しいが、死去から埋葬までの期間に死者のために専用の場を設けて行う一連の定式化された儀礼としておくならば、天皇のモガリは元明天皇の段階で実質的に途絶し、延暦年間の土師氏の殯宮御膳の停止や嵯峨上皇時の誄の廃絶など残る諸要素も段階的に消滅あるいは変容していったとしておくことが妥当であろう。

天皇以外の場合、喪葬令ではモガリをとくに想定していないようではあるが、禁止を明記するものでもなく、大化の薄葬令においても親王のモガリは許容されていた。奈良時代の貴族たちの葬礼に関する史料は乏しくその実態を知ることは難しいが、彼らの死去から埋葬までの間隔について検討しておくならば、『続紀』に霊亀二年（七一五）八月一一日に死去したとある志貴親王は、『万葉集』には霊亀元年九月に葬送されたとあり、これがどちらかの年次の誤りならば死去から一月前後の間隔が空くことになる（聖武天皇の大嘗祭のため薨奏が延期されたとの説もあるが、それでは監護使の派遣が宙に浮く）。天平七年一一月一四日に死去した舎人親王は太政大臣の礼をもって王親男女の会葬のもとに葬られたとあるが、先述の玉を求める史料の日付は同月二〇日となっている。もっとも、これが火葬骨に副葬する玉であったならば葬送はそれ以前でもよいが、通常は葬送前に準備するであろうから、死去から葬送までは七日以上の間隔があったとしてよかろう。天平一六年閏正月一三日死去の安積親王の葬送は二月三日であった可能性があり（『万葉集』四七五）、二〇日程度空くことになる。大伴家持の例でも死後二〇日以上葬送されていないともあるが、これは子息らとともに藤原種継暗殺との関わりが疑われていたという事情が影響したためとも考えうる（『続紀』延暦四年〈七八五〉八月庚寅条）。

また、法令で禁じたからといってモガリが廃絶したとはただちにはいえない。モガリ習俗の残存を示すものとしてしばしば言及されるものに弘仁年間に完成した『日本霊異記』の蘇生説話がある。死者が死後七日や三日に至るまで葬送しないように遺言し、その日に蘇って冥界での体験を語るといった説話がいくつかあり（中四、七、一六、三八、下九）、これらをもってモガリの残存とする見方である。『霊異記』は火葬を前提としているが、蘇生説話の場合、死して三日目に冥界から返されたものの遺体を焼かれていたため蘇生できず、同名の他人の体で生まれ変わったとする説話に端的に表されるように（中二五）、遺体の保全は蘇生説話の構成上必須である。また遺言以外の蘇生説話では、殺人の被害者として証拠を残すため、あるいは丙午の生まれの人は火葬しないといった俗信により火葬しなかったと理由付けされている。このように、火葬を前提とする『霊異記』のなかで、何らかの理由で焼かずに保全されていた遺体から死者が蘇るとするものが『霊異記』の蘇生説話ということになる。しかし、以上の説明からも察せられるように、同書の蘇生説話の多くはモガリの例としては扱えない。なぜなら、それらは葬送儀礼を開始せず遺体を安置しているのみの状況であるからである。たとえば、行基を誹謗したために地獄に落ちてよみがえった元興寺の智光は九日間遺体を置くことを命じ、弟子は「師の室の戸を閉ぢて、他に知ら令め不して……唯期りし日を待つ」と遺言に従って秘密裏に遺体を室内に置いたとされる（中七）。この点がより明確となるのは『霊異記』の典拠としても利用された中国唐代の永徽年間（六五〇―六五五）成立の説話集『冥報記』で、突然死去した者が「心上不冷如掌許。家人未忍殯斂」と体が温かいため殯斂＝入棺以下の葬送儀礼を開始せず、「至七日而蘇」と七日目に蘇生してあの世の出来事を語ったなど、葬送開始前であることを明記している（中二九、三三）。ちなみに『霊異記』下九の山寺で急死した者に家族が「喪殯の物を備へつ。経ること三日、往きて見れば、蘇め甦き」と葬具を持って駆け付けたところ蘇生していたとある話も、「経營殯具。山龍入至屍傍。即蘇」という『冥報記』説話の改変である。結局、『霊異記』で葬送儀礼を開始してからの蘇生を物語る説話は下二二、二三、二四話の三つのみである。そのうち下二二、二三は殺人事件の被害者であることや丙午年生まれの人は火葬しないという理由で通常のような火葬を行わず「地を點メテ塚ヲ作り、殯して置く。死にて」五日目と七日目に蘇生したとほぼ同じ表現を用いるもので、死者が冥界を巡って生き返る内容や信濃の小縣郡を舞台とする点など両者は密接な関係にある。この両説話の「殯」をもってモガリとすることが通説ではあるが、出雲路修氏が述べるようにその理解では「地ヲ點メテ塚ヲ作リ」という墓を造ったとの表現の意味がなくなる（『新日本古典文学大系』注釈）。前述のような埋葬の意味での「殯」の用例や両説話の共通性を踏まえるならば、これが横穴墓への埋葬であった可能性や地域的な特性を考慮しておく必要があり、両説話の用例をもって当時の社会におけるモガリの残存と見なすことには慎重にならざるを得ない。最後の例は死後七日目に死者が棺のなかから上半身が牛となって蘇ったとあるもので、これは九日間の予定で、仏事を行っていた最中に棺の蓋が動いたために様子を見たところ牛と化していたという説話である。死後しばらく棺のある場所で仏事を行っていたという点ではモガリに近い部分はあるが、これは追福のための仏事であり単純なモガリとは一線を画す。おそらく死後七日目に転生するという仏説を下敷きにした説話と考えられ、これもモガリ儀礼としては扱い難い。

　では、これ以外に死去から埋葬の期間を知る史料がないかと言えば、七世紀末から八世紀代の墓に納められた墓誌、すなわち金属製の板や蔵骨器（石製や磚製の蔵骨器もある）に死者の姓名や事績を刻した銘文に死去日や埋葬日を記すものがある。大宝令などに墓碑が規定されているにもかかわらず、実際には元明と「阿波国造　名方郡　大領正□（七）位下　粟凡直弟臣墓」「養老七年（七二三）歳次癸亥　年立」とある阿波国造碑、先述の持統三年の采女竹良碑、そして天智八年死去の藤原鎌足の碑文などわずかであるのに対して（ほかに先祖供養や母の顕彰を目的とする山ノ上碑、金井沢碑、多胡碑の上野三碑などがある）、墓誌は十六例の出土が知られている。このうち、奈良市此瀬町の茶畑で発見された太安万侶墓の墓誌は養老七年（七二三）一二月一五日付となっており、七月六日の死去日からはかなり間隔が空く。天平一一年（七四九）二月二日に右京の菅原寺で死去した行基は二月八日に生駒山東陵において火葬された後に遺骨を宝塔に納めたとあり、天平宝字六年（七六二）九月三十日に死去した石川年足は一二月一日に摂津国島上郡酒垂山（高槻市）に葬られたという。和銅元年（七〇八）七月一日に藤原京で死去した因幡出身の伊福吉部徳足比売は同三年十月に因幡において火葬され、一一月一三日付けの墓誌銘が作成されているが、この場合には因幡との往復という問題があり、一次葬と二次葬があったと推測される。類例には慶雲四年（七〇七）四月に任地の越で没した威奈大村が十一月に故郷の葛城郡に帰葬されたというものがある。また神亀五年十月に死去した美努岡万連の墓には天平二年（七三〇）制作の墓誌が納められているが、これは追納と目され、二月八日に荼毘に付された行基の墓誌銘も三月二三日付けとなっていることを見ると（あるいは四九日を期したものか）、墓誌の制作や造墓の日時が葬送日とは限らないことになる。したがって、木櫃の下から発見された太安万侶の墓誌は遺骨埋葬時のものである可能性は高いとはいえ、墓誌の日付がただちに葬送（火葬）日を指すとはできないことになる。このほか辛丑年（六四一）に没した船王後は戊辰年（六六八）に河内松丘山（柏原市）の兄の墓の隣に妻と合葬されたが、墓誌は銘文の用事などから天武朝末年以後とされており、丁丑年（六七七）埋葬と伝える天武朝の太政官・小野毛人墓（京都市左京区）の墓誌は朝臣の表記から持統朝以降の制作と考えられるなど改葬または追納が想定される墓誌もある。神亀六年（七二九）二月九日の日付を持つ墓誌が出土した小治田安万侶墓（奈良市都祁甲岡町）は火葬所に墓を設けた実例とする見方もあるものながら、残念ながら死去日と葬送日の間隔は分からない。さらに壬申の乱で功績を挙げた文禰万呂の火葬墓は天保二年（一八三一）に現在

現存する日本古代の墓誌表

墓主	時期	出土地	素材・形状
船首王後	戊辰年（668）	大阪府柏原市国分市場	銅製短冊形板
小野朝臣毛人	丁丑年（677）	京都市左京区修学院町	金銅製短冊形板
文忌寸祢万呂	慶雲四年（707）	奈良県宇陀市榛原町	銅製短冊形板
威奈真人大村	慶雲四年	奈良県香芝市	金銅製球形容器蓋
下道朝臣國勝・國依母	和銅元年（708）	岡山県小田郡矢掛町	銅製椀型容器蓋
伊福吉部徳足比売	和銅三年	鳥取市国府町	同上
道薬	和銅七年	奈良県天理市岩屋町	銀製短冊形板
太朝臣安万侶	養老七年（723）	奈良市此瀬町	銅製短冊形板
山代忌寸真作	戊辰年（728）	奈良県五条市東阿田町	金銅製短冊形板
小治田朝臣安万侶	神亀六年（729）	奈良市都祁都祁甲岡町	同上
美努連岡万	天平二年（730）	奈良県生駒市萩原町	銅製短冊形板
行基	天平二一年	奈良県生駒市有里町	銅製筒型容器
石川朝臣年足	天平宝字六年（762）	大阪府高槻市真上町	金銅製短冊形板
宇治宿祢	神護景雲二年（768）	京都市西京区大枝塚原町	銅製短冊形板
高屋連枚人	宝亀七年（776）	大阪府南河内郡太子町	砂岩製直方体
紀朝臣吉継	延暦三年（784）	同上	瓦塼直方体

の奈良県宇陀市榛原区で発見されたが、『続紀』では慶雲四年一〇月二四日に文祢万呂の死に際して遣使し故人に正四位上と布を賜ったとあるのに対して、墓誌には「九月廿一日卒」とある。ここは一次史料たる墓誌の逝去日を取るとして、それでは一〇月二四日を葬送日としてそれまでの一月余りを安置期間と判断してよいかといえば、これも難しい。火葬墓であることや『続紀』記事の月記載の誤り、死去日ではなく贈位の日付である可能性などを考慮すると、この例も死去から葬送（火葬）までの期間が明確な例とすることには慎重にならざるをえない。

以上の検討から、死去から埋葬までの期間が比較的長いと思われる例として志貴親王と安積親王、石川年足の三人が残ることになった。しかし、安積親王の二〇日程度ならば平安時代にも例がある。石川年足は火葬のため遺体としての安置期間は不明であり、平安時代の霊殿のように一旦埋葬してからあらためて火葬する二次葬のような形態であった可能性も排除できない。また遺体として安置されていた期間をそのままモガリ儀礼と見なすことにも問題があり、仏教による追善儀礼が普及していく趨勢のなか、八世紀後半までモガリ儀礼が独自の意味を保ちえたのかという疑問は拭えない。石川年足はその発願になる写経が複数伝存するなど仏教信仰者としても知られた人物であり、さらに第三章で述べるように天平七年の舎人親王の死去の約二か月前には親王の死去時には七日ごとに四九日まで斎を設けることが布告されており（『続紀』同年一〇月丁亥条）、時期が下るにつれ親王においてもモガリ儀礼の意義が薄れていったことを推測させる。持統や文武のように中陰仏事と殯宮安置、あるいは火葬と殯宮が並行している事例も存在するとはいえ、これも過渡的な現象と捉えられるものである。もっとも、霊亀年間の志貴親王の時点では四十九日仏事はさほど普及していなかったとも考えられ、親王という身分からモガリの場が設けられていた可能性も一概に否定できないが、その場合にも喪葬令の規定する公的な短期の発喪儀礼とモガリの関係が問われることになる。和田萃氏らが指摘するように肉体を一時に消滅させる火葬の拡大が生と死の移行期間としてのモガリの廃絶と関連していた可能性も考えられ、また舎人親王の葬礼に百官の人々が会葬を命じられているように、令制では葬礼を重視する方向にあったことも明らかである（榊、稲田）。あるいは内々にモガリとして居宅に遺体を安置する事例はあったかもしれないが、現状では八世紀におけるモガリ儀礼の存続とその存在意義を積極的に認めるに足るだけの史料には恵まれていないとしておくべきであろう。

なお、火葬に関しては考古学的には畿内の火葬は八世紀に急増し、九世紀に減少するという経緯を辿るとされる（黒崎）。日本における火葬の起源については七世紀代を中心に見られるカマド塚などと呼ばれる粘土と木材で作った墓室に安置した死者を墓室ごと燃やす葬法が注目されたこともあったが、これは複数の追葬者を最後にまとめて燃やしてそのまま墓とするものであり、遺骨を集めて埋葬する火葬とは異質なもので、須恵器製作者集団という限定された人々の葬法であったとされている。仏教と火葬の関係についても、道昭や行基の例、『霊異記』説話など僧侶たちが火葬を採用していたことや火葬に関する技術を有していたと推定されることは重要であるが、七世紀代の寺院の広がりや九世紀の動向など仏教とのつながりだけでは火葬の増減傾向を説明しがたいことから、火葬の浸透は律令官人制とも強く関わっていたことが指摘されている。先に述べたように中陰仏事の導入も国家的な施策の一環として進められた可能性もあり、仏教も含めた国家的な葬送・追善関連の礼制改革が在来の葬送儀礼へどのような影響を与えたのかという観点から、伝統的葬法としてのモガリといった概念に囚われすぎず、葬送・服喪・追善儀礼全般の変容の中でモガリ習俗の意味と変遷について今一度考え直す必要がある。

第三章　仏事の導入と一向僧の沙汰

問題の整理

第一章で平安貴族たちの葬送儀礼における仏教儀礼や各行事における僧侶の関わりなどについて触れておいたが、ここから本書のメインテーマである葬送と仏教の関わりの歴史的な経緯について本格的に考えていくこととする。先にも述べたように、葬送と仏教の関わりについては二つの側面から見ていく必要がある。一つは仏教的な教義や理念に基づいた儀礼（仏事）が葬送儀礼のなかに取り込まれるようになること、もう一つは仏事以外の各種の葬送行事への僧侶の関わり、とりわけ遺体の扱いに僧の関与が求められるようになることである。この二点のうちどちらかでも当時の社会の葬送で標準化されていたならば、それを葬送の仏教化の指標の一つと見なすことが可能であろう。ただし、ここで用いる〝仏教化〟という概念は幅のある便宜的なもので、そこには仏教的要素の濃淡などの程度や量的な問題が残されていることには注意を促しておきたい。こうした概念規定を論じるにあたっては、往々にして質的な側面のみに関心が集中して程度や量の問題が置き去りにされるか、あるいは両者を混同したまま話が進むことで余計な混乱を生みやすいのであるが、仏教化という言葉だけが独り歩きするような事態を避けるため、本章では量的な側面に留意しながら平安時代における仏教儀礼の導入過程やその後の仏教的要素の展開について論じるつもりである。また、葬送儀礼の問題を語るうえでは死者の菩提を弔うための追善仏事の普及と遺体を安置する墓地への仏教的要素の浸透、そしてそれらすべての基盤としての世界観・来世観の仏教化（仏教的要素の増大）の問題を抜きにすることはできないが、本章では臨終や葬送における仏教的要素の受容と拡大をもってそれらを代表するものとしておき、追善仏事や墓地盆の習俗などについては紙数の制約により最小限の言及にとどめる。

さて、葬送の仏教化の問題については、これまでも関連分野で議論されてきたところである。現状では議論の焦点は二つあり、一つは九世紀以前の仏事の導入過程の問題、二つ目は序章で述べたような一三世紀から一四世紀頃における僧が葬送を〝一向沙汰〟する慣習の定着過程という局面である。ここでいう〝一向〟は浄土真宗の一向ではなく、「専ら」といった意味で、僧侶によって葬送が沙汰されることを指す（沙汰の意味は後述する）。言うまでもなく、この二つの焦点は先に挙げた仏事の導入と僧の関与という二点に対応するものでもある。第一章で解説したように、僧の葬送諸行事への関与という現象は一〇世紀から一一世紀初頭以降の史料に散見するもので、両者は一見して連続した現象のように思える。しかし、これまでの研究によって、一四世紀以降の葬送を一向沙汰する僧たちは禅宗や律宗、浄土宗などの遁世僧たちであり、平安貴族の葬送に関わっていた天台や真言、南都の高僧たちは籠り僧として喪家の中陰仏事に従事するが葬礼そのものにはほぼ関わらないということが指摘されている（大石）。また律宗については、主に聖霊廻向の仏事を行う僧衆と寺院の墓地の管理や葬送実務を担い、在地住民の葬祭を領導する半僧半俗の斎戒衆と呼ばれる組織内集団という役割分担があったことも明らかにされている（細川）。つまり、これらの成果によれば、平安時代の僧の葬送行事への関与と一四世紀以降の一向沙汰の問題は単なる僧の関与の拡大・深化といったものではなく、葬送に関わる僧侶集団の変化を伴う現象であったことになる。

そして、臨済宗が執り行う室町将軍家の葬送は座棺を龕（仏を入れる厨子のこと、葬礼では屋根のある輿）に納めて運び、位牌や御影を用いて鎖龕、奠茶、下火など禅宗様式の仏事を修しつつ昼間に行われており（勝田、原田）、天皇家や貴族では葬送自体は依然として夜間が多いものの（勝田、島津）、座棺や位牌、焼香など禅宗様式に準じた要素が取り入れられていくなど、僧の変化に対応して葬礼の内容自体にも変容が見られる。勝田至氏によれば、中世後期の葬送の特質は死者を〝仏〟として扱うこと、葬列に天蓋や四本幡などの仏具を用いること、寝棺ではなく座棺（桶）を用いることなどであるという（勝田）。ここで挙げられた特徴は多くの民俗例にも見られるもので、中世の葬送はそうした民俗行事の直接の淵源とされるものであるが、一方でいままで説いてきたような平安貴族の葬送儀礼とはかなりの隔たりがある。このように、一三・四世紀以降の葬送儀礼の内容と担い手の変化は、一〇世紀以前の仏事の導入と並んで日本の葬送文化史上における意義は大きく、〝葬式仏教〟の歴史を考えるうえで非常に重要なものである。したがって、平安時代における僧の葬送行事への関与と一三・四世紀以降の一向沙汰の関係や一向沙汰普及の経緯についてもあらためて見直しておく必要がある。その際には、これまでの研究で主に対象とされてきた将軍家や天皇家の葬送のみではなく、従来あまり取り上げられてこなかった貴族たちの葬送や寺家内部の葬送行事についての考察も不可欠であり、一二世紀後半から一三世紀にかけての貴族たちの葬送と寺院内部の葬送についてもできる限り追求しておかなければならない。

以上のような観点から、本章では仏事の導入と一向沙汰の二点を中心に論じていく。先に一〇世紀以前の仏事の導入過程を論じるが、まずは時代をさかのぼる前に平安貴族たちの葬送仏事の儀礼内容そのものを確認することから始めよう。

葬送仏事と僧

第一章で述べたように、平安貴族の葬送では僧による仏事儀礼がすでに定着し、かつ仏教的な事物の種類が徐々に増加していく傾向が見られた。これまで、一般的に葬送儀礼において僧侶が関わっていることが確実な最初期史料とされてきたものが醍醐天皇の葬送である（大石）。第一章で説明したように醍醐の葬送では出棺時と埋葬時における呪願・導師作法、葬列を先導する黄幡と御前僧の供奉及び葬送の道筋における諸寺僧の念仏奉仕が見られ、埋葬終了後にも山陵への三基の石卒塔婆の建立、山陵近辺での念仏読経や一周忌を期した勧修寺や醍醐寺など周辺寺院での念仏が行われていた。またその臨終の場面も出家した上での西面右脇の死であり、死後直後から終焉所である右近衛陣での法華読経や薬師念仏が修されるなど、明らかに仏教的な他界への往生を願う死であった。もっとも、醍醐の場合、『北野天神縁起』で有名な金峰山の日蔵の地獄巡り譚で醍醐と側近らが地獄に落ちたことが語られており、さらに醍醐の死後二七日には父宇多法皇の夢想により醍醐の抜苦得道のための仏事が実際に修されていることから、死後早い段階から堕地獄の可能性が囁かれていたようである（西口）。醍醐の死後の行く先はともかく、平安貴族の葬送の詳細が分かる最初の史料である醍醐天皇の葬送の時点ですでに呪願・導師作法、黄幡、御前僧という仏教的要素が取り入れられており、さらに先述のように黄幡の用法には先例があったことによってそれが醍醐以前から葬送に用いられていたことは確実となる。こうした三つの葬送仏事はこれ以後の平安時代の葬送においても継続的に行われ、院政期にはこれらに加えて棺内への曳覆いや護り、加持土砂といった仏教用具の納入や出家の普及に伴う袈裟類の入棺などが一般化していく。院政末期には二度の呪願のうち出棺時の省略こそ見られるようになるものの、時代が下るにつれて葬送の仏教的な色彩がより濃厚になる傾向は読み取れよう。

さらに諸行事に関しても、後述するように九世紀の桓武天皇の御斂（入棺）は中納言藤原内麻呂や参議縄主ら（『日本後紀』大同元年〈八〇六〉三月壬午条）、醍醐の入棺は右中将源英明や左中弁紀淑光などの俗人が務めたようであるが（『吏部王記』延長八年〈九三〇〉一〇月一日条）、一一世紀の貴族の入棺では出家修行者として過ごしていた花山法皇の入棺役は入道一人と僧三人が務め（『権記』寛弘五年〈一〇〇八〉二月一一日条）、一条天皇には俗人八人と僧四人が入棺に奉仕と記され（『御堂関白記』寛弘八年六月二五日条）、道長妻の倫子は俗人四人と僧二人が入棺したと記されている（『定家朝臣記』天喜元年〈一〇五三〉六月一五日条）。一二世紀の堀川や白河では入棺役としての僧の姿はなく、僧の関与が時代とともに多くなるとは単純には言えないのであるが、すでに指摘したように白河の葬送では三井寺の覚猷がいくつかの作法を指南するなど、僧が狭義の仏事以外の葬送行事に関する知識を有する存在とみなされていたことは注目に値する。追善や狭義の仏事以外の葬送全般への僧の関わりとしては、臨終から埋葬までを行う結縁組織としての二十五三昧の存在も重要である。源信が参加した叡山楞厳院の二十五三昧が臨終の看護から講の墓地への埋葬や毎月十五日の仏事を定めた講組織として整備され、墓地には各々が卒塔婆を立て、花山法皇の遺骨も講の墓所の中心に立てた卒塔婆に納められた（『横川首楞厳院二十五三昧式』、『楞厳院二十五三昧結衆過去帳』）。これを皮切りに一二世紀頃には葬所や墓地を用意する二十五三昧が山科の日野法界寺や雲林院の西方（蓮台）などに存在していたことが指摘されており（勝田、高田）、藤原宗忠の祖母や養母らを火葬した際に地鎮が不要であったとあることは葬所としてすでに結界されていたと解することができる（高田）。また遅くとも一三世紀頃には三昧や五三昧が墓所そのものを指す言葉となっているように（『明恵上人伝記』『保元記』など）、二十五三昧は社会にも広く影響を与えたと思われる。墓の設えに関しては、嘉祥三年（八五〇）に死去した仁明天皇の深草山陵には卒塔婆が建立されていることが判明し、陵近くには清涼殿を移築した嘉祥寺も建立されている。貞観七年（八六五）には藤原鎌足の墓所である多武峰近くの寺に住していた僧に墓の管理を託し（『三代実録』同年五月二六日条）、後には法華堂などを持つ妙楽寺として整備され、続いて道長による木幡浄妙寺など一門墓地への寺堂の建立や個人の墓所の近傍や墓所上の仏堂建立、あるいは仏堂への埋葬が行われるようになるなど、遺体や遺骨と仏事や僧の距離が接近するのである。このように追善から臨終、墓所への関わりなど僧と死の関係は深まっていくのであり、葬送への仏事導入もこれらと同期する現象であったと予測できる。

真言僧の著作

それでは、こうした葬送仏事はどのような理念のもとにどういった作法によって行われていたのか。

『吉事略儀』などでは儀礼の細部は省略されていたが、『作法集』や『白宝口抄』などの記述によってそれを補うことができる。第一章でも述べたようにこれらの著作は相互に関連する部分を含むなど複雑な関係にあるが、それは当時の真言僧たちの学問が現代のような一次創作ではなく経論や先行文献の注釈を中心とするものであったこと及び知識を師資相承するものであったために、それぞれに伝授や交換、あるいは文献収集などにより蓄積された知識を書き留めた結果そうした状況になったものである。したがって少々入り組んだ話になるが、第一章とも重複するがそれぞれの著作についてやや詳しく解説しておく。

まず醍醐寺座主であった成賢・憲深『作法集』は葬送に限らず睡眠や食事、便所に入る時の所作や印明など日常生活に関わる項目、モノノケや瘧病（現在のマラリアなど発作性の熱病）といった病気治療のための加持、仏像の素材となる木材の加持など種々の作法を集成したものであり、中世や近世には注釈書が作成されるなど真言宗醍醐寺流内で重んじられ、その葬送次第は現在の真言宗の葬礼の基礎ともなっているものである（田中）。この作法集の葬送関連の項目は、葬法（真言宗に付き葬所を取る事、葬所の地鎮作法）、葬送作法、曳覆い書様、亡者阿弥陀護摩作法、無縁葬作法（墓地の設けと埋葬の作法）となっている。このうち無縁葬作法は憲深が加えた項目であり、元々は空海が撰述したものとの伝承が注記されている。

次に『白宝口抄』であるが、これは後白河の子である仁和寺の守覚法親王の『秘抄』の注釈書である。この『秘抄』にも『作法集』が付属しており、『秘抄』の『作法集』と成賢・憲深『作法集』は一部重複する関係にあるが（田中）、葬送関連の項目は『秘抄』では葬所の地鎮作法と曳覆い書様のみとなっている。しかし、第一章でも触れたように『白宝口抄』では葬送関連の項目が増加しており、曳覆い書様、葬所の地鎮作法に加えて黄幡の書様、葬送の次第、さらにもう一種類の墓所の地鎮法が追加されている。この葬送の次第は葬所の地鎮作法と合わせて『吉事略儀』と小題が付されており、その次第の内容も第一章で用いた法親王の葬送を記す群書類従本『吉事略儀』と同じ文章を含むなどきわめて近似するが同じ本ではなく、成賢・憲深『作法集』の葬送次第と共通する内容も記されるなど先行する諸次第を参照してまとめられたと目される。

『伝授類聚抄』は比較的その性格が明瞭で、高山寺の経弁（一二四六―一三二六）が醍醐寺流の一派である勧修寺流の伝授資料やその他を集成した書であり（宮沢、中山）、表面を上段の本文と下段の注釈の二段に分け、さらに紙背には多数の裏書を付けており、随所で出典を明記し記事の由来が分かる部分が多いため研究者にとってはまことに有り難い書物である。『伝授類聚抄』では巻十八から二十三までを「作法部」にあてている。葬送に関しては巻二十三にまとめられ、無縁葬作法と題した葬送の次第、黄幡の図、卒塔婆の図、無常導師次第、墓所の地鎮作法、作法集と同じ無縁葬作法（墓地の設えと埋葬作法）、亡者護摩次第、曳覆い書様などから成っている。こちらの葬送次第は経弁が草したものであるが、師の玄密房仁真から相伝した古記録などをもとに嘉元二年（一三〇四）に記述したとあり、本文や下段には治永三年（一一七九）平重盛の葬送記である民部卿顕頼の記録や叡山の尊雅法印の口伝、書名を明記しない「或記」の引用や経弁の私案などが盛り込まれている。

三書は同じタイトルで中身が異なるものなどを含むため少々分かりづらいが、曳覆い書様や葬所の地鎮作法は三書に共通するものである。先にも書いたように現代であれば書物とはオリジナルの内容をメインとするものを想像するが、当時は先行文献や口伝の引用に注釈や改変を加えるなどすることが多いため、結果的にこれら三書も入り組んだ関連性を示すことになっている。そしてさらにややこしくなるが、伝統的な真言教学によれば成賢・憲深『作法集』はそれ自体が一二世紀の学僧であった心覚及び心覚の師でもあった兼意の二つの『作法集』をもとに編まれたとされており、実際に筆者が見ることができた心覚の『作法集』ではないかと思われる写本の目次（の一部のみであったが）では成賢・憲深『作法集』と共通する項目名も複数存在していた。筆者は肝心の写本の中身についても部分的にしか見ることができず十分に確かめられてはいないが、その項目には葬法（真言宗に付き葬所を取る事・葬所の地鎮作法）と曳覆い書様が挙げられており、下記のように『伝授類聚抄』の注記によってそれらの項目が心覚の『作法集』に存在していたことが確認できるのである。したがってそのほかの葬送次第についても一二世紀後半の心覚の段階にさかのぼる可能性を考慮しておかねばならないが、書誌に関する推測はここまでとして、いまは葬送儀礼の内容に戻ろう。

なお、平安貴族の葬送では天台僧が呪願・導師を務めている例も多く見られるが、残念ながら天台僧による葬送の次第書は管見に入らなかった。宗派による相違は今後の課題とし、大枠としての理念や次第は共通するであろうという見通しのもと、真言僧による次第書をもって当時の葬送仏事を代表させることとして話を進めたい。当時の儀礼の理念を示すものとしてある程度詳しく説明しなければならないため、やや専門用語が多くなるが、もし読みにくければ少々飛ばしていただいてもかまわない。いずれの仏事も基本的には六道輪廻の世界から死者を救い菩提を成就すること、極楽や弥勒菩薩の兜率天への往生、地獄や六道の苦しみから逃れることなど我々にも理解できるような願いを意図したものであることだけ分かれば十分である。それでは呪願・導師作法の内容の確認から始める。

導師・呪願作法の内容

導師・呪願作法については『白宝口抄』、『伝授類聚抄』に実際に用いる願文の内容などが詳しく記載されている。『伝授類聚抄』では「無常導師次第」と題され、経弁は師の一人である証空が仁和寺の三河僧正行遍（一一八一―一二六五）の本を書写したものを経弁が正安四年（一三〇四）に写したものであり、真言宗の二大流派の一方である広沢流（仁和寺）の次第であると注記している。『白宝口抄』も同じく広沢流の書であるが、内容は少々異なる部分を含む。『白宝口抄』によるならば、この作法は表白、教化、呪願などで構成されており、最初に亡者の車を出す時に導師・呪願の座を東西に敷き、一回目の導師作法を修する。座の左右は上臈が西、あるいは導師が西、一説では春は東、夏は南など季節による方向を向いて行うという。冒頭に導師が仏事の目的を述べる表白を行うが、ここでの表白は亡者が娑婆世界から他界に向かう由を述べて「亡者に引導を渡」すことが目的である。極楽教主の阿弥陀如来及び観音・勢至以下の菩薩衆と三宝世界の聖衆に対して、亡者のこの世の縁が尽き他界に赴くこと、孝子らが釈迦の教えによって葬送を奉ること、阿弥陀如来らがその願によって亡者を迎えて浄土に生まれさせることを申し上げ、阿弥陀・観音・勢至・地蔵・竜樹の宝号を唱える。次に阿弥陀仏名、南無帰命頂礼弥陀種覚尊霊決定往生と唱える。教化は近代は略すとあるが、黄泉に赴く亡者が九品台（阿弥陀浄土）に到達することを述べるものである。そして呪願の儀では二つの偈、

如来証涅槃・永断於生死・若有至心聴・当得無量楽、
諸行無常・是生滅法・生滅々已・寂滅為楽、

を唱える。これは先述のように無常偈として現在でもよく知られる『涅槃経』の偈であるが、浄土往生とこの世への執着を断つことを説く我々にとっても分かりやすい内容である。次に、荼毘所に至った時に再び作法が行われる。『吉事略儀』では出棺時の作法は省略とされ、『伝授類聚抄』でも近来は出棺時には行わないとされるが、『白宝口抄』によれば二度の作法は同じ内容を繰り返すのではなく異なる内容を述べるものとされている。

最初に導師が亡者に六道の世界について教える詞を唱える。大日本国某所某郡某里居住の釈尊の弟子である亡者何某がこの日に他界に向かう。孝子らが嘆き悲しみながら吉日・吉方を選んで釈迦の荼毘に倣って葬るとして、釈迦のように葬ることで亡者が早く生死の苦海を渡って菩提の彼岸に至ることを願う。亡者は生前善根を積み、死後は蓮台に上るであろうが、もし図らずも輪廻の六道に留まれば、六道の衢にはそれぞれ慈悲深い仏菩薩、須菩提王仏・毘羅王仏・阿修羅王仏・長者師子王仏・長者致利王

仏・金剛悲啼王仏と六観音が御座する。六道に至ったならこれらの仏の名を唱えて救いを求めれば六道から極楽へと向かうことができ、阿弥陀や観音らの教化によって等正覚を得ると説く。次に宝号・仏名を唱える。そして教化では、孝子らが涙を拭って火葬するので必ず西方へ昇り給うであろうと亡者を引導するというが、近代では教化を略すとする。そして呪願師が先ほどと同じ呪願の偈を唱え、次にこれも略すことがあるという黄幡の呪願として、

今日孝子・敬造黄幡・令修諸方・供養三宝・依此功徳・尊霊決定・罪垢消除・往生極楽・見仏聞法・成正覚道

と唱えるという。次に釈迦の宝号、陀羅尼一切誦を誦して、六種の偈、廻向の句によって亡者の頓証菩提・往生極楽及び一切の霊への功徳の廻向と孝子らの所願成就を祈って終わる。そして魂殿（火葬所）に渡すという。

このように、ここでは火葬を前提とした次第であるためその由が延べられ、亡者は釈迦の恩によって極楽往生するはずであるが不測の事態として六道に落ちればその場合にも六道からの救済仏として広く信仰とされていた六観音らに頼ることで極楽へ向かうことができると言い含め、また葬礼を主催する孝子らの悲しみと孝養に触れつつ最後は功徳を法界へ廻向するといった各種法要における定型的な句をもって締めている。黄幡の役割についても孝子が制作したものであることが明示されており、醍醐の葬

送において本来は孝子が幡を持つとされていたことの儀礼的な意味を推測させよう。

『伝授類聚抄』の原本とされる仁和寺の行遍は一三世紀に活躍した僧であり、一三世紀半ば以前の次第であると思われるが、『白宝口抄』と相違する部分としては、まず出棺時の教化を略する場合には「大悲護念尊霊引導」と唱えるとする。教化それ自体の内容も「極楽遙かなれども弥陀の願力で一念の間に往生す」と述べるとされており、浄土思想的な色彩がより強い。またこちらでは荼毘所の前の導師・呪願儀礼は出棺時と同じものとされる点が異なっている。実は、この行遍の次第と同じ作法を記した仁和寺の守覚法親王の手になる二種の「無常導師次第」が残されており、この次第は一二世紀末頃には仁和寺に存在したことが明らかになる。同じ広沢流ながら『白宝口抄』と守覚系統の本でこうした違いが見られる理由、また著述年代では守覚本が古いが、どちらのやり方が古伝を伝えるものかは不明である。同じ作法を繰り返していた状態から別個の作法になりさらに省略されるようになったと考えるよりは、当初は『白宝口抄』のように別々の作法を二度行っていたものが出棺時の省略が広まったために『伝授類聚抄』記事のごとく同一視されるに至ったと見なすほうが合理的かもしれない。

どちらにせよ、これらの文献は院政期以後のものであり、一〇世紀前半の醍醐天皇の葬礼にまで遡って当てはめることができるかは少々不安がある。しかし、一一世紀半ば頃に成立したとされる『栄花物語』三〇では道長の葬送の無常作法を務めた天台の院源は「諸行無常・是生滅法・生滅々已・寂滅為楽」といった偈や六道の仏菩薩の名を散りばめた説教を行ったとあり、上述の無常導師の作法とも共通する点が多い。また、阿弥陀を中心とした極楽往生を願っている点は一〇世紀の信仰ともかけ離れたものではなく、醍醐の頃の導師・呪願作法が類似のものであった可能性は十分に存在すると筆者は考えている。

葬地を取る作法

貴族たちの墓地や葬所の選定は陰陽師の勘申によって定められ陰陽師が地鎮を行っていたが、ここでは真言作法での地鎮が説かれている。こちらは墓所を選ぶ法ではなく定めた場所を鎮める法であり、天皇や摂関らの葬送の記録ではそういった真言僧の役割を明確に確認はできないが、長暦元年（一〇三七）の播磨守家輔の葬送では船岡山西北の山作所を叡山の法師二人が地鎮したとあり（『行親記』同年八月一〇日条）、真言僧による地鎮も同様に平安時代から行われていたとしてよかろう。この地鎮法には『作法集』①「葬法　付真言宗取葬所事」、②「無縁葬作法」と『白宝口抄』「付真言宗葬所事」「墓所点定作法」、『伝授類聚抄』の「無常導師作法（無縁葬作法）」があるが、①は『白宝口抄』「付真言宗葬所事」と同一、②「無縁葬作法」は「墓所点定作法」とほぼ一致し、『伝授類聚抄』「無常導師作法（無縁葬作法）」は前半が①「付真言宗葬所事」と類似、後半は②「無縁葬作法」（「墓所点定作法」）と共通する部分を含む。つまり、二種の作法が細部の異同を含みつつ各書に別のタイトルで録されていることになる。

そして、②「無縁葬作法」は墓地の地鎮のみならず簡単ながら死体の埋葬まで想定した次第となっている。『伝授』には「無常導師作法（無縁葬作法）」は顕良阿闍梨の著した『作法集』上巻を顕良の孫弟子唯空から文永五年（一二六八）に伝授したものとあるが、経弁が師から相承した切紙（一紙に教えを記したもの）にもおおむね同じ次第が載っていたともあり、一三世紀には広く流布していたようである。さらに「墓所点定作法」は心覚の『作法集』にも記載があったとあり、ここでも源流としての心覚の存在の大きさが現れている。それでは、『白宝口抄』から作法内容を紹介しておこう。

まず草などを刈り、護身をしてから身に着けた袈裟を敷き、四隅に幣を立てる。袈裟を取って中央に幣を立て袈裟を着してから地神に対して印・真言を唱え、五穀を供える。供物を加持してから地神や竜王らに対して、人の生死や善悪の行いは閻魔王の鏡や五道大神の札らに載せられ、人の生所や墓所も冥官と死王が記録するもので、墓は人間の厭う所であるが、それは理であり、地神の眷属らは人間に祟らず墓所を守護するように依頼する。そして亡者は生前に善根を修し、曳覆真言（野草衣）をもって六道の衢を離れ、呪砂（加持土砂）によって浄土に生まれ菩提を証することは疑いない者であるという。一切衆生は涅槃の相に入るものであり、墳土は土塔、卒塔婆は五大所成を象徴するもので、諸仏が亡魂舎利を守り十二天が孝子を護持する。塔婆の功徳と加持の力で菩提をなし、地天たちは墓を守り、孝子子孫らの福徳を増長させることを祈願すると述べ、般若心経を唱えるという。最後に、これは仁海、覚源、覚俊、厳覚の勧修寺相伝の次第であるとの奥書を付す。仁海（九五一―一〇四六）は雨僧正として著名な醍醐寺僧であり、後述する曳覆作法の由来にも名前の出る高僧であるが、実はこの奥書と本文の後半部は群書類従本「吉事次第」末尾に付された建保二年の記事の奥にも存在するもので、『吉事次第』付記の後半部分が「葬法」の末尾の混入であったことが分かる。群書類従底本の『吉事次第』近世写本の伝承過程のどこかで紛れ込んでしまったものであり、その場には葬送関係の書がまとまって存在していた可能性がある。この作法で興味深いのは、曳覆いや加持土砂といった貴族層では一二世紀頃に広まった入棺仏具の存在を前提としていること、人間の寿命を記した五道大神の札や所行の善悪を映す閻魔王の鏡といった中国由来の概念を取り上げているところである。こうした作法の典拠が那辺にあったのかを示唆するところが大きい。

次に、もう一つの墓所点定作法を見ておくと、最初にその場に赴き定印を結び金輪を念じる。金輪真言、地神真言などを唱え如来拳印を結ぶ。そして、梵字を記した下に、

迷故三界城・悟故十方空・本来無東西・何処有南北

の四句を書いた札を中央に立てる。次いで杖か剣、もしくは心中で墓所の土地を画して真言を唱える。この加持によって墓地を浄土に変えるという。そして「三界唯一心・心外無別法・心仏及衆生・是三無差別」との華厳経の偈を誦して死人は仏なりと念じる。こうすることで悪鬼らが死人を敬うという。最後に、これは空海の撰であり方角の吉凶などは関係なく吉とすることができると付け加える。この札に記す「迷故三界城・悟故十方空・本来無東西・何処有南北」の四句は現在でも四国のお遍路装束に記される文句として御存じの方も多かろうが、永禄九年（一五六六）にまとめられた臨済宗の『諸回向清規式』の葬送作法、奈良元興寺極楽坊所蔵の中世末期頃の写本『入棺作法』やその典拠である『二巻抄』『真言集引導要集便蒙』といった真言系の葬送次第書（藤沢）、あるいは中世の棺板や木札などの出土遺

物に記されているなど、中世以後の葬送で広く用いられた句であった。この四句の出典は明らかではなく、真言宗では中国の偽経『天地八陽神呪経』に出る文句と伝承されているらしいが（『国訳作法集』頭注）、管見では現在の大正新修大蔵経所収『天地八陽神呪経』には所見がない。しかし、一二世紀半ばの『簾中抄』には方角の忌である太白神方に宿す時に唱える呪文の又説として「迷故三界城・悟故十方空・本来無東西・何所有南北」の句が挙げられており、また一二世紀前半頃の文人貴族・三善為康がまとめた『掌中歴』『懐中歴』を南北朝期に再編した『二中歴』九にも同じく太白神方宿泊時の呪文の一説としてこの句が引かれ、こちらでは中国天台宗の祖師である南岳大志慧思の説とされており、一四世紀の『拾芥抄』ではこれを華厳経の文として引きつつ、諸経には見当たらないとの注記が付されている。ほかにも鎌倉時代後半に源信に仮託して作られたとされる「『万法甚深最頂仏心法要』万法」にも含まれるなど、出典は不明ながらこの文句は一二世紀には知られてい

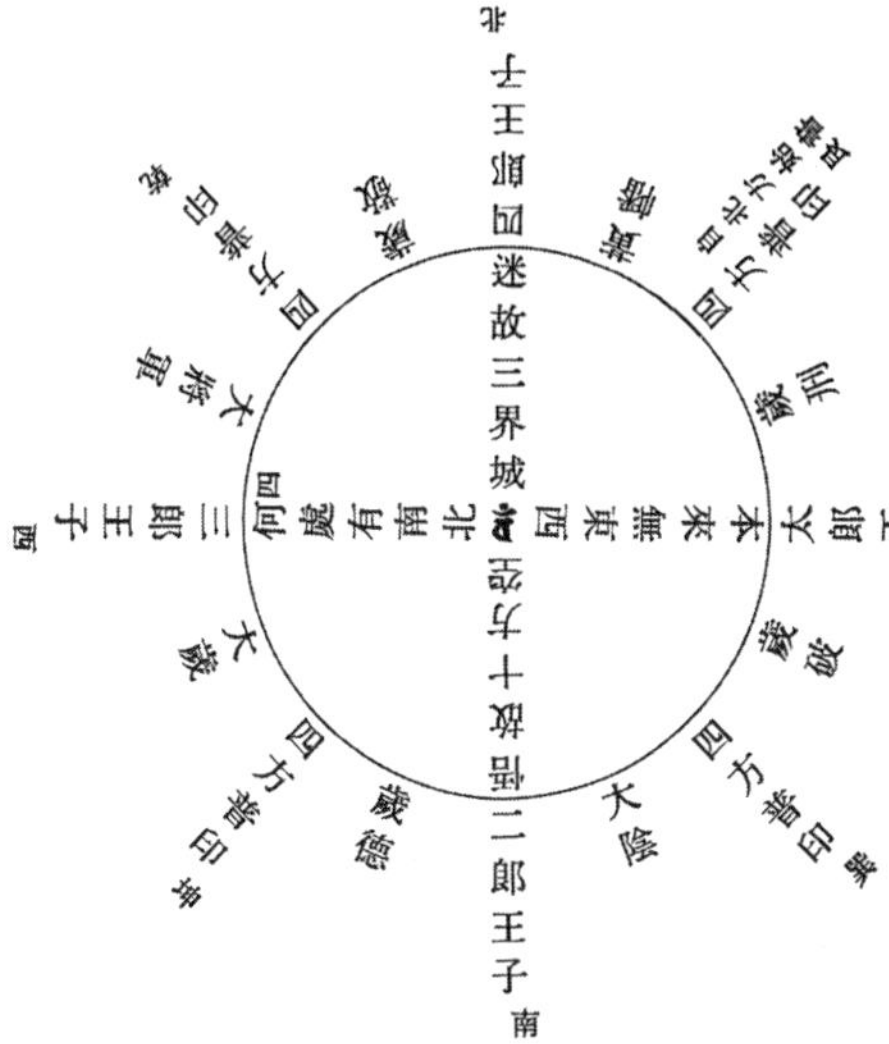

点地図　『白宝口抄』

たものであり、葬送儀礼における使用も少なくとも一二世紀後半にまでさかのぼることが確かめられるわけである。また、『白宝口抄』に付された円形の図には中央に梵字、その四方に四句、外延部には東南西北に東から太郎王子、二郎王子、三郎王子、四郎王子、東南・西南・西北・東北に四方普印、そして歳徳、大将軍、太陰などの方位神の八将神が記されている。墓所を守護するものであろうが、こうした神々が取り入れられている点も、当時の重層的な信仰のあり方をよく示している。

『伝授類聚抄』の無常導師作法の内容は類似するがやや異なり、願文の中では火葬について触れておらず、木製の卒塔婆の頂上にバン字、四面に四句を記す図を載せており、さらに『白宝口抄』と同じ内容ながら円形ではなく四角形の図を記載している。なお、心覚の『作法集』では空海撰述という点についてはよく思案すべきである（疑わしい）との注記があったとあり、理知的な考証を宗とする心覚の面目躍如といった感がある。こうした地鎮作法の述作は、真言僧が地鎮や埋葬などに従事する機会がある程度存在していたことを示唆している。

曳覆い

曳覆いについても各書に記載がある。その形状は図を参照いただければおおよそはつかめるかと思う。『白宝口抄』では「本記曰」として臨終時の曳覆いの作法と威儀を顕密の経典の文によって記すが、真言行者は魔を降し弥陀の来迎を迎えるためにこの文を書いて身から離さず持つようにという「本記」の一文を冒頭におく。そして、この曳覆いの記述は仁海僧正が宇治殿藤原頼通のために書いたものであるといい、僧正はいまだ灌頂を受けていない人は書いてはならず、未灌頂の人は金剛界根本会の曼荼羅を書くべきであるとしたと述べている。また曳覆いは別名を無常衣と呼び、臨終正念・極楽往生のための衣であるとして、身体各所に真言を配置した図を二つ載せている。最初の図には頂上、額、眉間、左右脇、胸、左右の手、臍の上、左右の足、背中に梵字の真言を記しており、頂上には梵字のバン字、額には法報化の三身真言、脇には大威徳と不動、胸には万字と金剛界の八葉九尊の種子の梵字、臍には観音、背中は大勢至、足は滅罪と破地獄、手には即身成仏と決定往生の各真言を書く。また、異説として頂上

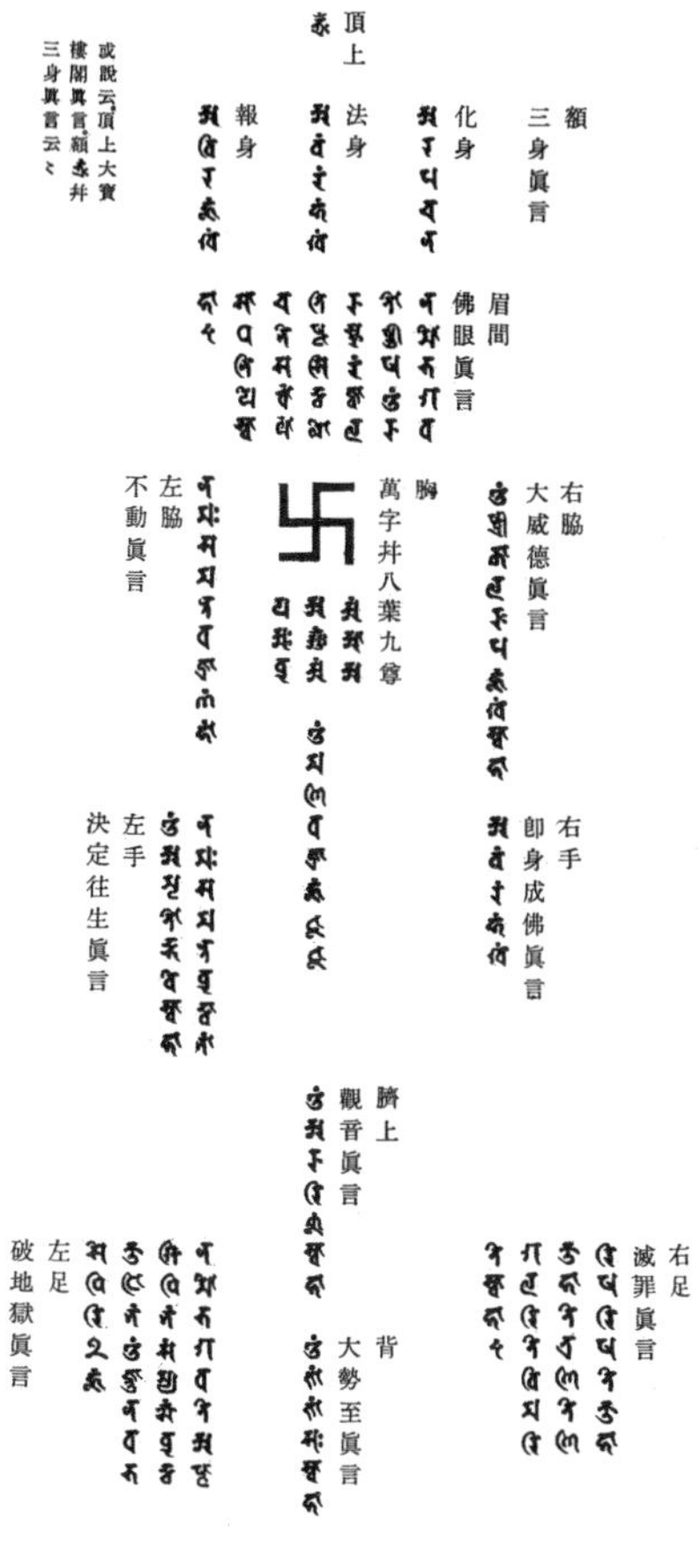

無常衣（曳覆真言）『白宝口抄』

に大宝楼閣真言を書き、額にバン字と三身真言を配する説もあるという。そして、死人を覆うときは梵字の方を身に当てると注記している。二つ目の図には肩やくるぶし、尻が追加され、日光月光菩薩や勢至や阿弥陀・大日如来などの真言を記すとあり、さらに曳覆いの裏側にうなじ、背、尻の不動・弥勒・釈迦・地蔵の各種真言を書くという。そしてこれらの真言の文字は『真言集』なる書によって書いたと注する。異説が生じていた様が分かるが、梵字の方を体に当てるという注記については古記録類や『吉事略儀』などとは反対であり、また二種目の図にある背中や尻の真言は曳覆いの裏側に書くという作法も新しい所説である。異説の展開過程を記録しているものとしても面白い。なお『作法集』では「本記曰」の文や真言の配置など『白宝口抄』の最初の説と同じものを載せ、『伝授類聚抄』でも同様の配当の真言を説いている。

この各書に共通する曳覆書様については、これも心覚の『作法集』にさかのぼることが『伝授類聚抄』の注記によって判明する。とはいえ、第一章で説明したように曳覆いについての古記録上の初見は白河であり、仁海が藤原頼通のために記したという説をそのまま信受するわけにはいかない。『栄花物語』二六では皇后娍子の入棺に兄入道が「御身に尊き事ども書き集めさせ」たとあり、経文などを入棺、または装束に記したか、曳覆いの原形にあたる可能性もあるが、判断は保留しておく。しかし、これ以外にも確実に心覚より以前にさかのぼる曳覆いに関する言説が存在する。高山寺所蔵『十砂蒔作法』(一一—二五九)である。これは高山寺明恵の弟子定真の裏書があるもので、明恵が深く信仰した光明真言による土砂加持の作法を述べた書であるが、幸いにも翻刻がなされており、土砂加持以外にも曳覆いと葬送次第に関する従来の論では知られていない記事があることが確認できた。次にそれを説明する。

曳覆いの由来

『土砂蒔作法』冒頭十五行はタイトル通りに光明真言による土砂加持の作法を述べるが、十六行目からは「臨終時曳覆依顕密文聊注此旨（略）」と曳覆真言の配当を記し始める。頂上にバン字、額に三身真言、眼に仏眼、胸に万字、腹には大宝楼閣、脇には大威徳と不動、臍には観音、背中は勢至、足は滅罪と破地獄、手には即身成仏と決定往生の真言を梵字で記す。そして奥書には大治二年（一一二七）二月二五日に古河（傍書にカ）殿太政入道殿御忌の間に法輪院法印本を書写したとの識語、さらに法輪院法印本には丹後の普甲山東別所寂光坊の本を書写したとあり、その後に同法の乗覚とともに梵字を書したという覚猷の記、次行に「記伝写　兼意」とあり、最後の行に成蓮房兼意（一〇七二―一〇四五―）の本を高野山で写した第三伝とある。やや分かりづらいが、法輪院法印と寂光坊については、法輪院は覚猷も居住していた三井寺の院家であり覚猷自身も法輪院法印と呼ばれることがあった。普甲寺は延喜年中開基との伝承のある丹後宮津の寺であり、康和四年（一一〇二）には叡尊という僧が普甲山別所寂光御室で大日経の転読を行なったという（『平安遺文』題跋篇六七〇）。おそらく丹後の普甲寺寂光坊本を写した覚猷が梵字を加え、それを大治二年二月に兼意が写し、さらにその本を高野山で写したとのことであろう。法輪院法印に関しては覚猷以外に該当する法印は見当たらなかったが、法輪院と号した人物としては権僧正源泉（九七七―一〇五五）がいるが、法印ではなく、やはり覚猷であろう。さきに述べたように、覚猷は大治四年の白河の葬送において供膳や曳覆いの供奉を主導した三井寺僧であった。彼がその二年以上前に土砂加持作法と曳覆いの書様を記した本を写し、さらに梵字の勘合を行っていた事実がこれによって確認できたのである。古河殿太政入道殿とは二月一五日に亡くなった太政大臣源雅実、堀川天皇の叔父で死去後の模様替えを行った人物であり、彼は一七日に久我の山荘に移され、二三日に久我の西で葬送が行われたという（『中右記』各日条）。上記の伝写過程の推定が正しければ、覚猷や兼意がその追善法事に参加した折に書写されていたことになるし、あるいはこの時にも曳覆いが用いられていたのかもしれない。この曳覆真言は腹部の宝楼閣真言以外は『白宝口抄』の第一説とほぼ一致するが、この書は覚猷本を成蓮房兼意が書写したものをさらに高野山で何者かが写したものであるという。成蓮房兼意は心覚の師であり、また冒頭の「依顕密文聊注此旨」は心覚『作法集』以下の曳覆書様にも記されるものである。したがってこの第三伝の書写者が心覚という可能性も考えられるが、心覚の『作法集』の曳覆書様には仁海が頼通に教えたとの文が加わっているなど若干の相違が見られる。したがってこの『土砂蒔作法』をただちに心覚の作法集の典拠そのものとはできないが、同系統の本であることは間違いない。また、これが三井寺の覚猷から真言宗の兼意に伝わっていることも留意するべきで、その場合には頼通が創建した平等院別当は三井寺僧が務めるものであったことも思い起こされる。仁海ではなくとも、古記録の初見をさかのぼる一二世紀初頭ごろには曳覆いが三井寺僧によって用いられていた可能性があることにはなろう。

葬送次第

『土砂蒔作法』では曳覆いに次いで、幣や糸・布・米など墓地の地鎮料らしき用物の注進書を載せ、続いて六〇行目からは葬送の次第を記載している。これまで論及してきた次第は守覚や成賢ら一二世紀後半以後の真言僧のたちの手になると思われるものであったが、この次第の奥には本文とは別筆で「永万二年（一一六六）八月一二日於山崎御堂廊書了興然」とあり、年代を特定できる奥書を備える点で価値が高い。この興然（一一二一―一二〇四）は高山寺明恵の師の一人でもあった真言宗勧修寺流の学僧である。彼が次第の作者であるか書写したのみであるかは確定できないが（おそらく書写者であろう）、その内容は『吉事略儀』や『作法集』などの祖型といえるものとなっている。以下に概略を示すと、

①沐浴　　水持ちを呼び込み、吉方の水で手足背中頭面の順に行う
②返枕、入棺　　筵のまま入れ、装束や子孫・近習のアマカツを入れる
③黄幡　　宝楼閣真言を書く
④着服　　門外で素服を着る
⑤前火をつける　　枕火をつける、近代は通常の松明を用いる
⑥車を寄せる　　近頃は車を裹まず、雨皮と下簾を用いる
⑦山作所　　鳥居の前で導師・呪願の儀、先例は葬場殿で行っていた
⑧手水・御膳　　近来は女房陪膳や手水を用いない

⑨茶毘　　役人は冠に布を付け、薪を棺に挟み前（忌）火で艮から火をつける
⑩拾骨　　水と酒で消す、嫡子が先に竹箸で骨を挟み人々に渡し壺に入れる
⑪安置　　墓に運ぶ、方角や土用忌なら便宜の寺に安置し周忌まで仏事を修す
⑫墓　　　火葬所に卒塔婆を立て植樹し墓とする
⑬帰参　　水所で祓、葬家に帰り素服を脱ぐ、念仏を始める

となる。以上のように、行事の手順の具体的な説明には少々乏しいが、これまで述べてきたような葬送行事を一通り備えた次第書が少なくとも一二世紀半ばには著されていたのである。本文にはさらに切懸の柵を二重に廻らした四角形の火葬所の図が付属し、火屋は長さ一丈五尺、広さ一丈二尺、炉は長さ八尺、広さ四尺、周囲には藁や薪、油や桶などを用意するとある。この次第は御膳・手水や前火の省略、導師・呪願が火葬所のみであるなど同時代の傾向を示しているが、なかでも第一章でも触れた入棺装束について僧俗女尼の相違があるとの注記や嫡子が骨を拾うといった記載があることは注目される。先述のように『白宝口抄』にも見られる僧俗女尼の相違とは服装のみならず『作法集』のような針糸や太刀などの副葬品を含めた表記であると考えられ、嫡子や一家子孫などの表現があることは葬送において家という観念が重視されたことの反映と捉えられる。つまり、永万二年書写の葬送次第は、法親王や女院らを想定した『吉事略儀』『吉事次第』とは違った公卿以下の階層をも視野に入れた葬送行事を証言する得難い史料であり、それは性別や家といった概念をより強調する方向にあったといえそうである。

黄幡と中国の葬送

さらに『土砂蒔作法』末尾には「付真言地鎮作法在別深秘」と真言による地鎮作法の記事が別にあった旨を記している。内容については残念ながらわからないが、「付真言」とあることから密教による次第であり上記の地鎮作法につながるものと思われる。加えて同書には黄幡の図もあり、三角形の頭部の下に長さ二尺、広さ四寸ほどの四本足を付けた幡に梵字の宝楼閣真言と「広大宝楼閣善住秘密陀羅尼」と記すとある。これは棺の先に挟むもので、天皇らの葬送に用いる葬列の先頭に立つ幡ではないが、『作法集』の「次々人」の記事と共通する。これは僧の沙汰として用意するとされている。黄幡については『伝授類聚抄』によれば心覚の『作法集』にも類似の図があったとあるが、こちらは頭部に阿弥陀三尊の種子があり、また異本では阿弥陀三尊の種子の下に六地蔵の種子を記すものがあったという。

この黄幡に書く大宝楼閣真言とは、不空訳『大広宝博楼閣善住秘密陀羅尼経』によるもので、この陀羅尼を紙や牌、壁や幢、閣などに記すことで種々の災いを逃れて福を得る、この陀羅尼を聞けば一切滅罪し地獄や悪趣を脱して善処に赴くことができるなどと説かれ、日本では施餓鬼などにも広く用いられたものである。葬送でも堕地獄から逃れることを目的として用いたことは容易に推測できる。黄幡に真言が書かれていたことを明記する史料は後一条天皇の葬送が初見であったが、醍醐の時点で僧が関わっていたこと、さらに「先例」とあるように醍醐以前の葬送でも用いられたと考えられることは先に指摘しておいた。次の問題は、いつ頃から黄幡を用いるようになったのかということになる。また『大広宝博楼閣善住秘密陀羅尼経』には幡に陀羅尼を記すとはあるがそれを葬送に用いるとは説いていない。

よって葬送に黄幡を用いることの典拠もあわせて問題となる。

先に後者に関する筆者の結論から記すならば、その典拠は中国仏教の中にあったと考える。とはいえ、葬送と仏教の関わりについては少々議論の余地があるため、まずはインド・中国における僧侶と葬送の関係を簡単に説明しておく。これについては、釈迦が自身の葬送に従事しないように弟子たちを戒めた故事が有名であろう。もっとも、これは僧侶が葬送を行うことを全面的に禁止したというよりは修行に集中することを説く言葉という見方が妥当と思える（永井）。インドの葬送仏事としては、中国の求法僧・義浄（六三五―七一三）『南海寄帰内法伝』に七世紀のインドの僧尼の葬礼で無常経を三度読誦する儀礼があったと記されている。この無常経（三啓経）は漢訳され、宋代にはその末尾に『臨終方訣』なる臨終作法が付されることになった。その作法では、病者に受戒し、仏の姿の観想と仏名を十念させ、看病人たちも仏名を唱えて病者が仏の浄土を念じつつ臨終を迎えることを助ける。死去後には亡者の衣や財産の三分の一を布施とし、葬送時には僧に無常経を読誦させ、孝子らは哀哭せず散華焼香し、呪した水と黄土を亡者にかけた後に塔への土葬や火葬など任意の弔いを行い亡者の滅罪生福を祈るという。これはインド以来の律（僧侶集団の規則）における弔いの規定を受けて、出家・在家共通の葬送次第を整えたものであり、その成立は一〇世紀後半から一二世紀半ば、あるいはさらに遡及するのではないかという見解がある（岡部、永井）。ここには浄土信仰の色彩も強く、平安時代の葬送における臨終正念、沐浴や加持土砂に近い儀礼も見られるが、黄幡や呪願といった要素はなく、時期的にも日本の葬送仏事との直接の関連を認めることは難しい。

『臨終方訣』以前の中国の葬送仏事としては、叡山の円仁が入唐中に亡くなった弟子惟暁を弔った際に僧俗十余人で送殯し、墓前に七僧を招いて「称名十念、呪願」を行ったとの記事がある（『入唐求法巡礼行記』会昌三年（八四三）七月二九日条）。称名十念は『臨終方訣』にも出てきたもので阿弥陀仏の名を十度唱えることであるが、こちらでは墓前で死者供養のために行われている。この時の葬送の執行に関しては、寺院を管轄する綱維に墓地を乞う、葬送の処分を求める、財産のないことを報告するための牒三通が即日提出され、三日後には資聖寺の僧らによる葬送が滞りなく実施されるなど僧尼の葬送手続きが定式化されていた様子がよく分かる（磯部）。ここでは簡略な葬礼が行われたようであるが、当時の葬送儀礼の具体相は九世紀半ばから一〇世紀頃の敦煌文献によって知ることができ、涕泣や供膳、明器、唱歌など在来の葬送儀礼のなかに埋葬時における僧の十念を組み込んだ葬送次第や、阿弥陀仏を讃える詞、阿弥陀の引接による亡霊の浄土往生を祈願して僧が唱える祭文などが記されているという（荒見）。また、敦煌出土の「書儀」類には葬送に僧や道士を招くための模範文例が収録されているように、在来の葬礼に僧や道士による儀礼を加えた葬送が僧尼に限らず巷間に普及していた様子が窺われる。ほかにもトルファン出土の衣物疏（副葬品目録）類では、六世紀から七世紀半ばの麹氏高昌国時代には故人が仏弟子として持戒・十善を修したことを冥界の五道大神に僧が申上する形式の詞章が記され、その後の唐の支配下におかれた時期には故人や遺族らが行った写経などの功徳を列挙し仏土への昇天を願う形式（功徳疏）へと変わるという（小田）。なかには臨終時の受戒や死去後に『随願往生経』の読経を行い葬日に僧へ布施を与えたことを特記するものも見られるなど、こちらも仏教による追善の普及や仏教儀礼と葬送の接近が確かめられる。こういった中国在来の葬礼と仏教的儀礼の融合、阿弥陀仏に浄土往生を願う仏事などは平安時代の葬礼とも類似し注目されるが、ここにも黄幡は出てこない。

中国における僧と葬送の関係については、早く隋代の恵海は世間の華美な葬送を批判し、そうした喪葬に僧侶が関わることを戒めたといい、義浄『南海寄帰内法伝』二では俗人のなかで霊机を設け供養するなど世俗の例に従って葬送を行う僧尼を批判しているから、少なくとも八世紀初頭には俗人の葬送に関わる僧尼が存在したことになる（荒見）。また追善と葬送の区別はつきがたいが、唐代の僧尼は火葬・土葬・風葬（露屍）いずれにおいても墓所に塔を建てること（塔下の埋葬や遺灰を塔に納めるなど）が一般的であり（高僧ではゆかりの地もある）、俗人の墓誌や銘文においても墓地に尊勝幡を建立し華厳経を供養したもの（開元二二年〈七三四〉）、親のために写経や描仏を行い懺法や焼香を修して浄土を願う例（天宝〈七四二—七五六〉年間）など仏教儀礼の実修を記すものが少数ながら存在し（磯部）、代宗朝の宰相・杜鴻漸は「胡法（仏教）」により塔葬（全身入塔）を望んだという（西脇）。追善仏事の開始時期については、当初は生前に追善のための仏事を修する預修斎が先行したとされるが、六世紀後半頃の『北史』胡国珍伝や『北斉書』孫霊暉伝に七七斎と百日斎の追善仏事が確認され、七二一年に死去した玄宗朝の宰相・姚崇は子息たちに対して、自分は七七斎を不要と見なすが、もし遺族たちが世間の俗情に配慮しなければならないのであれば七人の僧を七七斎に招くことは許し、道士は招かないようにとの遺言を残したという（小南）。これによれば、八世紀前半には僧や道士による追善斎が上流貴族の間でも通念化していたといえる。筆者の調べた範囲では上記のような史料が中国における葬送仏事の初期例として取り上げられるもので、黄幡に関する論及は管見に入らなかった。しかし、中国で黄幡を用いる葬送儀礼が行われていたことを示唆する仏教関係の史料も存在する。専門外のため史料解釈にはいささかの不安を否めないが、次節で筆者なりの検討を行う。

黄幡の起源

隋唐の僧・道世（―六八三）が著述した仏教に関する百科事典ともいうべき『法苑珠林』（大正二一二二）第三十六懸幡篇第三十二に、

又普広経云。若四輩男女。若臨終時若已過命。於其亡日。造作黄幡懸著刹上。使獲福徳離八難苦。得生十方諸仏浄土。

と『普広経』に死没の日に黄幡を作り刹の上に懸ければ抜苦生善するというとして、その理由については「雖未見聖解」と道世自身も経論の説は見つけられていないが、黄色は孝子らの忠誠を表す色であり、また中国の五行思想では中央の色であることから中陰の霊魂が辺境ではなく「冀生中国」中央の国に生まれることを願うもの、あるいは黄紙を切って作った紙銭は鬼神・冥道の祭祀で金銭として用いられるものであることから冥道の黄金である黄幡を刹塔に懸けて亡霊を救う意味かと解釈している。また、同じ道世が諸経論の要文を集めた『諸経要集』懸幡縁第四にも同様の説明があり、こちらでは、

問曰。何故経中為亡人造作黄幡、掛於塚塔之上者。答曰、雖未見経釋、然可以義求。

と、なぜ経中に死者のために黄幡を造って塚（墓）塔の上に懸けるのかとの問いを立てた上で、経釈に解説を見ないため義（論理）によって考えるならば、世俗の死者祭祀で黄銭を用いる理由は『冥報記』『冥祥記』といった当時の中国説話集に詳しく述べるように鬼神が黄銭を黄金として用いるためで、黄幡を塚塔に懸けることで「令魂神尋見」と霊魂に宝（実とも）を得させる意義があると説く。こちらでは塚＝墓に黄幡を懸けると述べており、日本の黄幡儀礼との共通点として注目すべき部分となる。ここで引用される『普広経』とは東晋の帛尸梨蜜多羅が訳したと伝わる『灌頂経』の巻十一『仏説灌頂随願往生十方浄土経巻』（大正一三三一）、または『随願往生経』などとも呼ばれるもので、『灌頂経』の十二巻は帛尸梨蜜多羅訳とも帛尸梨蜜多羅が訳した前九巻に後の三巻を増補した、または中国製の偽経ともいわれる由来の不明確なものであるが、『随願往生経』は浄土往生を説く中国製の偽経とされるようである（大内）。もっとも、『灌頂経』には墓塔を意味する「塚塔」という用語が散見するものの、『随願往生経』には黄幡を刹（塔）に懸け、その黄幡が風によってはためくことや風化した粉が舞い散ることで無塵の福徳があると説く箇所があり、また『灌頂経』六には仏教的な聖王である転輪聖干の葬送に五色の幡を塚塔に懸けるといった内容もあるが、それ以外に黄幡を「塚塔」に懸けるという直接的な表現は見られない。しかし、道世の議論に従う限り、当時の中国では黄幡を墓塔に懸ける儀礼が実践され、そして『灌頂経』がその典拠とされていたことになる。『随願往生経』は日本においても源信『往生要集』に引用され、また天平九年（七三六）に石川年足が亡息の追善のため書写したものが伝存するほか（奈良国立博物館所蔵）、さらに早く養老七年（七二三）に比定される法隆寺伝来の墨書銘幡に「癸亥年山部五十戸婦為命過願造幡之」とある「命過」との表現が『灌頂経』の次の個所に基づく追善用の幡、すなわち命過幡であることを示すという重要な指摘がある（東野）。それは、

若人臨終未終之日、当為焼香然灯続明。於塔寺中表刹之上、懸命過幡転読尊経、竟三七日。所以然者、命終之人、在中陰中、身如小児、罪福未定。応為修福、願亡者神使生十方無量刹土。承此功徳必得往生。

とあるもので、臨終間際から灯明や香を焚き、寺塔に「命過幡」を懸けて二十一日間読経することで中陰（中有）にある故人（小児のような身体であるという）の往生を願うという儀礼である。これは葬送ではなく追善に主眼を置くものであるが、法隆寺にはこの養老七年幡以外にも壬午年（六八二）や戊子年（六八八）など七世紀末から八世紀にかけての年代が想定される「命過時敬造幡」「過命時幡」などの銘を持つ灌頂幡が複数伝来しており、そのなかには黄絁製の幡が含まれるなど『灌頂経』の教義や儀礼が早くから畿内の在地豪族らに受け入れられていたことが判明する。これらは寺院に奉納されていることが示すように、平安時代の真言陀羅尼を記した黄幡とは用法が異なるものと思われるが、葬送における黄幡使用の背景にこうした古くからの『灌頂経』の教説や命過幡の受容があったことは想像に難くない。

さて、上述の道世による黄幡の解説で興味深い点は、中国の俗習から黄幡の意義を解釈していることで、これはこの儀礼がインドではなく中国で発生したこと、またそれが主に民間階層で行われていたことを示唆しているが黄幡に関する史料はこれだけにとどまらない。東晋（五世紀頃）の成立とされる道教経典『霊宝錬度五仙安霊神黄繒章法』には、死者の霊魂の安穏のために墓所で女青ら道教の死者救済に関わる神々に祈願した後、祭文を記した黄絹を墓上に一晩置いてから五方に埋めるという祭法が説かれている（菊地）。ここでは葬送儀礼との直接の関わりは示されていないが、墓の上に祭文を記した黄絹を置くという一見して日本の黄幡の用法と類似した儀礼が述べられていることは、臨終や亡日に黄幡を塔あるいは塚塔に懸けるという先の道世の記述と照らし合わせるならばきわめて意味深いものとなる。道教は仏教の概念や儀礼を借りて宗教としての体系化を進めたとされているが、中国における道教儀礼と仏教儀礼の複雑な相互関係については筆者の知見の及ぶところではない。よって、単純にどちらかが先行するということは控えたいが、『諸経要集』や『灌頂経』、『霊宝錬度五仙安霊神黄繒章法』記載の諸要素を組み合わせるならば、これらには埋葬や葬列に用いるといった直接的な記述こそ見られないものの、死去間もない中陰期間中の死者の救済・往生を祈願するために墓上に一時的に黄幡を置くといった日本の黄幡儀礼と類似した形態の儀礼を再構成することが可能である。おそらく、中国の民間的な仏教において埋葬日に墓上に黄幡を安置するという形式が案出され、それが日本の黄幡儀礼の淵源となったのではないかと筆者は推測しているが、たとえこの推測が認められなくとも、黄幡の起源が中国仏教に存在することはほぼ確かであろう。

以上の検討により、醍醐天皇の葬送に見られた黄幡の儀礼的な起源とその性格についてはかなり明らかになった。繰り返すようにこの黄幡儀礼は中国においては民間的なものであり、皇帝や高級官人らが行っていたという権威を有するものではなかったと思われる。したがって、日本における黄幡儀礼の受容も、後述する七日毎の中陰仏事や服喪制度のような王権主導の経緯は想定しがたい。その伝播経路が朝鮮半島を経たものか、中国での入唐僧らの見聞、あるいは文献を参照したものかは残念ながら不明であるが、中国仏教に含まれていた儀礼が日本の寺院を経て社会における一定の認知を受け、そこからさらに天皇の葬送に持ち込まれた可能性が高いと筆者は見込んでいる。

呪願・導師

前節の検討によって黄幡の典拠は明らかになったとして、次にそれが天皇の葬送、あるいは日本社会に受容された時期が問題となるが、これについては史料がなく確かなことはいえない。前者に関する筆者の推測は後述することとして、その前に、もう一つの仏事である呪願・導師について検討しておきたい。

呪願の語は円仁の『入唐求法巡礼行記』にも出てきたが、じつは日本の文献ではそれより前、儒教思想による薄葬を指示したことで有名な嵯峨天皇の遺詔に見える（『続日本後紀』承和九年〈八四二〉七月丁未条）。これは三日以内の葬送や棺・葬具の簡素化、葬送に従事する人数や素服の者を限定し天下の喪服は略すこと、追善仏事は三七と七七、周忌に所縁の寺で少量の布施によって行い、周忌以後の忌日は後継者（嫡子）の仁明が寺院一か所で修するものに限り他の子息の法会は禁じるなど薄葬を指示したものである。このなかに「葬限不過三日。無信卜筮。無拘俗事。謂謚・誄・飯含・呪願・忌魂帰日等之事。」と葬送は三日以内に済ませて日時などの占いの吉凶、俗事にこだわらないとして、その俗事に『謚・誄・飯含・呪願・忌魂帰日』と注記されている。嵯峨遺詔中の複数の表現の出典は三世紀の中国の学者である皇甫謐の遺言「篤終」（『晋書』）に由来し（藤原）、「俗事」の典拠も「篤終」の「不信卜筮、無拘俗言」で誤りなかろうが、注記の内容自体は後述のように基本的に平安時代のものとしてよいと思われる。このうち、「謚・誄」は大化前代から続いていたものが嵯峨の葬送を契機に廃絶したことはすでに述べた。飯含は中国の風習で死者の口に玉や飯、銭などを含ませることで、大化の薄葬令に引用する魏の文帝の詔中にも出てきたものである。呪願は法会などで施主の福を願うこと、忌魂帰日は魂が帰ることを忌む日と読める。

第二章でも述べたように、飯含が日本でも行われていたかいなかはこれ以外の文献になく史料的には明らかにできない。実は、飯含のみは「篤終」にも「殯含之物」を絶てとあり、日本における飯含の用例は漢籍の引用のみで実態はないとも考えられるが、ここで一語のみ修飾することも不自然である。考古史料では奈良・平安時代の墓から遺体の頭部付近に珠玉がある例や火葬骨蔵器で焼けた痕跡のある珠玉の出土例が複数存在しており（秋山）、その可能性もあるという以上のことはいえない。呪願については勝田至氏が仏事の呪願であると指摘しており、忌魂帰日についてはこれも勝田至氏が民俗例に死者の霊魂が帰ってくることを忌むという風習があることからそれにあたると推測されているが、古記録などには見られない風習とも指摘されている。筆者も勝田氏の指摘は基本的には正しい方向性を指し示すものと考えるが、ごく簡単な指摘であり、また後述のように忌魂帰日に関しては平安時代の和歌や古記録の一節から類似した風習をうかがい知ることが可能であるなど、より詳細に見るべき余地があるため、以下この二点に関して検討を加えておく。先に前者の呪願から取り上げるならば、呪願は仏教用語であり、『六国史』には仏事以外の用例がないことからも仏事の呪願として問題ない。それではこの注記をもって嵯峨の時点ですでに葬送仏事としての呪願が天皇の葬礼において一般化していたとしてよいかといえば、そうではない。この注記の裏側には、当時の政治動向とも関わる少々厄介な問題が存在するのである。

嵯峨の遺詔を載せる『続日本後紀』はほかの六国史とは異なり本文の各所に編者による注記を付す体裁をとっており、俗事に対する注も嵯峨の遺詔の原文そのものではないと考えられる。遺詔にはこれ以外の四か所にも注記が見られるが、それぞれ嵯峨の周忌仏事の設えや素服を着る者たちの実際の人数と装束を具体的に述べ、それらが遺詔の趣旨に従って簡素に実行された事実を示したものである。よって、注記が後に付されたものであることが証明され、同時に俗事に対する注も他と同じく嵯峨の意向に沿ったものと考えたくなる。しかし、嵯峨の遺詔のこの一節はその解釈を巡って遺詔順守派である嵯峨の遺児の源信らと変更派の藤原良房らの一派による対立を生み出したもので、『続日本後紀』の筆頭編纂者はほかならぬ変更派の藤原良房であった。すなわち、この注記は嵯峨本人の遺志として鵜呑みにする前に、彼の遺志を忠実に反映しているかいなかを確認しておく必要があるものなのである。ここでいう両者の解釈の対立とは、嵯峨の一周忌の日が「三宮」つまり皇后・皇太后や皇太子らの「本命之日」、すなわち慎むべきとされた生年の支（または生日の支）の日にあたるとして、それを避けるべきという提議がなされ、嵯峨の皇子である源信らが遺戒に背くと反対したという出来事である（『続日本後紀』承和一〇年〈八四三〉七月辛丑）。藤原良房以下の公卿が協議した結果、本命の日の凶事遂行を避けることは朝廷の慣例であり、この俗事とは「蓋謂郷曲所忌砕事。非指朝家行来旧章」と朝廷の慣行ではなく民間の忌のような俗事を指すとして周忌を一日ずらすこととされた。嵯峨の遺言が破られたのである。この翌年には、嵯峨の二年前に死去した淳和天皇の遺言に、近頃は怪異が発生したとされるごとに卜占によって先霊の祟りが宣告されるが、人の死去後には魂魄の魂は天に昇り残る骨には鬼物が宿るのみであるとして遺骨の散骨と山陵の造営停止を指示したことについて良房がその可否を文人らに下問し、「卜筮所告。不可不信。君父之命。量宜取捨。然則可改改之」とここでも遺言よりも卜筮を優先させるとの結果が答申された（『続日本後紀』承和一一年〈八四四〉八月乙酉条）。この一連の問題は儒教的な論理による嵯峨、淳和の薄葬の遺言と卜占や祟りを重視する藤原良房らの思惑の相剋関係やタタリ思想を中心に論じられてきたが、本章にとって重要な点は良房が下問した文人のなかの最高位者である文章博士春澄善縄は良房のもとで『続日本後紀』の筆削に携わった実務者であり、かつ彼は「為人信陰陽。多所拘忌。毎有物恠。杜門斎禁。不令人通」と陰陽を信じ怪異があるたびに門戸を閉ざして慎みを行ったと評される人物であったことである（『三代実録』貞観一二年〈八七〇〉二月一九日条）。このような事情を勘案するならば、嵯峨の遺詔の俗事への注記は嵯峨の遺志そのままではなく良房の意向や善縄の志向に沿った「郷曲所忌」

のものを含む可能性を考慮しなければならないことになる。むろん、代々行われてきた「謚・誄」の停止は嵯峨の遺志によると考えてよかろうが（それが「俗事」とされたためか薄葬のためかは不明である）、それ以外の部分については、むしろその後の良房らの動向の正当化のためにあえて「郷曲所忌」のものが挙げられている可能性を積極的に想定しておくべきであろう。とはいえ、遺詔のほかの部分の注記が布施や装束の布などの細部の事実を具体的に述べているように、たとえ藤原良房の威光があったとしても、ここに現実離れした事柄を挙げることにはあまり意味がない。すなわち、当時の人々が「俗事」として受け入れ可能で、かつ善縄の人物像を加味するならば、まずは忌魂帰日が善縄の志向と合致するものといえよう。次に、嵯峨の遺詔では仏教の教えは尊重すべきとして追善仏事を指示していることから、仏事である呪願の省略も嵯峨の遺志としては疑念がある。しかし、これを編者による注記とするならば合理的に説明できる。つまり、この二つの事項は貞観一一年に撰進された『続日本後紀』の編纂期間たる貞観年間頃の郷曲の俗事が取り入られたものとして扱っておくことがひとまずは可能であるとしてよかろう。

では、以上の推論を支える貞観年間頃における呪願や忌魂帰日に関わる史料がないかといえば、葬送仏事としての呪願の存在を示唆する史料を一件見いだすことができた。九世紀の文人、都良香（八三四—八七九）『都氏文集』「上呪願上人状」である。これは仁寿二年（八五二）五月二二日に死去した良香の父貞継の四十九日法要への参列を叡山の上人に請うた書状であるが、そこには「亡考七七之忌。指今月晦以為期」父の四十九日法要を今月晦日に「和南所居山頂。以修追福之法会」上人のいる叡山で修するため、「和南去月尸柩在堂。口授呪願。亡考冥途未宜失墜」先月の呪願を行った上人を再び招くと述べられている。注目すべきは、先月の呪願が「尸柩在堂。口授呪願」と棺が第宅にある状況で行われたと表現されている点である。棺が在宅の時に口頭で「呪願を授けた」との文言は、初七日などの追善仏事ではなく、来世への旅立ちを言い含めて亡者を引導する葬送仏事としての呪願を指す可能性がきわめて高いことは明白であろう。六月晦日と思われる四十九日法要は五月二二日の貞継の死去から四〇日弱とやや短いが、これも正日ではなく吉日を選んだ四十九日法会のためとして不審はない。ちなみに良香は師の中陰法会に円珍を招いたこともあり（「為澄拾遺屈円珍法師等状」）、ここの上人が円珍その人であった可能性もある。このように、従来見逃されてきた「上呪願上人状」の検討によって、九世紀半ばには天台僧による死者引導のための葬送呪願が行われていた確率はかなり高いものとなったといえよう。呪願が天皇の葬送に取り入れられる時期は別の問題となるが、日本における葬送仏事導入の最初期史料としての「上呪願上人状」の価値は高い。今後は歴史研究者にはあまり取り上げられてこなかった漢詩類の探索や仏教関係の史料の調査などを進めていくならば、また新たな発見があるかもしれない。それでは、次に忌魂帰日について検討を加えよう。

忌魂帰日

一一世紀以後の貴族の日記を見ていると、死去後の七日や一三日、一四日目に物忌を行うという記事が散見する。これは一四世紀の中原師守の日記にも出てくるなど貴族社会で長く続いた習俗であった。

物忌は何らかの予兆とされた出来事を陰陽師が占い、指定された一定期間内の甲乙、丙丁など連続する二日ごとの日に居宅で謹慎して病や火事といった来たるべき災厄を防ぐことで、忌の軽重によって閉門や一部開門、外人の来訪を許すなど謹慎の程度を使い分ける。また、門外には札を立てて物忌を知らせ、あるいは居宅の御簾や当人の身に物忌札を付ける風習もある。物忌の初見は八世紀末の長岡京出土木簡であるが、平安貴族たちは陰陽師の占によるほかにも八卦物忌や夢見が悪いなどとして謹慎することがあり、中陰期間の物忌もそうした占い以外による物忌の一種である。中陰の物忌にもそれぞれに相違があり、七日目の忌は当然のように行われていることが多く、藤原道長の娘の嬉子が産死した折には道長の指示により「故尚侍殿の七日に当たるに依り、東宮・宮、堅く物忌せしめ給ふべき由」（『左経記』万寿二年〈一〇二五〉八月一一日条）と夫の東宮や新生児の皇子らは固く物忌みし僧らに読経させたという。康和五年（一一〇三）の女御藤原苡子の産死の際にはこの例を参照して夫の堀河や白河院にいた皇子も固く物忌みしたともある（『中右記』同年二月二日条）。ただし、なかにはこの日に物忌を行っていない例も見られ（『春記』長暦三年〈一〇三九〉一〇月一二日条）、人によっては違う考え方もあったようである。一三日目の忌も嬉子の例など一一世紀前半には確認でき、堀河天皇の死去後一三日目にあたる日には藤原忠実は「今日当一三日、件日人皆慎之云々、余蜜慎之」（『殿暦』嘉承二年八月二日条）と密かに慎んだとあり、女御藤原苡子の死去後にも一三日目には内裏と院で物忌をしたという（『中右記』同年二月七日条）。藤原忠実は七日目、一三日目の物忌について「世俗」のもので自身は気にしないが少々慎むとも述べており（『殿暦』永久二年四月九日、一五日条）、ほかにも「世俗の例」によって子孫らが物忌した（物忌札を付けた）とする記事もあるなど（『兵範記』嘉応二年〈一一七〇〉五月一六日条）、この物忌が仏教や陰陽道の本書のような正統的な典拠を持たない行事として普及していたことが窺われ、白河の死去時の鳥羽や女院の物忌も「凡人の作法」と言われている（『中右記』大治四年七月二八日条）。また、七日や十三日の物忌を略した例でも小児は物忌させ僧や陰陽師による護身を行ったとあり（『春記』長暦三年〈一〇三九〉一〇月一二日条）、物忌をしない人々であってもこれらの日の危険性をまったく無視はできず、万一に備えて生命力の弱い子供だけはとくに用心したものと思われる。一四日目の物忌は上記の諸史料には見えないが、治承五年（一一八一）に死去した高倉天皇の一四日目には物忌があったとあり（『高倉院昇霞記』）、一四世紀の『師守記』には七日、一三日、一四日目の物忌が記されているから、一四日の物忌は一二世紀後半以後に定着したもののようである。一五世紀には凶服（喪服）の着用時には物忌札を付けるという記録があるが付け方など詳細が分からないと有職の貴族らが困惑しているなど（『薩戒記』正長元年〈一四二八〉七月二〇日条）、物忌風習自体の衰退に伴って中陰の物忌も徐々に風化していったらしい。

忌魂帰日に関して物忌の説明から始めたことでも察しがつくであろうが、当然これらの日は霊魂が帰ってくるとされていたのである。先述のようにそうした観念を直接的に表明しているのは和歌であり、『高倉院昇霞記』の著者源通親は「亡き魂の帰るとか聞く今日なれば物忌すべき心地こそせね」と慕わしい死者が帰ってくる日ならば物忌をすべき気持ちにならないと詠む。ほかに堀川の后の令子内親王に仕えた『二条太皇太后大弐集』に親の服の一三日目に「亡き魂の影だに見えず」、四条宮寛子に仕えた『四条宮主殿集』に十三日目の物忌を「かへる人誰かいひけん」などと死者が帰ることを詠う和歌がある。そして、そうした前提で古記録を読み直すならば、一三日目の物忌に際して「故尚侍殿還日」（『左経記』万寿二年〈一〇二五〉八月一六日条）、「故三州還日」（『春記』長暦三年〈一〇三九〉一〇月一四日条）と故人の帰る日という表現が用いられていることに気付く。いうまでもなく、死者の霊魂が帰ってくるとの意味として間違いなく、そうであればこの習俗観念は貴族の日記にも確かに記録されていたといえる。初期の事例が一三日目の物忌に偏る点がやや気になるが、同じ物忌であることから七日の物忌も同様に死者の帰る日とされていたとしてよいであろう。『続日本後紀』の編纂時期である九世紀半ばとは時期が隔たるが、忌魂帰日という表現と一致する風習が少なくとも一一世紀前半に確かめられることの意義は大きく、その源流が忌魂帰日の習俗であるとの仮説は十分な可能性を持つと同時に、平安時代の物忌が逆に九世紀半ばの忌魂帰日の習俗の存在を支持するものともなる。一〇世紀後半以後の和歌や古記録では、大晦日に葉に盛った食事を供えて両親らの霊魂を拝するという風習が見られ、同様の晦日の死者祭祀の習俗が九世紀前半の『日本霊異記』上一二、三〇、下二七話に見られることはよく知られている。こちらは霊魂を敬う点で物忌とは真逆の行事であるが、同じように死者が帰ってくるとされた習俗が時期を隔てた史料に見られることは、忌魂帰日と物忌の関係を考えるうえでも参考となる。また、こうした忌魂帰日の習俗は先述の陰陽を信じるという春縄の人物像ともよく合致しており、これもやはり嵯峨の遺志とするよりは編者の加筆とするにふさわしいものでもあろう。

ちなみに忌魂帰日の由来についてもう一歩考察を進めておくと、類似した風習は中国にも存在する。これは死者の魂が家に帰ってくる日に一家が避難するというもので、時代や地域によって回殺、避殺、避殃などと呼称され古代から近代まで中国各地で見られたものという（澤田）。死者が帰るとされる日は場合によって一様ではなく、陰陽生や僧、道士らが推算するもの、ある程度決まっているもの、また死者が動物となって帰ってくるとして家中に灰を撒き、その足跡で何に生まれ変わったかを知るものなど内容にも種々のバリエーションがある。この風習の初期のまとまった記録は北斉の顔之推『顔氏家訓』六で、巷間の俗書に帰殺というものを説き、この日には子孫は逃げ隠れ、瓦に符を書くなどまじないを行うという。唐の呂才『百忌暦』「喪殺損害法」には巳の日に死んだ者は雄殺で四七日が回殺、男子で姓が鄭などの者は一〇日と二九日の二回喪家に出るなどと日数の詳細を説いている。『顔氏家訓』はもちろん、『百忌暦』も日本にもたらされている陰陽書である。中国の回殺は家を出ること（留守役を残すこともある）で死霊のもたらす災厄を回避する点で日本とは異なるが、それは日本の物忌全般が家に閉じこもることを前提とするためであろう。また五世紀の中国の仏教説話集『冥祥記』には、亡くなった僧のために弟子たちが七日間の斎会を設けたところ七日目に霊魂が帰ってきて餓狗地獄に落ちたことを告げたとの説話が載る（小南）。仏教による追善と死者回帰の融合が見られる説話であり、平安時代の七日の物忌と日数が共通することは注意しておいてよい。

中国の回殺と『続日本後紀』の忌魂帰日の直接の関係性や伝播経路を史料的に証明することはおそらく無理である。しかし、先述の黄幡やこの忌魂帰日のように、中国の世俗的な風習・儀礼との関連やその可能性が認められるものがすでに九世紀の日本の天皇や貴族たちの葬送関連の儀礼に見いだされることは、公的な礼制の導入や正統的な仏教教学の移入以外の文化的要素の（変容させつつの）継受、またそうした大陸の世俗的な思想・習俗の日本への影響の大きさを示す現象としてまことに興味深いものである。

仏事儀礼の導入時期

嵯峨の遺戒の注記に紙数を割いたが、そもそもの問題は黄幡、呪願などの仏事が葬送に取り入れられることやその時期であった。従来、史料上の制約もあり九世紀以前の葬送儀礼に関してはほぼ天皇の儀礼を対象に論じられてきた。さいわいに『都氏文集』の一節は存在したが、貴族や衆庶の葬送儀礼に関しては断片的に知られるに過ぎない。ここでも天皇の葬送と仏事の関係を中心に言及することになるが、やはり史料的に厳しく十分な結論を得ることは難しい。筆者の考え方の筋道を説明するにとどまること、また天皇の葬送が日本社会の葬送儀礼全体をそのまま意味するものではないことは先に断っておく。

まずは黄幡について。これは葬列の先頭、あるいは棺と同車して墓所や葬所へ運ばれ、その後に上物として燃やされるものであった。これが仏具であることは上で論じたとおりであるが、ほかの仏具が棺内や骨壺内に入れられ、または加持土砂が棺内・棺上や墓上に撒かれることとは異なる扱いを受けていることも事実である。先述のようにこの黄幡の初見史料である醍醐の葬送では黄幡は輿の小屋形の中に置き、陵における埋葬後、陵穴の戸を閉じたときに法師が黄幡を建て、醍醐の甥の源英明が幡の端を持ったという（『吏部王記』延長八年一〇月一一日条）。ここから土葬では黄幡を墓上に建てる行為があり、その後に上物として燃やされていたと考えられる。火葬であった一条や後一条の例では、葬列でこそ官人が黄幡を持っていたとあるものの、荼毘所に到着してからの行為に関する言及はなく、黄幡は上物としてそのまま燃やされたらしい（『中右記』嘉承二年七月二四日条）。つまり、土葬と火葬では黄幡の作法に違いが存在していたのであり、醍醐の葬送では土葬の先例を参照していたことになる。これを前提に醍醐以前の土葬の天皇を挙げると、仁和三年八月二六日に亡くなり後田村（小松山）陵に葬られた醍醐の祖父光孝（『日本紀略』）、天安二年八月二七日に死して田村陵に土葬された文徳（『文徳天皇実録』）、嘉祥三年三月二一日に死去し深草陵に埋葬された仁明（『続日本後紀』）などとなるが、残念ながら先例についてこれ以上絞り込む材料は見当たらない。最小限の範囲にとどめるならば光孝ということになり、仏教的葬具であることを重視するならば、臨終出家を敢行した仁明も候補となるであろう。ただし、仏教信仰の面については、当時の貴族であれば程度の差こそあれ信仰は保持していたであろうから決め手とはなしがたい。史料の記述に基づいた推測としてはここまでである。

なお、天皇の葬礼では装束司などの葬司が任命され葬儀を遂行することからこうした新しい要素を取り入れることは考え難いとする異見も予想される。実際に文徳や仁明、光孝の葬送も任命された葬司が行ったものである。しかし、臣下の規定ではあるが喪葬令親王一品条には規定以外の葬具の使用を許可するとある。また清和や宇多のように葬司の任命を遺言により辞退する上皇の例はあるが、呪願の存在する村上の葬送では挙哀などの辞退はあるが葬司の任命を辞退する旨の記事がなく、醍醐や村上では葬司任命の記事もない。とはいえ、『西宮記』天皇崩御事には葬司の任用が述べられ（行事所ともあるが）、醍醐の葬儀は桓武や仁明と同じく中納言が最高責任者であり、在位中の天皇として内裏から葬列を発した村上の葬礼が葬司を任命しないまま後院などによって執行されたとすることにも疑問が残るはずである。天暦八年の皇后穏子の葬儀には葬司が任命されているように、葬司がまったく途絶えたわけではない。少なくとも譲位していない天皇の葬礼で仏事の催行が見られることは動かしようがない事実である。そもそも後述する聖武のように葬司が任命された葬儀においても令の規定にない仏具の使用があるように、葬司の有無と仏事の関係は大きな争点とはならないであろう。また醍醐の記事における先例が天皇以外の葬送を指すとすることも不可能ではないとはいえ、記事中に見られるほかの先例が穴を埋める「復土」は納言以上の役であったとするなど天皇の葬送と思われる例を挙げていることから、ここの先例も天皇の例とすることが妥当であろう。このような推論によって、先のように筆者は葬司の任命された九世紀の天皇の葬送のいずれかにおいて黄幡が取り入れられ、醍醐、朱雀、村上、一条以下の天皇・上皇の葬送儀礼の中に定着していったものと考える。あえていうならば、重体時には諸寺で『薬師経』や『灌頂経』一二に説かれる続命幡による祈願がなされ、死去間際に臨終出家を行い、葬送には方相氏と鼓吹を略し、山陵には卒塔婆が設けられて陵傍に嘉承寺が建立された仁明天皇の死に新たな仏教的要素を導入する余地があるのではないかとの予測を筆者は立てている。参考までに補足しておくならば、続命法とは玄奘訳の『薬師琉璃光如来本願功徳経』によれば病人を救うために持戒や飲食などによる僧の供養、七体の薬師如来像を造り礼拝しつつ薬師経を四十九遍読誦し、灯明や幡で四十九日間の供養を行うことで病を治す、あるいは薬師経を読誦し四十九尺の五色の続命神幡や燈を懸けることで閻魔王のもとに連れられた病人の魂（神識）が七日ごとの日に戻ってくるという中陰仏事と類似した仏事である。

この続命幡は天平勝宝六年（七五四）に行われた薬師法においても用いられているが（『続日本紀』同年一一月戊辰条）、『灌頂経』一二『仏説灌頂抜除過罪生死得度経』は『薬師経』の最古の抄訳であり、上記の続命幡燈法と類似の仏事を説くものである。さらに嘉承三年（八五〇）には疫病除去のための灌頂経法も行われている。このように仁明朝に『灌頂経』との関わりが見られる点は見逃しがたいであろう。また、黄幡の導入の経緯に関しては、一二月一九日から三日間、清涼殿に地獄変屏風を立て菩提流支訳の『仏名経』記載の過去現在未来の仏名を唱えて罪障を懺悔する宮中仏名会の恒例化が南都元興寺僧の静安の発願により始まったのは仁明朝の承和五年（八三八）であることや、さらには先述した法隆寺伝来の黄絁の灌頂幡のような南都における『灌頂経』と追善の関係から黄幡の葬送仏事化も南都を介したものかとも筆者は想像しているが、これについても今後の課題としておきたい。

次に呪願・導師儀礼であるが、これもまた確定するに足る材料に乏しい。初期の呪願僧らを見ると、醍醐の葬送では導師は天台の仁照、呪願は興福寺の基継僧都、藤原忠平はともに天台の少僧都禅喜と延昌が務め（『吏部記』天暦三年八月一六日条）、朱雀は天台の禅喜と鎮朝、村上ではともに東大寺僧で真言兼学の観理と法蔵となる。既述のように円仁の『入唐求法巡礼行記』に唐代の葬送として阿弥陀称名と呪願、つまり極楽浄土への往生を願う儀礼が執り行われていたことが記されており、これに『都氏文集』の叡山僧の呪願を合わせるならば天台による作法の導入の可能性を若干見いだすことができそうではあるが、確証とまではならない。八四七年に帰朝した円仁が持ち込んだものが、八五二年の都良香の父の葬礼に用いられることは不可能ではないとはいえ、迷うところである。円仁以後の天台僧によって呪願儀礼が普及したものであれば、天皇の葬送としては光孝あたりにその導入が考えられるが、これが唐代社会で普及していた葬礼ならば、もとは円珍とも親しかった真言入唐僧の宗叡にしたがって修行を行い、円覚寺で結跏趺坐して亡くなった清和の葬礼に採用された可能性も想定しうる。ただし、この時は葬司を任命しておらず、醍醐の先例にふさわしいかは疑問なしとしない。

残るは御前僧（念仏僧）である。醍醐の葬送では当たり前のように路次で諸寺による念仏が催されており、これも呪願と類似した経緯が想定可能であろうが、いうまでもなく積極的な証拠はない。中国の十念や呪願が墓前仏事であったことを踏まえると、円仁が導入した常行三昧のような行道仏事との関係があるいは考えられるかもしれない。黄幡が死者を救済し十方浄土に往生させるもので、呪願も死者が六道に迷うことを防ぎ阿弥陀仏に往生を願うもの、御前（念仏）僧が極楽往生を願うものと浄土指向的な要素に濃淡があることからも、黄幡と呪願・御前僧が由来の異なるものではないかとの推測は成り立つであろうが、それぞれの日本における葬送仏事としての確立経緯、天皇の葬送への取り入れに関しては現状では以上の推測を提示することが限界である。

初期の追善仏事

ここまで、事実を認定するための手続きを重視した議論を展開してきたが、葬送と仏事の関係については天武と聖武の葬送についても触れないわけにはいかない。

その前に、議論の前提として七世紀における追善仏事の受容を見ておくと、辛亥年（六五一）に笠評君左古臣のために子らが造立した観音像（法隆寺献納宝物一六五号）、戊午年（六五八）に夫や七世父母のために妻が阿弥陀仏像を発願したという根津美術館及び河内長野市観心寺蔵光背銘、壬辰年（六九二）に父母のために造立した島根鰐淵寺観音菩薩立像、丙寅年（六〇六あるいは六五六）に高屋大夫が妻の韓夫人阿麻子のために造像した菩薩像（法隆寺献納宝物一五六号）、いずれも上野国の渡来系の人々によるとされる辛巳年（六八一）に僧の長利が母のために建立した山之上碑、神亀三年（七二六）に父母や七世父母のための先祖供養の誓いを記す金井沢碑など七世紀半ばから八世紀初めには親や夫婦、「七世父母」のための造像や建碑が行われるようになっていた。それ以前の事例としては、厩戸王（聖徳太子）の死後に臣下の要望によってその魂の行先を描いたとする天寿国繡帳の制作、太子と自身の病の回復を祈って妃の膳姫が発願したが死去したために太子と膳姫及び母の菩提を祈るものとなった推古三一年（六二三）造立の法隆寺金堂釈迦三尊仏像及び太子追善のために高麗僧の恵慈が設けた斎など太子関連の造像・仏事がある（『日本書紀』推古天皇一九年（六一一）二月是月条など）。また盂蘭盆については蘇我氏主導の山田寺完成の推古十四年（六〇六）には釈迦の生誕日の四月八日と盂蘭盆の七月十五日に諸寺で斎を設けることが命じられ（『書紀』同年四月壬辰条）、大化三年（六四七）には四月と七月の斎における官人らの冠の着用を義務付けており、これらが公的行事として重視されていたことが分かる。これ以後、斉明三年（六五七）に「盂蘭盆会」、同五年には「於京内諸寺勧講盂蘭盆経。使報七世父母」（『書紀』同年七月辛丑条、同年七月庚寅条）と盂蘭盆の祖先供養としての性格が明確化され、法隆寺蔵の戊子年七月十五日記の銘を持つ平絹幡、七月一四日の供養米供出を記す八世紀初頭の長屋王家木簡（『平城京木簡』

一一一八六）、天平一九年の『大安寺伽藍縁起幷流記資財帳』の盂蘭盆用途料など幅広い史料に見られるようになる。ことに法隆寺の平絹幡は前年の丁亥年（六八七）に死去した人物のために奉納したと推定されており（東野）、食事の提供を主とする後世の盆とは異なり幡を奉納する形態の盂蘭盆行事（食事の共伴は不明である）が在地豪族によって実施されていたことを示す貴重な資料である。なお、阿弥陀信仰に関しては舒明一二年（六四〇）に唐からの帰朝僧の恵穏に『無量寿経』を講説させたこと（同年五月辛丑条）、蘇我倉山田石川麻呂の持仏あるいは山田寺を指すとされる「山田殿像」の銘を持つ阿弥陀如来像の存在などから（法隆寺献納宝物一四四号）、七世紀半ばには浄土経典の受容と阿弥陀像の制作が行われていたとされ、先の太子追善のための天寿国を無量寿国と解する説も有力である。天武天皇の喪を弔う新羅使が阿弥陀、観音、勢至の三尊像を進上した例もある（『書紀』持統三年〈六八九〉四月壬寅条）。極楽と並ぶ信仰を集めた兜率天の主である弥勒菩薩に関しても天智朝の野中寺弥勒菩薩像が伝存する。このように、七世紀は仏教による死者追善という概念や来世観が社会に広まっていく過程にあったといえる。

四十九日の中陰仏事や周忌仏事は、人は死後に中有にあり、四十九日を限度として七日ごとに生まれ変わり先が決まるという『瑜伽地師論』に説かれる思想による行事が、中国に入って在来の葬送儀礼の節目であった百日、小祥にあたる一周忌、大祥に相当する三周忌（実際は二年目）の斎を付加したものとされる。日本での追善仏事は一二世紀以後、時代を追うごとに七回忌、十三回忌、十七回忌、三十三回忌などと長期化する（多少の出入りはある）ことが指摘され（笹岡）、民俗行事では一般的に三十三年や五十年を区切りとして個人の追善を停止し祖霊化すると見なされるという。

日本における中陰仏事の嚆矢と思われる事例は天智四年（六六五）に死去した間人大后の初七日にあたる日に三百人の僧を得度させたという記事である（『書紀』同年二月丁酉条、三月癸卯条）。その後、天武のための追善仏事として節目に当たる百日目に五寺で無遮大会（『同』朱鳥元年一二月乙酉条）、諸寺での一周忌の「国忌」斎（『同』持統元年〈六八七〉九月庚午条）、五百日にあたる無遮大会（『同』持統二年正月丁卯条）、七年目の内裏の斎（『同』持統七年九月丙申条、『万葉集』、数え年では八周忌となる）があり、さらに天武天皇の衣服を袈裟として飛鳥寺で僧侶に分け与えたことも（『同』持統元年八月己未条）、経典に基づく追善行事と思われる。ほかにも天武のためと明記されていなくともこの時期の諸寺での斎が追善目的であった可能性がある。大宝二年（七〇二）一二月二二日に亡くなった持統は四日後に四大寺の斎、翌年正月五日に二七日の大安・薬師・元興・弘福寺の斎、二月一一日に四大寺及び四天王・山田など三十三寺で四十九日斎があったとある。四日後の斎は初七日を早めたか、あるいは中国北部で行われていたとされ（『釈氏要覧』）、元正や聖武死去時にも行われた死後三日目の斎のいずれかであろう（『続日本紀』天平二〇年四月壬戌条、天平勝宝八年五月丁巳条）。持統の時には、さらに御在所での百日斎（『続日本紀』大宝三年四月癸巳条）と諸寺における七百日斎（『同』慶雲元年〈七〇四〉一二月癸巳）が催されている。

次の文武天皇では初七日から七七日斎が四大寺で行われたとあるが周忌の記事はない（『同』慶雲四年六月壬午条）。遺詔により喪儀を用いなかったという元明は中陰仏事の記事がなく、周忌には華厳経などの写経や潅頂幡、道場幡を設けた京や畿内諸寺での斎が催されたという（『同』養老六年一一月丙戌条）。次の元正天皇は三日目と五日目に寺での誦経があり、初七日から七七日の誦経及び諸国の寺院での読経などは『続日本紀』に記録されるが（『同』天平二〇年〈七四八〉四月丙寅条など）、正倉院文書で周忌斎が確認できるにもかかわらず『続日本紀』には記載がない（大日本古文書三―一二五）。聖武の母の文武夫人宮子の三七、七七、周忌斎の存在も正倉院文書によって知られるが『続日本紀』には記されていない（遠藤）。宮子は皇后ではないため記されず、元正天皇の周忌は翌年四月が聖武天皇の東大寺行幸の時期と重なったこともあるかもしれないが、文武や持統の周忌斎も『続日本紀』に記載がなくとも恒例行事として修されていた可能性がある。このような『続日本紀』の編纂方針の問題もあるとはいえ、天武、持統の追善のために行われた百日斎はこれ以後長く史料に現れず、管見では一二世紀末にようやく史料に見えるようになるが、そこでは百日仏事は公家やしかるべき人々は修していない児女の俗説として扱われており（『定能記』建久四年〈一一九三〉六月二四日条）、百日斎の行事はいったん途切れたことが分かる。また後世の七周忌とは一年ずれた七年目の斎や七百日の斎など七という数字にこだわった斎はこれ以外の史料では見られないなど、初期段階では中国化した追善仏事をやや混乱したようなかたちで理解していたと考えられ、初期の仏教受容のあり方を示すものとして面白い。

天武の周忌は国忌と表現されているが（『書紀』持統元年〈六八七〉九月庚午条）、翌年の天智の忌日には国忌として毎年斎を行うことが命じられるなど（『書紀』持統二年二月乙巳条）、天武を嚆矢として天皇の忌日仏事としての国忌の制度も開始される。国忌は唐でも行われていた制度であり、これも中国仏教の受容の一環と捉えられる。天平七年には法隆寺で聖徳太子の忌日法要が開始され（東野）、興福寺では藤原氏の人々の忌日法要がなされるなど忌日概念も普及していく。また、長屋王が父高市皇子の三十三年目にあたる神亀五年から父母の作善のために開始した大般若経写経は現在まで伝わり、光明皇后は父不比等の十三回忌となる天平四年に父母の追善と聖武の福を祈願して一切経の写経を行うなど、長期の節目に行う作善も散見する（高島）。天皇以外の中陰仏事としては、天平七年（七三五）九月三〇日に逝去した新田部親王の初七日の前日に（『続日本紀』同年一〇月丁亥条）、

親王薨者毎七日供斎。以僧一百人為限。七七斎訖者停之。自今以後為例行之。

と親王が死去した際には七日毎に斎を行い、斎食は僧一〇〇人以下、四十九日で仏事を終了することを例とするようにとの詔が出されている。この詔については、当時の親王たちの間では一〇〇人以上の斎や四十九日以後も続く中陰仏事が盛行していたとする理解もできる（小林）。天平一六年閏正月一三日死去の安積親王への大伴家持の挽歌は、二月三日、三月二四日と死後二一日目、七〇日目と思われる日時に詠まれており、これが追善仏事にあたるとする考えもある。持統の七〇〇日仏事を見ればそうした可能性も大いにありえよう。しかし、上記の法令に関しては時期的に日本での追善仏事の導入から日が浅いことを考えるならば、規制というよりはいまだ十分に理解・定着していなかった中陰仏事を定式化することを意図した法令と捉える方がよいだろう。この後、正倉院文書には天平一九年に「服闋（周忌）斎食」の休暇の申請をはじめとして（『大日本古文書』九―三六四）親族の周忌や死去後一定期間の斎

食のための写経生の休暇申請書がいくつも残る（古瀬、大艸）。これらは必ずしも七日ごとの中陰仏事ではなく、数日間連続して斎を行った可能性もなくはないが、追善のための中陰・周忌仏事が社会に受容されていく様子を断片的とはいえ我々に知らせてくれる。そして中国や朝鮮でも同様の事態が起きているように、日本でも九世紀の初頭には法事の贄を競って田を売るなど弊害が甚だしくなり、親王から六位以下までの布施料を制限し、官人以外の「世俗之間。毎至七日。好事修福」と七日ごとに仏事を修する場合には三七日か七七日に一度だけ布施を与えるように規制するまでになった（『日本後紀』大同元年〈八〇六〉六月辛亥条）。とはいえ、これ以後も三善清行の『意見封事十二箇条』に周忌仏事の華美が批判されているように、その効果は乏しかったようである。

天武・聖武の葬儀と仏教

さて、仏事と葬送の関係について常に問題とされてきたのが天武のモガリと聖武の葬送である。天武の二七月に及ぶ長期のモガリでは、仏教との関連性が考えられる要素として僧尼による度々の挙哀や一周忌翌日の殯宮での斎、二度に及ぶ華縵の奉呈が見られることは先述した。挙哀が仏教儀礼ではないことは一目瞭然であるが、さりとて他の官人らに比して僧尼という集団の挙哀の回数が多いことも事実である。仏事でこそないが、僧尼による哀悼行為自体に宗教的な機能または帝徳の表現など何らかの意味を求めていた可能性までは否定できないであろう。華縵については、道場の柱や長押に懸ける金属や紐で作る荘厳仏具としての華鬘との説、「以華縵進于殯宮。比日御蔭」（『書紀』持統元年三月甲申条）と御陰とあることから貴人の頭上を覆う翳とする説（五来）、花を編んだ鬘などの見方があるが決定的なものはない。上記の御陰説については頭上に差しかける荘厳具であれば同様の説明は可能で、仏教儀礼においても散華や花摘み会など花に関わる行事が珍しくないこともこの華鬘の理解を難しくしており、これについては保留したい。次に殯宮の斎については、一周忌の九月九日に「国忌斎於京師諸寺」とあり、翌日に「設斎於殯宮」とあることからその関連性は明らかであろう。斎とは一般に僧尼に食を提供し功徳を得る行事である。奈良時代の造東大寺司写経生による「斎食」を論じた研究では「斎食」は僧尼を招いて布施供養を行うこととされ（大艸）、またすでに天平一九年には周忌斎会のため僧による経典の講説や写経を行うと述べている史料もある（『大日本古文書』九―三六四）。そこに講説などほかの仏事が伴ったわけではなかろうが、天武の殯宮における斎は長期間のモガリと周期的な追善仏事の導入が重なるという歴史的なタイミングによって生まれた稀な行事であることは間違いない。持統の場合、モガリは一年に及んだが一周忌はそれ自体の記事がなく（忌日として実行されたか）、寺院で行われる周忌仏事に付随して殯宮でも斎が行われるという事態が再現されることはなかった。

次に、仏教的な葬送として必ず言及されるものが聖武の葬送である。その葬列は『続日本紀』では以下のように表現されている（天平勝宝八年〈七五六〉五月壬申条）。

奉葬太上天皇於佐保山陵。御葬之儀如奉仏。供具有師子座。香天子座。金輪幢。大小寶幢。香幢。花縵。蓋繖之類。在路令笛人奏行道之曲。

聖武は平城京の北、佐保山陵に葬られたが、葬列は師子座、香天子座、金輪幢、大小の宝幢、香幢、花縵と蓋繖（キヌガサ）などが供奉する仏（像）に対する儀式のような荘厳がなされ、道中では笛人に行道の曲を奏でさせたという。幡や花縵、蓋繖は法会などで常用される仏具であり、行道は「設斎行道」「行道転経」（『続紀』宝亀四年〈七七三〉二月乙未条、宝亀元年九月辛巳条）などとあるように僧らが道場などを巡り歩く儀礼である。師子座も経典に頻出する仏座を指す表現で、香天子座は判然としないが用語や文脈から仏具としてよかろう。聖武の葬列用具は東大寺に施与され、正倉院には「師子座小杭」「香天子座小杭綱長四尺五寸」「花漫緒長一丈六尺」の銘を持つ繊維の残欠が残っている。これらは輿を担ぐ杭に付けた紐や綱、華鬘の緒などであり、師子座と花漫の銘には聖武の葬送当日である「天平勝宝八年五月十九日　納東大寺」とあることから葬送終了後ただちに納付されたとも指摘されている（稲田、正倉院には聖武死去の五月二日銘の櫃覆いの綱も残されており、聖武の追善行事に関連する可能性もある）。こうして保管された用具は寺院の法会にも転用され、天平宝字六年には造石山院所が聖武の葬送で輿人が用いた衣装の借用を東大寺に申し出たとある（『大日本古文書』一五―一六二）。さらに、別の文書には「御陵所」から約五センチの純金観音像と付属の水晶と琥珀でできた座、琥珀や白檀で作られた五重の納殿（厨子）を請うたとあり（『大日本古文書』四―一〇六）、ここから聖武の「御陵所」に観音像が安置されていたことが判明する（遠藤）。時代は大きく下るが、死者を仏として扱う中世の葬送儀礼の文献上の初見とされる弘安五年（一二八二）の日蓮の葬送では（勝田）、幡や天蓋などの仏具、さらには釈迦仏像や日蓮の選んだ経典の要文集が葬列に伴い、埋葬後には仏像や要文集が墓所の傍らに安置されていたという（『鎌倉遺文』一四七二二）。時代背景の異なる日蓮の事例をそのまま聖武の葬送に当てはめることはできないが、『続日本紀』の獅子座以下の記述や「御陵所」記事の解釈によっては聖武の葬送においても純金観音像が同道し、埋葬後に「御陵所」に奉安されていたと想定することも可能である。もっとも、その場合にも「御陵所」の性格や葬礼仏具の納入日時などの問題は残る。「御陵所」の性格については、聖武の葬送後、近臣の坂上忌寸犬養、鴨朝臣虫麻呂が山陵に奉仕することを願い出て認められ（『続紀』同年五月乙亥条）、さらに聖武の看病禅師として信頼の厚かった法栄が山陵の傍にて聖武の冥路を祈ることを許可されているが（『続紀』天平勝宝八年五月丙子条）、どちらも私的な申し出によるものである。山陵の傍で公的に追善仏事が行われることは、早良親王の祟りなどを除けば、桓武の三十七日仏事が山陵で行われたこと（『日本後紀』大同元年〈八〇六〉四月辛丑条）、仁明天皇の深草山陵の近陵七寺での中陰仏事まで下る（『文徳実録』嘉祥三年〈八五〇〉三月乙巳条）。したがって、「御陵所」で大規模な追善仏事が行われたとは考えにくく、小さな仏堂程度のものであったと思われる。また葬具は東大寺に納入されているが、これについては銘文の日時は納入日ではなく本願である聖武の葬送に用いられたことを示すもので仏具などは葬送後しばらく山陵に安置していたとして問題ない。また、この仏像を葬列の「獅子座」の主とするにはあまりに小さく、そもそも聖武の棺をどのように運んだのかといった疑問もある。これも獅子座の上に棺を安置し、その側に観音像があったといった想定も不可能ではなかろうが、この時には「造方相氏」が任じられているように仏具以外の通常の葬具も存在し、棺についても別に喪車があったと考えることもできる（稲田）。観音像が葬列とは別に山陵にもたらされた可能性もあり、ここでは様々な選択肢が想定可能であることを示して葬列の問題は一旦留保しておく。なお、観音像の安置期間についても史料の制約は如何ともし難いが、聖武の四十九日である六月二一日以後から七月にかけて聖武の遺品が東大寺や法隆寺など各寺院に施与されていたことを参考にするならば（『大日本古文書』四―一二一）、聖武ゆかりの仏像が中陰や周忌など一定の区切りまで山陵に安置されていた可能性が考えられようか。

それでは、仏具を用いるという聖武の異例の葬儀の意味をどのように考えるべきか。葬送儀礼としての側面については、中世以後の天蓋などの荘厳具を用いた葬送のように、死者を仏として来世に送る（あるいは死者が仏の世界に赴く）ことを表現した儀礼であったと考えることができる。しかし、聖武の葬送には仏事や僧の存在は記されていない。平安時代の葬送では死者の救済・往生を願う仏事は行われてはいても荘厳仏具を用いることはなかったことを鑑みるならば、聖武の葬送の仏教的な性格が抜苦得道・極楽往生を願う平安貴族たちの葬送仏事とは異質であることもまた明らかである。この特殊な儀礼の理念を考えるうえで注目されるのが、一二世紀に編纂された東大寺の記録『東大寺要録』八に載せる東大寺大仏殿に懸けられていたという東曼荼羅の銘文である。この銘文は平安時代に二度修繕が行われたが『東大寺要録』の時点でも判読困難であったとあり、解釈も難しいが、先に聖武生前に観音像が織られ、さらに彼の一周忌に際して聖武の成道と光明皇后及び称徳天皇の安穏長寿を祈って完成させたものであるらしい。同書によれば、まずは右側に天平勝宝六年三月一五日に「観自在菩薩像」を織ったとの銘文があり、左側には東大寺で行われた五月二日の聖武の周忌の日に観音の三三変の姿を織ったこの功徳によって聖武が「成道」し、然る後に「□神八正陪舎那之蓮台」と盧遮那仏に陪することを記しているという。難解ながら、最後に紹介した一文にあるように、死せる聖武の霊が観音の導きによって東大寺の大仏・盧遮那仏の蓮台へ至ることを願っていると読め、そうした観音への期待は聖武生前の意志に起点を持つとすることができるであろう。光明皇后による四十九日願文にも「舎那法延」に逢い普賢菩薩や文殊菩薩とともに衆生に仁徳をもたらすとあるように、聖武が極楽ではなく盧舎那仏の世界へ向かう（盧舎那仏に比肩する）ことが志向されていたことはほぼ確かである。この理解が正しければ、先ほどの観音像が山陵に安置されていたこと、場合によってはそれが葬列に同伴していた可能性もあることが重要な意味を持ってくる。五センチ程度の小さな像とはいえ、純金や白檀、琥珀などの豪奢な造りは聖武ゆかりの品としてふさわしく、かりに葬列に伴っていたとしても外部からはほぼ見えないであろう小さな仏像は、聖武の仏の世界への旅立ちの先導者としての役割を期待され、聖武の傍らに寄り添っていたのではないかと考えられるのである。中国の高僧、たとえば高名な天竺求法僧であり、日本の入唐僧道昭の師としても知られる玄奘は、「京城僧尼造幡蓋送至墓所」と幡蓋を用いて墓所まで送るべしとの皇帝の勅がだされたなどとある（『大唐大慈恩寺三蔵法師伝』）。つまり、葬具として仏教的な荘厳具を用いることそのものが死者を仏弟子として敬う威儀を示すものであった。たとえそこに方相氏などの葬具が併用されようともそれが威儀の妨げになるわけではない。聖武の葬礼には僧による仏事はおそらく存在しなかったであろうが、後代の極楽往生を願うための仏事とは性格や理念こそ異なるものの、仏弟子として仏（像）を荘厳するがごとき儀式作法をもって弔われたことそれ自体が、聖武の仏の世界への旅立ちという仏教的理念を可視化したものであった可能性はきわめて高いというべきであろう。

さらに葬送における葬送仏事の導入について付け加えておくならば、光明真言による加持土砂の由来についても一考の余地がある。既述のように加持土砂は『不空羂索神変真言経』『尊勝陀羅尼経』などの経典に説かれており、文献史料ではその葬送における実行は天台の寛和二年（九八六）の慶滋保胤『横川首楞厳院二十五三昧起請』、永延二年（九八八）の源信『横川首楞厳院二十五三昧式』に加持土砂を屍に置く（撒く）とあることがその初見となる。しかし、考古学的には一〇世紀前葉の大阪府柏原市太平寺安堂古墓の火葬蔵骨器から発見された砂や九世紀前半の大阪城三の丸跡を出土の木棺墓中の砂の塊を加持土砂ではないかとする見解がある（小林）。これを仏教学の面からみると、加持土砂は七世紀の新羅僧・元暁撰とされる『遊心安楽道』にも『不空羂索神変真言経』を引用するかたちで取り上げられており、この『遊心安楽道』は朝鮮に見られず日本のみに伝存することから日本の仏教学では日本撰述説が有力である。そしてその述作時期は『遊心安楽道』を引用する最初の文献が一一世紀後半の天台浄土教の『安養集』以下の書であることから一〇世紀半ばの天台僧によるとする説（落合）、『遊心安楽道』の引用文献が八世紀以前のものであることや奈良時代の『不空羂索経』の書写事例などから八世紀の東大寺僧智憬が述作したものとする見解がある（愛宕）。かりに後者の説によるならば奈良時代には土砂加持に着目した日本僧が存在したことになり、考古資料との整合性も取りうるのである。確実な裏付けを取る事は難しいが、葬送仏事の受容と普及に関して一つの示唆を与えるものと評価できる。

中世天皇の葬礼

葬送仏事と荘厳仏具の使用の意味合いの相違を説いたが、それでは中世の葬礼とはどのように行われていたのであろうか。これまでの研究で、一四世紀初頭を画期として天皇の葬送が泉涌寺の律僧をはじめとした禅・律・浄土僧らの一向沙汰になり、遺骨が深草法華堂や伏見般舟三昧院などへ納められるようになることが明らかにされているが、その変化は文保元年（一三一七）の伏見上皇（大石）、あるいは葬送の費用や葬具の調達、担当者の奉行形態の分析から嘉元三年（一三〇五）の亀山法皇の葬礼が起点となると指摘されている（大塚）。中世の葬送儀礼については、先に触れた室町将軍家の葬儀を中心に中世後期の葬礼の特質を析出した勝田氏の研究をはじめ、また貴族階層に関しては平生の儀（密葬）に関するもの（前嶋、的場、島津）、大外記の中原家や一条家の葬送・追善などの個別事例を主とした分析などがある（伊藤、赤田、水藤）。貴族たちの葬送には時宗や浄土宗西山派、禅・律僧らが関わっていたようであるが、残念ながら、この時期においても儀礼の細部までは分かりづらく、詳細な史料はやはり天皇に限定されてしまう。一四世紀後半以後の天皇の場合、禅僧となっていた貞治三年の光厳上皇、応永五年の崇光上皇を除いて泉涌寺の律僧によって執り行われたが、泉涌寺律僧による儀礼は大陸風の禅宗様式に准じたものであった（原田）。したがって、中世後期の天皇の葬送は基本的に禅宗様式であったことになるが、狭義の葬送儀礼以外の諸々の習俗や服喪などを含めた葬送習俗全般を前代と比較するため、比較的詳細な菅原和長『明応凶事記』の残る明応九年（一五〇〇）九月二八日の後土御門天皇の死去から葬送までをあらためて確認しておく。

天皇の死去には善知識を務める予定であった浄土宗の浄華院長老が間に合わず、居合わせた般舟院僧が臨終十念を授けた。枕返し役は正長元年（一四二八）の称光天皇時に枕返しを務めた三条西公保の子の大納言実隆と菅原長政の一族の子孫である殿上人の菅原和長が命じられ、実隆は枕ともども、和長は膝の上を持って南から北首に廻し、その後に僧らが西面（右脇）に直したという。後に、じつは先例では遺体に触らず畳（表）を持つことが仕来りであることが判明したが、この時点では正長の記録にそうした注記がないことから実隆の命により遺体を持って回したという。細部の記録がないと実践に困る良い例である。ちなみに、装束についても冠の纓を内側から巻くか外側から巻くか、眉を描くか拭うかで諸人の見解が分かれたとある。作法を守ることはかくも難しいというべきであろう。

入棺は一〇月四日、所役を命じられた和長らが伺候し、泉涌寺僧の雲竜院らが沙汰した。入棺や荼毘については先例では雲客つまり貴族方の行事であったが、中古からは禅律僧ら遁世僧である黒衣の沙汰となり俗中は知らざることになったといい、応安の後光厳や正長の例もそうであったとする。入棺は臨終から伺候した般舟院僧と泉涌寺僧両者が共同で行った。沐浴は、昔は臣下が榼で注ぐだけであったと和長が記しており、湯帷子を用意したともあるから現在の湯灌のように通常の沐浴が行われたことが分かる。棺は泉涌寺が用意し、棺と称するがじつは桶に絹張したものを用いたとあるから座棺である（勝田）。応安七年（一三七四）の後光厳の例でも錦で包んだ桶に遺体を入れたとあり、それが通例となっていたらしい（『凶事部類』）。装束は和長が僧に渡したとあるが、白の帷二枚や下袴、靴下に、直衣や普段着用の赤袴、念誦を用意したが直衣などは棺に入れただけとあり、沐浴後の遺体には白帷子や下袴、靴下を着せただけのようである。入棺の後、板上に茵を敷いた上に西面に棺を置き、周囲に屏風を廻らし、西側の白木の棚に御膳と手水を供える。これは近臣の役で、四膳と菓子一膳を盛り、水は柄杓で三度落としてから手拭いを盥に懸けるというから、死者が水を使ったことを示す所為であろう。この夜から般舟院僧は帰ったといい、これ以降は泉涌寺僧の行事となる。

葬礼は大幅に遅れ、一一月一一日となった。葬礼の費用は武家が寺に一万疋を下行したが、和長は正長の例では二万疋でも少なすぎるといわれたと寺に同情している。葬所は泉涌寺山門跡の西南角に設けられたが、当時の葬所は平安時代とはかなり構造が違い、最初に棺を運び込む仏殿と葬場殿（荼毘所）の二つの建物を設ける。この時の葬場殿は宝形棟の檜皮葺一間四面の殿舎で、中央に六角の火炉があった。四面には扉を有する白木の鳥居の門があり、その額には東に発心、南に修行、西に菩提、北に涅槃と仏道修行の階梯を示す言葉が金で記され、棺は涅槃門から入る。平安時代に北を憚っていたこととは大きく異なる。棺を載せる輿は八角の龕の四方に鳥居を設けた形で、輿の持ち手となる白木の轅は絹で覆う。さらに唐錦で作った四本の大幡、竜首と天蓋もあったという。竜首は竿の先に付ける竜頭型の金具、天蓋は仏を荘厳して頭上に翳す仏具のことで竜首の口に紐で吊るしたと思われる。四本幡は『諸回向清規式』四によれば、黒紙を切って幡を作り、それぞれに「仏法僧宝」の一字ずつを書き、その下に「諸行無常」「是生滅法」「生滅々已」「寂滅為楽」と書くとあり、各地の民俗事例でも用いられたものである（勝田、藤井）。天蓋は同じく『諸回向清規式』によれば、逆万字と「迷故三界城」「悟故十方空」「本来無東西」「何処有南北」と書くといい、天蓋の四隅に垂らす幡に書いたと思われる。

この龕や天蓋、幡の由来については勝田氏の論に詳しい。龕は北宋の崇寧二年（一一〇三）成立の『禅苑清規』「亡僧」項に亡者を沐浴、剃髪し桶に座らせてから龕に入れるとあるように、禅宗由来の葬具である。幡と天蓋については、「亡僧」に延寿堂（禅院の看病・臨終の場）前に安置した龕に香華を供え、無常の偈を書いた白幡を造るなどとあることから、勝田氏も当初は禅宗由来のものとした（二〇〇三）。しかし、ここには天蓋がないこと、また前述の弘安五年（一二八二）の日蓮の葬送に宝華などとともに天蓋と幡（幡持ちは二人とある）が見えること（『鎌倉遺文』一四七二二）、一三世紀後半とされる滋賀の聖衆来迎寺蔵の国宝『六道絵』「餓鬼道飢渇苦」の火葬の場面にも天蓋と四本の幡が描かれていることなどから、天蓋や幡は往生における聖衆来迎のイメージをもとに天台浄土教の系列で発達したものかと見解を修正されている。来迎イメージによる葬送の華美化はつとに渋沢敬三氏によっても指摘されたところではあるが（こちらは華美化に重点がある）、勝田氏による死者を仏として扱うという葬礼の宗教的理念の変化の指摘は日本における死者観念の変容を考えるうえでも重要なものであろう。

ただし、勝田氏も注意されたように『六道絵』「生老病死四苦相」の葬列の二番目の幡のような葬列の前に立つ幡、あるいは『北野天神縁起』八や『法然上人絵伝』一三などの棺の後端や先端に立てられた御幣は先述した黄幡との共通性も見過ごすことはできない。『諸回向清規式』の天蓋の逆万字は『作法集』曳覆いの一説にも見られ、「迷故三界城」以下の句は墓所占定作法の四方の地取りにも用いられており（ここには死者を仏とする観念も若干見られる）、無常偈も呪願作法で唱えられていたものである。『禅苑清規』「亡僧」項には臨終や荼毘時の十念が見られるように浄土思想が濃厚で（永井）、かつ在来の習俗を柔軟に摂取する。たとえば天文十九年（一五五〇）東山慈照寺（銀閣寺）で行われた足利義晴の葬礼では伊勢貞清が馬を引き火屋を三周させたとあるが、これは一四世紀前半の伊勢神領の葬礼でも行われていた道馬、つまり在来の葬送儀礼である。『諸回向清規式』には黄幡頌として「当願衆生　黄幡法王　幡蓋十方　諸天菩薩　皆来守護」の偈が挙げられ、また亡者の出棺時刻に関しては「弘法大師無縁葬次第」説の引用も見られるほか（上掲『作法集』「無縁葬作法」などにはなく、元興寺蔵『入棺作法』や『二巻抄』などの後世の真言系次第書に記載がある）、全体として十王思想や十三仏、吉事や吉方、喪服などの在来習俗が広範に取り入れられている。このように禅宗の葬送も浄土思想や在地習俗などを包摂して構成されており、泉涌寺の律僧や禅僧らが沙汰した中世天皇の葬送で黄幡偈や天蓋の文字が用いられたかまでは分からないが、枕返しや服喪など平安時代以来の儀礼と鎌倉時代に発展した仏具の使用、大陸風の禅宗様式が融合した葬送儀礼が行われていたことは分かる。おそらく、当時の貴族たちの葬礼でも大きな枠組みは共通しつつ階層、関与する僧の違い、先例の参照などによって多少の差異を含むかたちで葬礼が行われていたのではないかと思われる。

さて、後土御門の葬礼の話に戻ると、葬列に供奉する人々が整列して履物を履く。これは女房の用いる鞋であったという。車は絹で包むというが、賀茂祭の糸毛車であるために華美を隠すために包むと説明されている。賀茂祭の糸毛車は仁治の四条天皇、正長の例などでも用いられている（『薩戒記』正長元年〈一四二八〉七月二九日条）。車を寄せ、前左大臣花山院政長が簾を挙げて黒衣たちが棺や香炉などを車に載せ、棺を車の手形に結ぶ。御前の灯明の火を松明に付けて御前の香炉を出すともあるから、枕火や香炉も依然存在していたが、御前の灯明の火を出す役は僧が務め、御前の香炉を出す役も女房の役から黒衣の沙汰となったとあり、屏風の中の沙汰は僧の役となっている。灯明を移すために用いた脂燭の火は庭に落として消し、吹き消さないことが故実であったという。続いて、車は北御門の東側の築地を壊して出し、大夫二人が松明を取り先導し、院庁の官二人、車、香炉の大夫、院庁の輩、三男の円満院宮、前左大臣、公卿らが随従した。行列については生前のごとき如在の礼があったとあり、また庁官の供奉は天皇としての葬礼は経営が困難なため院庁の主催行事の形態をとることが近代の例であること、大臣の前を子息の円満院宮が進むことは不審であるなど儀式運営の注記がある。築地を壊したことについては、正長では北門を通ったが、今回は小御所に御座する新天皇が北門を吉事の門として利用するために北門を避けたという。平安時代の道長の娘嬉子の例と同様の、狭義のケガレではなく吉事と凶事を区別して不吉を避ける意味であった。葬所に着くと、先に仏殿に輿を下す。仏殿とは荼毘所とは別に葬所に設けられる建物のことである。棺を下すときは屏風を立てて見えないようにする。御膳を供えて雲竜院が疏を読むが、この疏は儒者である和長の草したものである。次に輿を出して火炉の周りを三周し、下火（火葬前の禅宗式の仏事）を行う。三周することは上位者への敬意を表するインドの儀礼に由来し、日本では室町時代の葬送から確認され始める儀式である（勝田）。念誦が終わると炉に入れ、僧らが出て涅槃門を閉ざす頃には煙が上がり始める。翌朝、甘露寺親長を上卿として収骨があり、骨の一部は上卿が首にかけ深草法華堂へ、ほかは泉涌寺の雲竜院、般舟院、山城の常勝寺に納められた。収骨の詳細は記されないが、この時は上卿と寺僧が各々骨を拾ったらしい（尼寺常勝寺の尼は来なかったという）。弘治三年（一五五七）の後奈良院の収骨では伝奏広橋大納言と嵯峨二尊院の長老、正慶論師の三人が収骨に従事し、正慶論師が役者を務めたとあり、当時の天皇の収骨は数人で行うものであったようである（『後奈良院収骨記』）。

葬送が終わっても追善や喪礼は残る。火葬の十二日後になって新天皇へ遺言の奏が行われた。そして十二月十一日夜、葬送の一月後になってようやく天皇の倚廬渡御の儀がなされる。竹や筵、鈍色の帷や墨染端の畳などによって倚廬が設えられ、次第に則って天皇が錫紵を着したが、陰陽師の勘文には吉方を載せ忘れていたという。この時、天皇が錫紵を着したことを聞いた素服の公卿たちは殿上から北陣に向かい、北門前に列立して素服を着脱し、女房達もまた北陣で練り絹の上から素服を着脱した。その後、女房らは鈍色の衣と柑子色の袴を着して天皇に内膳司の黒御飯を供え、すぐさま徹して御厨子所の精進の五種の御膳を供えたという。形式的ではあるが、天皇に随従して素服を着たというわけである。除服は二十三日、先規通りの十三日間の着服であった。素服の色や形状については、長さは半服で衿はあるが袖はなく装束の上に羽織るものとあり、色彩は蔵人所の進めた公卿の素服は白ではなく「墨染」とされるなど、服喪制度の大枠は受け継がれつつ、着服の時期や喪服の色などの細部は変化していることが読み取れる。素服については、文和二年（一三五三）に前関白二条良基から素服は「ふしがね染」の黒かと尋ねられた有職家の三条西実隆は、素服は白色で染めずに直衣のように仕立てたものであると答えているように（『園太暦』同年九月二九日条）、すでに一四世紀半ばには黒色との認識が広まっていたようである。元久元年（一二〇四）の藤原定家『明月記』には着服に際して「卯時染色、午時裁縫」と縫い合わせる前に色を染めるとあり（『同』同年一二月一日条）、これが素服であればこの時点で素服を染めていたことになるが、おそらくは下に着る鈍色の衣を指すと思われる。詳細は今後の課題とするとしても、『園太暦』でも素服は染めないとわざわざ断っているように、死の色としての白から喪の色としての黒への変換が徐々に進行しているさまは窺えよう。

僧の関与と俗人の役

平安時代の葬送と比較すると、後土御門の葬列では松明や香などは見られるが御前僧はおらず、葬列の前に鞋は履くが白杖や当色などの用具は姿を消している。遺体の扱いに関しても枕返しこそ近臣らが従事しているが、その後の沐浴、入棺から火葬に至るまでの遺体と棺の扱い、屏風の中の行為は黒衣の沙汰となっている。ただし、入棺後の棺への御膳の供奉なども見られ、近臣や縁故者の葬列供奉も当然ながら存在し、収骨役一人と代々の例である深草法華堂への納骨は公卿がその役を務めている。

俗人と僧の役割の境目は時代と時々の状況によって変動する。広橋親光『薩戒記』に記す正長の称光天皇の葬送からその事実を確認しよう。この時は事切れるとまず夜大殿の神璽と剣の所在を確かめ鍵を閉ざしたという（正長元年〈一四二八〉七月二〇日条）。次に母屋中央の机の上に懐剣を置くとあり、民俗例のように刃物を置いている。そして天皇の小袖を脱がせて湯帷子で覆った（先例は生絹とある）。枕元では律僧たちが菩提を祈る光明真言を唱えており、奉行に任命された甘露寺親光は彼らの食事を手配したという。翌日、剣璽の新帝への渡御を終えると昵懇の人である三条西公保と菅原長政が北首に直した。

じつは本来ならば北枕以前に遺体を動かさないはずであるが、内裏女房の命により子細を知らない律僧が畳を徹して板の上に伏せ、先のように小袖を取って帷子で覆わせていたので騒動になったという。さらにその次の日には入棺役の少納言以下七人による入棺が行われた。先例では葬送の夜に行うが、夏場の腐乱を恐れたため早めたものという。親光は御前僧（顕密僧と思われる）の一人が入棺を行事（監督・運営）するものかと思ったが、律僧が沙汰するものであったと記す。棺は泉涌寺雲竜院が用意し、入棺役の雅実が直衣などの天皇の日常の装束や枕を棺に納めてから泉涌寺の律僧たちが入棺したという。ここでは律僧が遺体の入棺を手掛けているが、本来は近臣らが遺体を入れるべきであるが先例を知る者がいないため律僧が一向に務めたといわれており、また雅実は正しくは遺体の上に入れるべき装束を誤って棺の底に入れたとも指摘されている。つまり、この時にはまだ入棺は近臣らの役とする意識も残っていたと同時に、すでにそれは有名無実なものとなっていたのである。棺は北首とあり寝棺と推測されるが、翌日に実見した親光の記すところではその寸法は長さ四尺許、広さ二尺許、高さ一尺五寸で周囲に錦を張り、棺の北方には小型の阿弥陀木像を安置していたとある。これは長さ一二〇センチ、幅六〇センチ、高さ五〇センチほどとなり、座棺ではないが伸展姿勢では収まらず、仰むけか横向きで膝を曲げる姿勢でないと入棺は無理である。入棺後には棺の西側に御膳と手水を供えたとあるから、あるいは西面横向きであった可能性もある。すでに『伝授類聚抄』にも近来の棺は長さ四尺ばかりであると注記されており、嘉元三年（一三〇五）の亀山院の葬礼では長さ四尺八寸（約一四四センチ）、高さ一尺四寸（五二センチ）、幅二尺四寸（七二センチ）の棺が用意されたとあるが、亀山院の棺を輿に載せる際には棺の長さを心配した西園寺公衡が車の輦戸を外しておいたというから、これでも長いと感じたことになる（『亀山院崩御記』）。また一三世紀から一四世紀頃の鎌倉の由比ヶ浜中世集団墓地遺跡からは仰向けや横向けで膝を曲げた姿勢の遺骨が多く発見されている。よって、少なくとも一三世紀末頃には屈曲姿勢による埋葬や入棺が広く一般化していたと推測され、遅くとも一四世紀初頭にはそれが天皇の葬送にも波及し、正長の頃にはすっかり定着していたわけである。入棺を終えた称光天皇の葬礼は死去から九日後、戌刻に土御門殿北門の上土門を発し、人々が見物する中、賀茂祭の赤の糸毛車に棺を載せ、松明や香、前大臣や大納言以下の人々が供奉して正親町小路から京極大路を南行、河原に出て泉涌寺に向かった。人々の装束は衣冠や直衣など様々であったが藁沓を履き、念誦を持つ者もいたという。さらに御前僧と呼ばれる僧たちが中陰仏事に参入していることは分かるが、葬列には記されていない。

『薩戒記』には葬送の役人を記す定文は近代では作成されないとあるように、俗人の行事がかなり減少している段階ではあるが、それでもこの時には枕返し以外にも入棺には近臣らが一応従事しようとはしている。しかし、装束の入れ方を誤り、また入棺の方法も判らなかったとあるように彼らにはすでにこうした面に関する知識はほとんどなくなっていた。女房の指示による北枕の混乱も、畳を外すといったことはむしろ平安時代の先例に近く、『明応凶事記』に正長の例に遺体の持ち方の所見がないとあることは、かえって枕返し役の三条西実隆らにどれほどの知見があったかを疑わせるものである。これに先立つ応安七年（一三七四）の後光厳院の例でも入棺などは律宗の安楽光院（泉涌寺僧との風聞もあった）の沙汰で近例では俗の沙汰ではないとされており（『公定公記』同年正月三〇日条、『後愚昧記』同年二月二日条)、正長の時点では遠い先例を調べることはできても近例や経験者による口伝などはすでになく、混乱することはやむを得ない状況であった。正長の葬礼で近臣が入棺を行うことになった経緯は定かではないが、先規では俗人の沙汰であったという意識が残っていたためにそうした指示(あるいは治天の後小松か)が出されたのであろう。しかし、それはすでに現実的なものではなくなっていたのである。応永では白杖に関しても古来は用いたが(近来は)突かないとあるなど、藁沓のようないくつかの要素を除いて葬礼の内容が変容しつつあることが確認できる(『後愚昧記』応安七年二月二日条)。応安ではさらに御前僧と呼ばれる僧たちは葬礼出立後の土御門殿の日仏供養に従事したとあり、すでに御前僧は葬列に供奉せず中陰仏事の籠僧の役割に専念している模様である。さかのぼれば、文保元年(一三一七)の九月の伏見上皇の葬礼でも法華堂への納骨は院庁執権の前大納言経親が務めたとあるが、入棺は浄土宗の浄金剛院長老の本道上人が行い、棺を車に載せることや深草での火葬なども上人らが沙汰したとあり、俗人の沙汰ではなくなっている(『伏見上皇中陰記』)。これに対して、嘉元二年(一三〇四)の後深草法皇の葬礼では入棺や荼毘役の人々が棺を車に載せており、山作所次第には山作所で導師・呪願の儀が行われ、荼毘の際には御前僧らが念仏や誦経を行うと記されるなど、平安時代の葬礼と基本的に同じ構造であることが分かる(『後深草院崩御記』)。そしてその一年後、嘉元三年(一三〇五)の亀山上皇の葬送では入棺や荼毘も浄金剛院の本道上人が門弟六、七人を率いて沙汰する「一向沙汰」によって行われたという(『亀山院崩御記』、大塚)。山作所は二重の垣に鳥居を一つ設ける従来タイプの構造であったなど、すべてが一度に変化したわけではないが、棺は本道上人らが持ち込み、遺体や装束の入棺は上人らの手によって行われ、西園寺公衡ら伺候する公卿たちは本道上人の指図に従って袈裟や独鈷、護りなどを上人に手渡す役を務めたというから、上人が主導する葬送行事であったといってよい。また火屋には天蓋（絹二丈二尺で一貫文）、幡四流（絹一丈で五〇〇文）、八葉（絹二尺六寸で一五〇文）などの仏具という新しい要素を備えていたともある。かくして、料物の調達法などの検討によって亀山の葬礼から天皇の葬礼の構造が変化し始めると指摘した先行研究の説は（大塚）、遺体の扱いや仏事といった儀礼の側面からも裏付けられることになる。「称光天皇御葬礼記」には保元から嘉元二年までの天皇の葬礼では棺を下す以前の「導師・呪願之儀」が存在したが嘉元三年と文保以来この事が無くなったと記す（『泉涌寺史資料編』、大石、大塚）。先行研究でも参照されてきたこの一文がいうごとく、この時に九世紀以来の顕密僧による導師・呪願儀礼の伝統が途絶えたことは、同時に俗人による入棺などの葬送行事への供奉もまた消滅していくことをも意味していたのである。

一向沙汰と遺族の役割

以上のように、火の消し方や刃物のような俗信的行為も含みつつ、浄土僧や禅律僧ら寺家の「一向沙汰」の導入によって天皇の葬送儀礼の構造は変化していった。古代から中世の天皇の葬送を通覧した大石氏が、社会で普及したものが天皇の葬送に取り入れられるという見通しのもと、禅律・浄土僧の社会的影響力の指標の一種として天皇の葬送を取り上げたように、中国の礼制や追善仏事、平安初期の服喪儀礼の導入などはさておき、少なくとも一〇世紀以降の天皇の葬送儀礼における変化は社会の傾向を反映した部分があったと予想される。本書第二章で扱った出棺後の竹箒による掃除の慣行が院政期の天皇の葬送に見られるようになる前の『日本書紀私記』に記されていたことも、その一例といえよう。

僧による一向沙汰についても、勝田氏がいち早く指摘したように「一向沙汰」の文言は一二世紀末の貴族の日記から見え始めており、天皇よりも早く一三世紀後半には貴族層で普及していたものと思われる。その初期史料は神祇伯家の童が死去した際に大原明観上人に「一向沙汰」させた例と（『仲資王記』建保元年〈一二一三〉七月二三日条）、若年で出家した吉田経房の娘の葬送を大原明定上人に委ねて故人の遺言のままに（方忌・土用を憚らず三日以内に大原の墓所に埋葬）沙汰をさせたという事例であるが、経房は思うところがあって娘の臨終に立ち会わなかったとも記しており、この時期にはこうした形態はいまだ限定的なものであったことが察せられる（『吉記』寿永二年〈一一八三〉一一月一〇日条）。その後、一三世紀半ば以降には亡者藤原（吉田）為経の指示により善知識の戒音上人が「一向沙汰」（『経俊卿記』康元元年〈一二五六〉六月九日条）、「御入棺以下一向聖人沙汰」（『兼仲記』文永一一年〈一二七四〉四月一六日条）などとする史料があり、「御入棺以下」の文言からは枕返しなどを俗人が行っていた可能性が読み取れ、これは先の称光天皇らの例とも一致する。文永四年の西園寺公相の葬送の夜には周辺に流血があり、入棺に奉仕した東大寺律僧の実相上人円照が髑髏法を修するために頭部を切り取ったかと疑われる事件が起こったが（『民経記』同年一一月二四日条）、これも入棺に俗人が立ち会わない僧による沙汰であったことを示すとしてよいであろう。実相は叡尊らに師事した著名な僧であるが、それでも疑われるほど外道の髑髏法は当時の人口に膾炙していたらしい。そして、康永四年（一三四五）の中原師守の母の葬送では、文永八年（一二七一）や嘉暦（一三二六—一三二九）の大祖母や祖母らの先例に倣って僧の一向沙汰とし、遺体を律宗の地蔵堂に「盗み出し」てから中原家の墓所があった霊山寺で土葬したという（『師守記』同年八月二三日条）。当然、葬送には師守や青侍らも歩行で随従しているものの、遺体の扱いは僧に委ねられていたことが分かる。史料の絶対数の少なさは如何ともしがたいが、これらの史料からこうした葬送の様式が貴族層では一三世紀後半には広まっていたと推測することは可能であろう。天皇家の葬送における一向沙汰の導入の前提には、このような社会的な下地が存在したと考えることが合理的である。ただし、一向沙汰といっても血縁者ら関係者が何もしないわけではない。追善や服喪、墓参はもとより、日記記事にはあまり表面化しないが、葬列供奉や埋葬の立ち会い、収骨など以外にも葬送における儀礼的な所作を務めることがあったらしいのである。

その手がかりとなりうる史料が一四世紀の東寺の著名な学僧、観智院賢宝の葬送記である。貴族や天皇の葬送が禅律・浄土僧らの沙汰になる時期と同じ頃、一三世紀後半から一四世紀半ばごろには東寺や醍醐寺、興福寺といった顕密の大寺院においても墓寺が成立し律宗の僧らが葬送を執行するという慣行の基盤が築かれる（藤井、松尾、細川）。応永五年（一三九八）に死去した賢宝の葬送は律宗の亭子院の僧らに委ねられ、火葬は従前の葬所であった西八条遍照心院は狭小ということで一向宗金光寺の火葬所であった狐塚において行うことになった（高田）。葬送にかかる費用は東寺側が求めた天蓋や幡、棺覆い用の絹代に八百文、藁沓代百文、亭子院僧らの布施代一貫五百文に加え、狐塚の管理者である善阿弥の高額の要求による荒垣火屋代百疋（一貫文）、炭薪代五百文、はだつき（布）五百文に輿の綱代二百文、棺結びの布代百文など荼毘関係だけで合計四貫八百文に及び、先々の西八条遍照心院の沙汰による三百疋（三貫文）と比べて大幅な増額となったと記主の弟子僧宏寿は嘆いている。なお、先述の中原師守の母の土葬費用は二貫五百文、叔父の了源房の火葬は八百文であったというが（『師守記』貞治元年〈一三六二〉一二月三日条）、父師右の造墓、追善法事の費用は布施を除く銭だけで約五六貫文と試算されるなど（水藤）、関連費用はかなりの額に上るようで、できるだけ節約したい宏寿の心情はよく分かる。

余談はさておき、この時の賢宝の葬送は次のような次第であった。死去後、まずは弟子らが結跏趺坐したままの賢宝を北首にする。先述のようにこの時期には棺は短くなっている可能性が高く、北首西面で膝を曲げたままであったのかもしれない。葬送は三日後、遺体の変色を待って始められ、亭子院僧一人と賢宝の弟子僧数人によって敷曼荼羅と曳覆いとともに遺体を入棺し輿に入れ、出棺に先立ち亭子院僧らが七仏略戒、真言、釈迦牟尼仏の宝号を唱えた。次に力者法師（人夫）二人が松明、四人が輿を担ぎ、正門から輿を出す際には弟子僧らがそれぞれ輿に手を懸け、弟子の一人の新熊野法印は輿の後方（頭方、寝棺である）で綱を首にかけ四足門まで輿を担いだという。東寺を出た葬列は亭子院僧らが先行し弟子僧らが供奉するなか狐塚に到り、北面の鳥居から入って亭子院僧一人と弟子僧一人で穴に棺を入れ、善阿弥が炭や薪を積み、弟子僧らが松明の火を付けた。この所為について、記主の宏寿は無動院僧正道我や宝護院頼我僧正らの前例では「一向僧行者」の沙汰であり、また輿を出す時に弟子らが近寄ることもなく、松明も侍二人が取っていた。今回は「在家の法」に准じて弟子らはこのような行為を行ったが、近来の例を調べるべきであると断っている。荼毘着火の後には亭子院僧らが尊勝陀羅尼、九条錫杖、梵網十重戒光明真言などを唱え、次に弟子僧らが真言などを唱えて帰路についた。収骨は本来なら三日目のはずであったが翌日夕刻に行われ、弟子らが骨を桶に入れ、一部は亭子院の墓に、残りは終焉所道場に安置し毎日霊供を供え、中陰仏事や墓の石塔造立など一連の弔いがなされたという。

ここで引き合いに出される康永二年（一三四三）の嵯峨大覚寺の無動院僧正道我や永和五年（一三七九）の大覚寺の宝護院頼我僧正の葬送記はその概要が紹介されている（高田）。それによれば律宗の大覚寺不壊化身院の上人が入棺以下を一向沙汰し、嵯峨の柞谷で火葬したとあり、料金はたしかに三百疋であったという。こちらでも律僧らが錫杖や光明真言を唱えるなど同様の儀礼が遂行されていることが分かるが、頼我僧正の記録では荼毘所で棺を穴に納めることや火を付けるといった行事はすべて「行者法師」「行者」が務めたとあり、収骨などは弟子らが行ったという。そして頼我の遺骨は東寺と東寺学衆の墓寺であった葉室浄住寺の光明真言講塔（墓）、高野山に分骨し、さらに柞谷の墓には石塔を建てたとあり、柞谷の頼我の荼毘所及び墓は道我の墳墓の隣であったというから、柞谷の火葬所は平安時代のようにそのまま墓（遺骨の配分具合によっては火葬塚と称すべきかもしれない）とされていたようである。賢宝の葬送で本来は「一向僧行者」による沙汰と表現されていた火葬の火付けなどの行事は、たしかに道我や頼我の葬送では火葬所の「行者法師」らが担っており、賢宝の葬送で弟子僧たちが行った出棺時における輿への手かけ、輿を担ぐといった行為は道我らの葬送では存在しなかったらしいことが窺われる。これは記主の宏寿がこれらの行為は東寺の先例ではなく俗人の「在家の法」に准じて行われたと述べていることと一致する。つまり、ここから当時の「在家」では遺族たちのこうした儀礼的な所作が一般化していたと考えられるのであるが、実際にその裏付となる史料も存在する。

こちらは僧とは対照的な吉田社神主の吉田兼熙の葬送記録に見られるもので、応永九年五月に死去した兼熙の出棺の際に神職ではなかった息子の兼之が出家僧の二人とともに「如両僧奉懸手」と輿（棺）に手を懸けたと記すものである（『吉田家日次記』大日本史料七―五）。当時の吉田家では重態時の出家や念仏を唱えながらの臨終といった通常の仏教的な死が慣例であり、兼熙も称名しながら立派な往生を遂げたとされ、この時の葬送も善知識の浄宝寺蓮阿により差配されたものである。記主の兼敦は、息子でありながらすでに神職に就いていたため庭で跪いたまま、棺に手を懸けることはおろか棺を見送ることすらできず無念であったと嘆いているが、この嘆きからも遺族が棺に手を懸けることが京内の中・下級貴族たちの葬礼のなかに浸透していたことが推測できよう。この時は、本来ならば棺は時宗僧が運ぶべきであったが白昼のため時宗僧ではなく存命中の体裁で力者が板輿を担いだとあり、東面北小門の東脇築地を壊して浄宝寺に搬入したという。火葬後の収骨には兼之らが出向き、十三日目と初七日には物忌の記載はないものの、十四日目には門前に物忌札を立て、人々は「九九八十一急々如律令」と記した物忌札を付けたとあり、四十七日、五十七日、六十七日にも物忌があった。この後も位牌や焼香、故人の遺骨と兼敦の手足の爪を兼之が高野山へ運ぶこと、終焉所の板敷を一帖分替えること、蓮台野の祖父兼豊の墓を曾祖父らの代々の墓所である知恩院に移すことなど興味深い記事が続くが省略する。現代の葬送や民俗例では、相続人たる喪主や家族・近親らが位牌や遺影を持つなど遺族としての役割を果たすことが見られるが、わずか二つの史料とはいえ、中世の遁世僧らが遺体を沙汰する葬送においても、棺に手を懸けるという故人との関係性を示す行為が一四世紀末には京の中・下級貴族層にまで浸透していたことが推測されるのである。

また貴族の事例ではないが、外宮禰宜の度会章尚が伊勢神領の服紀令などをまとめた『文保記』（永和三年〈一三七七〉頃成立）では、死人を送る時に「手於死人」にかけなくとも葬列に随従した者は七日の憚りとする、あるいは喪家の籠り僧や松明や机・枕を持つ、棺を担ぐ、道馬を引くなど葬送諸役を務めれば百日（百日仏事まで）の参宮禁忌が科せられるが、喪家に参籠して死人に手を懸けたのみの者は葬礼諸役の人々とは異なり三十日のケガレ期間終了後には禁忌がないなどとある（葬送役人は僧が行うとされるが、神領ゆえの特殊事情かもしれない）。手を懸ける所作がどのような関係者によってなされたものかまでは記載されていないが、この記事によって一四世紀の伊勢の在地の葬送では死人（同書には筵や衣のまま風葬する「野棄」〈後に骨を拾い納骨する一次葬と思われる〉習俗も記録されており、棺以外の「死人」も含むのであろう）に手を懸ける行為が慣行化していたことが証明され、なおかつ前者の記載は「祖父長官（常尚）の服忌令」の引用とあることから、それが一四世紀前半頃にはすでに定着していたことが察せられるのである。さらに『文保記』には葬家の籠り僧や葬送諸役を務めた者は百日（百日仏事まで）の参宮禁忌が科せられ、加えて葬家において「懸手於死人」れば葬送の諸役を務めずとも百日の禁忌とすると判定したという事例をも載せている。こちらは永和三年（一三七七）の寺家において師僧の喪にあった弟子の行為とあり、師と弟子という点で東寺の賢宝の葬送例とも類似するが、この時に手懸けをも禁忌とした理由について、記主の章尚は死人に手を懸ければ死人に対して「葬礼」を行ったと同様であるためかと推測している。つまり、最初の記事では棺や死人に触れる手懸け行為は触穢ではあるが葬礼における役ではないとされていたものが、こちらでは手懸け行為も葬送における儀礼的所作の一環として禁忌対象とされたもので、手懸け行為の儀礼性に対する認識がより深まったことを示している。ここで礼という象徴的な行為の有無によって禁忌に差が設けられていることは、触穢がたんなる死体との接触・同居のみではなく閉鎖空間における飲食・同座などによって発生・伝染するという操作的・抽象的な側面を持つことや、狭義の触穢と憚り・不吉意識の相違、また京内での葬礼催行を憚るという社会的慣習の性格やその形式性について考えるうえでも参考になるものである。こうした手掛けという所作の起源や普及の経緯などについてはこれ以上明らかにすることができないが、すでに一四世紀には棺への手懸け行為が社会の広範囲に浸透していたことはここから十分に窺えるであろう。

中世後期の葬送における血縁者や関係者の儀礼的な行為については、善の綱や収骨、位牌持ちなどの役割があったことや（勝田）、荼毘における着火役があったことが指摘されている（島津）。善の綱とは元来は仏像に懸けた綱を持って結縁するものであるが、南北朝期の『一向上人臨終絵』に往生人である上人の輿に結んだ綱を俗人が引くさまが描かれ、一五世紀の足利将軍家の葬送でも後継者ら近親が龕に結んだ善の綱を引いており、浄土宗の二尊院僧が沙汰した明応五年（一四九六）の勧修寺教秀の葬礼でも子息政顕らが龕の綱を引いたとある（『実隆公記』同年七月一七日条）。この時は龕への手懸けや蹲踞での見送りの有無も相談されている（輿や輿の担ぎ役の青侍は喪家側が手配している）。賢宝の葬送で弟子の新熊野法印が輿の後方（頭側）で首にかけた綱はおそらく善の綱ではなく、『一遍上人絵伝』巻九に描かれるような輿の前後を担ぐ者が首にかける担い綱と思われるが、新熊野法印の輿を担ぐという行為そのものが死者との関係性を示す所作であったことは間違いなかろう。位牌は文献では足利尊氏が初出とされ（『園太暦』延文三年〈一三五八〉六月四日）、一五世紀の葬送では死者の一族の僧が持つことが多かったが、一六世紀には家督が持つという史料も見られるという。収骨については、足利義政の葬儀では弟の義視と後継者の義材が先に一つずつ拾い、義視の葬儀では義材が最初に拾ったとあるように（『蔭涼軒日録』延徳二年〈一四九〇〉正月二三日条、同三年正月二五日条）、これも後継者など身内が先に拾うことが故実であったらしい。先の吉田家の兼之や賢宝の弟子たち、また文永の後嵯峨の拾骨に円満院宮が従事した際など（『深草院崩御記』）、適任者が居合わせた場合には公家でも同様の作法が存在した可能性が高い。茶毘の着火については、足利義尚の茶毘で外戚の日野政資と管領細川政元が火屋に入り政元が着火した（『鹿苑日録』長享三年〈一四八九〉四月九日条）、また近衛房嗣の茶毘では家僕の上首竹居治光らが着火など（『後法興院記』長享二年一〇月二四日条）、家族よりはやや遠い人物が行っているらしい。このように、中世後期の武家や貴族、寺院など律僧や禅僧らによって遺体が「一向沙汰」された葬送においても、血縁者や死者の縁故者らが死者との関係性を明示する種々の儀礼が行われていたのである。

遺族と葬送行事

上述のような血縁者の役割は、第一章でも論じた『作法集』などに「嫡子」が骨を拾うなどとあることと部分的に一致するものでもある。それでは、平安時代の葬送では血縁者たちはどのように葬送行事に関与していたのか。天皇の場合にはとくに後継者が天皇や東宮となると葬送に関わることがないという事情が働くが、天皇家と摂関家、それ以外に分け、まずは前二者を一一世紀までとそれ以後に分けて見ておく。

天皇に関しては、古くは嵯峨の遺詔に男息の葬列への供奉を許し婦女は止める旨が記される。類似の内容は『魏略』沐並伝「止送婦女」（『三国志』魏書）などと見えるが、嫡子仁明の追善仏事勤修の指示など前後が具体的であることから、ここも嵯峨の遺志の表明として良いと考える。次に醍醐の葬送には重明ら孝子が随従し、葬送後には喪家の朱雀院で廊（倚廬）に居したことが分かる。『西宮記』巻八天皇崩御事にも孝子らが輿の後ろに従うとあり、史料的な裏付けは取りづらいが『栄花物語』十三にも三条天皇の葬送に子の宮たちが供奉したとし、皇后娍子の葬送でも敦明親王らが歩行で従ったとあるが（『左経記』万寿二年〈一〇二五〉四月四日条）、既述のように『栄花物語』では平生の儀のため敦明親王らは京内では車で供奉したとする。摂関家では、藤原忠平の葬送で孝子らが車の後ろを歩行（『吏部王記』天暦三年〈九四九〉八月一五日条）、藤原道長の娘嬉子の葬送でも父の道長や頼通ら兄弟たちが供奉し（『小右記』万寿二年八月一五日条、『栄花物語』二六）、道長自身の葬送では藤原頼通らが中陰期間に法成寺で倚廬に候していたとあり、葬送でも素服を着て歩んでいたと思われ（『左経記』長元元年〈一〇二八〉正月四日、一七日条、『栄花物語』三〇）、道長妻の倫子の葬送にも孝子らが従い、頼通や彰子、養子の長家らが土殿に下りたと記されている（『定家朝臣記』天喜元年〈一〇五三〉六月一一日条）。女性はともかく、子息らは喪車（天皇は輿）の後ろを歩むという一般的な作法に従っていたとしてよいであろう。供奉や服喪以外の葬送行事に関しては、皇后穏子の収骨は近習女官が務めており（『村上天皇日記』天暦八年正月一〇日条）、『栄花物語』三十には道長の収骨は「との原」子息らとさるべき僧侶が拾ったとされ、『同』二五では三条皇后娍子の入棺を「宮宮、入道の君（兄相任）」らが行ったとも記す。しかし、入棺や荼毘などの実務は通常は近習らが務めるものであり、入道はともかく子息の宮たちが入棺に従事したとは考えがたい。道長の収骨ならば後世の例から見ても可能性がないとは言えなかろうが、道長が詮子の骨を首にかけて木幡に運んだ（巻七）、一条天皇の収骨に敦康親王や道長が加わったなど（巻九）、史料と齟齬する記事がまま見られる『栄花物語』の記述をそのまま受け取ることはためらわざるを得ない。したがって、収骨に従事していなければ彼ら自身が葬送行事そのものに関わった可能性は低いと思われる。結局のところ、史料上で確認できる当時の血縁者の葬礼における儀礼的所作としては、醍醐の埋葬後、帰路につく前に重明が孝子の幄で（墓穴に向かって）拝哭したこと（『吏部王記』延長八年一〇月一一日条、『西宮記』天皇崩御事）、墓穴の戸を閉じたときに孝子が墓上で黄幡を持つとあることが目立つ程度である。なお、藤原忠平の火葬時にも孝子の幕が設けられており、こちらでも荼毘の前などに何らかの悲しみを示す所作がなされたのかもしれないが、不明である。黄幡を立てる作法については中国由来の行儀に倣ったと思われるが、火葬の拡大や時代の変化によってそうした作法は廃れていったと推測される。

一二世紀になると天皇や摂関家クラスでも直系の血縁者の火葬や土葬における葬送行事への関与が確認できるようになる。火葬の例は管見では三例あり、一つは第一章でも述べた白河法皇の収骨であるが、これは彼らが僧であり子息でもあるという二つの条件を兼ね備えたことによるところが大きい。二つ目は藤原師実の妻源麗子の葬送で孫の忠実が収骨に従事したらしい記事である（『殿暦』永久二年〈一一一四〉四月二三日条）。この時、忠実の父である師通や夫の師実はすでになく、麗子の財産を譲られた養子でもある忠実が骨を拾っていることには子息としての意味があったと思われる。次に、藤原頼長の妻幸子の葬送では新中将隆長が「家嫡」に准じて一の座に着したとあり、嫡子が拾うという概念が明瞭に表現されている（『兵範記』久寿二年六月八日条）。既述の通り、骨を拾う際には嫡子や上臈が最初に拾ってから次の人々に渡す作法があり、その上座に隆長が「家嫡」として座ったというのである。夫の左大臣頼長は軽服を着して葬送に供奉し、喪家にも籠るが収骨には関わっておらず、兄の兼長と師長も供奉しているが収骨には関わっていない。兄弟にとってはいずれも実母ではなく継母にあたるが、新中将隆長は素服を着したともあり継母との関係性が異なったのかもしれない。以上のように一二世紀には収骨が死者と嫡子という家の秩序と関わる儀礼的な意味を持つ行為とされていた。入棺や荼毘が近習らによる実務的な行為とされていたことと比べ、収骨には早くから高位の人々や僧が関わるなど遺体の扱いと骨の扱いでは儀礼的・宗教的な意味合いが異なっていたと考えられる。収骨行為の早期の儀礼化の背景にはそうした触穢や追善、霊魂観などに関わる観念的な問題が横たわっていたはずであるが、それは別の課題としておき、ここではひとまず摂関家における家概念を反映した儀礼としての収骨行事が明確化したのは院政期であったと仮定しておくにとどめたい。

続いて土葬における儀礼行為としては、寿永二年の皇嘉門院聖子の葬送では弟の兼実が埋葬した穴を埋める時に最初に三度土を入れ、次に兼実の子の良通が三度土をかけるという血縁者としての儀礼的所作が確認できる（『玉葉』同年一二月三日条）。次にこちらは公卿レベルとなるが、藤原俊成の土葬でも長子の藤原成家が三度土を入れてから雑人らに穴を埋めさせている（『明月記』元久元年一二月一日条）。土葬であった醍醐では復土は行事の最高位者である中納言以上の役とされており、後一条天皇の火葬後の造墓では最初に山作所行事の二人が土を懸けてから人夫が作業を開始するなど（『左経記』長元九年五月一九日条）、復土という行為にも儀礼的な意味が付与されていたことは間違いなく、それが血縁者の役割となっているのである。これを火葬と比べるならば、覆土は棺を穴に下すといった遺体・棺との直接的な接触ではなく、地表から棺が姿を消し、その穴を埋める段階という点で収骨に近い意義を持つものと考えることができよう。ただし、収骨の持つ意義は院政期から中世まで共通するようではあるが、覆土という行為に関しては対照できる史料を得ていない。とはいえ、一四世紀末以降に見られる棺への手懸けや善の綱と比べるならば棺との距離は相対的に遠い儀礼であったのかもしれないが、やはり死者との関係性を示す意義を持つことはいうまでもなく、少なくとも院政期の摂関家の葬送では土葬・火葬ともにこのような遺族の儀礼が確立していたのである。

中級官人の葬送行事

前節で入棺などの実務的葬送行事と儀礼としての収骨を対比させたが、この構図が当てはまる事例は奉仕する近習を多数抱えた人物の場合に限られる。ここまでの論述で、葬送儀礼における階層差に留意してきたことの理由の一つはここにある。また、公卿階層以下の人々に関する史料が少ないことも再三強調してきたところであるが、これまでも引用してきた『行親記』には簡潔ながら一一世紀半ばの中級官人の葬送行事に関する具体的な一連の記述もあり、上層貴族たちとは違った葬礼のあり方を知ることができる。本節では『行親記』を通して当時の葬送行事と親族や僧の関わりについて再度見直しておきたい。

『行親記』は実務官人の平氏の一族である平行親の日記であるが、少納言であった後冷泉天皇即位年の長暦元年分のみが残されており、そのなかに親族と思われる主殿頭の室であった宣旨の葬送に関する記事が偶然にも含まれていたものである。彼女は七月二九日に出家、翌月三日に死去、その夜に着衣を替え、四日には陰陽師による勘文に従い午時に造棺、子四点に入棺、九日に船岡西方（壬方）で火葬したという。四日の造棺は家中では行わないという「俗諺」によって吉方の（祖父の平親信創建の）尊重寺の西の畑で作り、入棺にあたっては法服を着せてから沐浴を行い、室町三条の井戸水を乳垸に入れ、木の枝で三回灑いでから入棺し北首に直したという。そして九日には、辰巳（南東）に向かってから坤（南西）角の築地を壊して出て（南は大将軍方、西は大将軍・王相方という）、山作所の側で「行礼」を行い、御前僧の前に松明があったとある。「行礼」は類例を見ないが、陽明文庫本では上の「行」字と比して行人偏が崩れており、書写過程における何らかの誤りが想定される。あるいは「喪礼」で船岡の手前で葬列の体裁を整えたとの意味であったのかもしれない。次に休所（葬場殿であろう）にて舜世、明世両阿闍梨が呪願と導師を行った後に清火で荼毘に付し、翌朝には収骨、骨壺が小さく骨を砕いて入れたとある。そして前滝口の長則が骨を首に懸け、義公が付き添って先に三昧僧円□（愷か）に消息を通じておいた叡山法華堂へと骨を送った。人々は川辺で車に乗ったまま手足耳目を祓って二条の家に帰宅し、九月十六日には尊重寺で法事を行い、真言の仁海僧正らを招いて両界曼荼羅や法華経を供養したという。

先に納骨の初期史料としても紹介したものであるが、この記事は葬送実務に従事した人の名が明記されている点でも貴重であり、沐浴は義公、入棺は主殿、淡路守、義公、行信、実友が行い、荼毘は淡路守、義公、行信、実友、重高、信孝が務め、収骨は先に義公と淡路守が骨を拾い、さらに「主殿本家幷居爐間舁棺」と本家及び棺を炉に入れる際には主殿頭も棺を担いだという。つまり、ここでは夫である主殿頭が入棺行事及び出棺時と荼毘時に棺を担いだとあり、また収骨では先に（親族であろう）淡路と義公が先に拾い、ほかの実務についても親族や家司らがあたっていると思われるのである。これはいままで検討してきた上層貴族の葬送とは大いに相違し、天皇らの葬送ではそうした実務役を務めたような階層の人々は、自らの葬送では自分たちの手で葬送行事を行っていたのである。さらに、夫の主殿頭の出棺時と荼毘時の棺担ぎは実務的な役割ではなく死者との別れを惜しむ儀礼的な所作と見るべきもので、一四世紀の輿（棺）への手懸けとの類似性があることも明らかであろう。方角や日時の禁忌、呪願仏事など葬礼としての基本的な構造は上層貴族と変わらないとはいえ、その血縁や姻戚の儀礼的所作に関しては上層階層よりも時代を先取りしていると言っても過言ではない。

加えて、ここで沐浴や収骨を務めたという義公についても見逃せない。これは俗人の名とも取れるが、義公は叡山への納骨に付き添ったとあり、当時の骨持ちには僧が付き添うことが常例であることを踏まえると僧であったと考えられる。実際にこの時の六十七日仏事の記事には義暹・心佑公と僧名に公という敬称をつけた表現があることから見ても、義公はこの義暹としてよかろう。時代の近い僧としては康平六年（一〇六三）に灌頂を受けた三井寺僧として義暹の名があり、彼であった可能性がある（『園城寺伝法血脈』）。これが正しければ、三井寺僧の義暹はこの時には狭義の仏事ではない沐浴役を務め、さらに先に骨を拾う役をも務めていたことになる。こうした葬送行事への関与はおそらく血縁関係に基づくものと思われるが、この時の沐浴に「詞」があったと注記されていることは、義公がただ普通に行事を務めただけではないことをも示唆する。この「詞」は先述した真言書に記されるように真言などを唱えながら沐浴したと考えるのがもっとも無理がなく、そうであればこれは仏教的な葬送行事の実践と捉えられるもので、そうした作法の最初期史料となる可能性が高いものである。さらには義暹が三井寺僧であるならば、三井寺の覚猷が白河法皇の葬送において枕の種類などを教示し、曳覆いや土砂加持の作法を記していたこととの関連性も思い合わされる。つまり、義公が親族でありかつ僧であることが沐浴を務める重要な理由となったと思われるのである。

そもそも、僧と葬送の関係については、僧綱の葬送に朝廷から喪使官人を遣わした例は奈良時代初期の義淵のみであることが指摘されているように（『続日本紀』神亀五年〈七二八〉一〇月壬午条、虎尾）、早くから僧の葬送は寺内で弟子らによって行われていたと考えられる。それは奈良時代の行基が菅原寺で死去した後に生駒山で火葬され遺骨を塔に入れたとあることや、比叡山で死去した最澄らの廟が叡山にあること（『智証大師伝』）、円仁らが弟子に没後の葬送や墓について遺言していること（『慈覚大師伝』）、仁和二年（八八六）に結跏趺坐したまま死去した隆海を弟子らが「令北首臥」と北首に寝かせて「積薪焚身」火葬したと記されていることなど（『三代実録』仁和二年〈八八六〉七月廿二日条）によっても察せられる。天禄三年（九七二）に死去した良源の遺言では、墓所や棺は自ら用意しておくこと、出来なければ北方に墓所を選び当日に造棺、入棺すること、三日以内の葬送、葬送には弟子らが素服・帯を着けないこと、入棺や荼毘にあたる弟子の指名、弟子らが礼拝する標示として石卒塔婆を建てること、卒塔婆に大仏頂、尊勝、光明真言などを入れること、追善仏事の内容や場所などを指示しており（『大日本史料』一―一三）、葬送行事が弟子らによって担われていたことが明確に示されている。こうした寺院内の葬送において、加持土砂のような経典や中国由来の知識などによる葬送仏事が受容され、徐々に俗人へも広まっていったという見通しがもっとも無理がないものと筆者は考えている。沐浴における密教的な作法も、真言によって死者の菩提を祈るといった経典の記述や灌頂における水を灌ぐ作法などと、従来から存在した身を清める作法が結び付けられたものではないかとの仮説をたてている。沐浴については、『伝授類聚抄』には入棺にあたって香水師（沐浴役）が唱える真言や入棺偈を載せた定照僧都説なるものが引用されており、すでに一〇世紀の法相・真言兼学の定照（九〇六―九八三）の段階で沐浴作法が存在した可能性もある。この説は足や左右の脇、背中、頭、面に香水を灌ぎ、次に入棺偈として十地菩薩に囲まれて兜率天内院に引摂されることを述べ、さらに業障真言、滅悪趣真言、破地獄真言などを唱えるというもので曳覆曼荼羅との共通性も窺われ、一三世紀当時の口伝に多く記載があるなど広く流布したものという。現状では、『行親記』が定照の生存年代にもっとも近接した僧による沐浴作法を記す史料となっている。このように、『行親記』は血縁者による儀礼的な所作を記録した最初期史料であるとともに、こうした狭義の仏事以外の行事への僧侶の進出、あるいは通常の行事を仏教的に解釈して仏事作法化していく過程をも示す得難い史料なのである。

僧の葬送行事と一向沙汰の普及

俗人の葬送行事と僧の関与については第一章でも触れておいたが、入棺、荼毘、収骨など各段階における関わりが見られる。荼毘に関しては朱雀天皇の荼毘が藤原朝忠と鎮朝ら僧二人によって行われたとあることが早く（『吏部王記』天暦六年〈九五二〉八月二〇日条）、一条天皇では殿上人の役人八人と公卿の兼隆、前大僧都院源ら僧四人が荼毘に奉仕したとされる（『権記』『御堂関白記』寛弘八年〈一〇一一〉七月八日条）。後一条では殿上人の役人八人が荼毘の作業を行い、前大僧正慶命ら僧二人と公卿三人が行事したという。荼毘は入棺の役人と重なることが多いため、入棺に僧三人と入道一人が奉仕した花山法皇、俗人四人と僧二人が従った源倫子なども同じ顔触れであったと思われる。拾骨についても一条では公卿三人と殿上人三人、僧五人が拾ったとあり、後一条は大納言二人と僧二人が拾骨したとある記事が早い例であり（『権記』寛弘八年七月九日条、『左経記』長元九年五月一九日条）、骨持ちに僧が付き添うことは朱雀、藤原頼忠などが初期の例となる（『小右記』永祚元年〈九八九〉六月二八日条）。もっとも、こうした荼毘や入棺における僧の役割については、遺体を直接扱わない補助的なものとする見方もできる。たとえば、堀河天皇の荼毘に関する史料では、俗人の役人八人が棺に薪を挟むなどの作業を行い、内大臣源雅実ら公卿四、五人がその場に臨んで行事し、さらに已講隆覚ら僧三人が同じく伺候し「役送」したと記されている（『中右記』嘉承二年七月二四日条）。「役送」は物を伝え渡すことであるから、僧らが薪や油などを荼毘役人に渡して手伝ったと解釈できる。また後一条の荼毘では、荼毘役人八人は白布を頭に巻いて棺を焼き、僧らは公卿らとともに周囲で行事したとあり、堀河と同じく僧は荼毘作業そのものに従事したわけではない。これに倣えば入棺についても僧たちが直接遺体を扱ったのではないと思われるし、一条の事例でも同様と考えられる。しかし、堀河については同時に内大臣ら公卿も荼毘所に立ち会って行事したとあるように、単なる補助というよりは実務を行う殿上人クラスと公卿、僧の役割の差異と捉えたほうがよさそうである。また、一条の葬送では『御堂関白記』が「僧正慶円・大僧都隆円・少僧都尋光・律師尋円・右宰相中将兼隆・公信朝臣・明理朝臣・広業朝臣・資業朝臣」が入棺を行ったとし、『権記』では「右宰相中将兼隆・内蔵頭公信朝臣・前権大僧都院源・権大僧都隆円・前権少僧都尋光・権律師尋円」らが荼毘を奉仕したと明記している。さらに一条と後一条の事例では、先例と異なりそれまで俗人の務めであった枕火を松明に移す役を僧二人が行ったとある。ちなみに、堀河の時にはこの枕火の役は再び俗人の役とされたものである。このように、入棺や荼毘への僧の立ち会いが行事への奉仕と表現されていることは、遺体や棺に触れないまでも葬送行事そのものへの僧の立ち会いや助言、関与が求められたことを示していると捉えるべきであろう。つまり、僧と葬送行事の距離の接近である。一二世紀以降、棺への仏具の納入が慣行化することもあり、枕返しや入棺役に僧や入道が加わっている例が多く見られるようになる。なかには入棺や収骨に僧の名がないものもあるなど（『定能記』建久四年〈一一九三〉一一月九日条、『殿暦』永久二年〈一一一四〉四月二三日条、『兵範記』久寿二年〈一一五五〉六月八日条）、すべての行事において僧の関わりが必須ではないようであるが、行事以外にも遺体の安置場所の屏風の外や荼毘所の周囲で念仏や経を唱えるといった番僧の役や中陰以外の毎日の追善仏事の奉仕など、狭義の葬送仏事以外にも臨終から葬送に至る儀礼における存在感を増していく。

さて、僧が葬送を一向沙汰するという表現が一二世紀末に初見することを先に述べたが、これまた第一章で触れておいたように、僧が葬送行事全般を担うことはそれより以前、藤原頼通娘の四条宮寛子の葬送で役人すべてを僧とする遺言に従ったとあることにさかのぼらせることができる（『中右記』大治二年〈一一二七〉八月一五日条）。さらに、改葬ではあるが藤原実資の妻婉子女王の遺骨を禅林寺に葬った際には見届け人の家司らを（触穢しないよう指示して）派遣しているが骨の運搬は家の僧に、造墓などの実務は禅林寺の深覚に委ねており（『小右記』長保元年〈九九九〉一〇月一〇日条）、また姉の遺体を般若寺の屋に仮納した際には養子である僧の良円が「一向行之」と記されている（『小右記』寛仁二年〈一〇一八〉四月三日条）。管見では貴族の葬送を僧が「一向」沙汰することの初例はこれになる。良円に一任したことは養子であったためではあるが、ほかの養子ではなく良円に委ねていることはやはり僧であったためであり、ここにも僧と葬送（追善も含めて）の関わりを窺うことができよう。ちなみに実資本人も姉の服暇二十日を申請して着服（帯）するなど服喪は行っているが（同月一三日条）、葬送に関与しなかった理由は明記されていない。

それでは、なぜこうした僧の沙汰が広まり、社会に定着していくようになるのか。貴族と僧の双方に事情はあるであろうが、まずは貴族の側から見るならば、複数の要因が挙げられそうである。一つは初期事例に顕著な信仰の側面である。四条宮寛子のすべて僧による役人という異例の指示は本人の遺志であり、経房娘の尼最妙も故人の遺言通りに埋葬され、藤原為経も故人の善知識たる戒音上人による沙汰であった。二つ目は葬送を忌避する意識の問題であり、これには参加者の側の意識と主催者の側の認識の両面が作用する。参加者側の意識からいえば、延暦年間の土師氏の改名に「喪葬之事人情所悪」とされ（『類聚三代格』一二、延暦一六年〈七九七〉四月二三日官符）、醍醐天皇の葬送では中納言ら上位者四人が参入しないなど、凶事意識を基調とした葬送や山陵使らの官人の懈怠は早くから顕在化している。平安時代中期以降では狭義の触穢、広義の不吉・憚り意識、衰日といった習俗による回避などが複合的に働き、より広範な影響を及ぼすようになるものと考えられる。とはいえ、人々が死や葬送に関わることを忌避する一方であったというほど単純なものではもちろんない。たとえば白河法皇の葬送では、乳母子の家保朝臣や近習の有賢朝臣らはそれぞれ内裏の蔵人頭、斎院長官という理由で葬送行事の諸役はおろか葬送定めなど葬儀関連の諸事にも関わろうとしなかったが、葬送当日には葬所の三条殿に現れ、葬列にもつかず離れずついていったらしく周囲に不審がられている（『永昌記』『中右記』大治四年七月一五日条）。これが狭義の触穢にあたるかどうかはかなり微妙で、久寿二年に源師子の遺骨の改葬に従った人々が三日の触穢とされた例など（『兵範記』同年五月二一日条）、葬列の随従のみでも触穢にあたる可能性はあるが、彼らは正式には参加しておらず本人たちがどのように考えていたかは分からない。しかし、藤原為隆は堀河天皇死去時に内蔵頭を辞して葬送定めの執筆を務めた平時範を引き合いに、家保や有賢も本来ならば辞職して葬送に関与すべきであり、また斎院長官ならば触穢すべきではないと批判しており（『永昌記』）、彼らは所役を避けながらも触穢を厭わない振る舞いを行っていたことになる。おそらく、自身の職の保持を優先しつつ一応は白河への恩顧の意を示すという行動であったと思われるが、これは故人との関係性や利害などが触穢や忌避意識以外にも死や葬送との向き合い方に影響することを示す一例としてよかろう。また逆に、白河の葬送で棺を輿に移す際には近臣の基隆ら御輿長役の人々はあるいは目配せし、ある者は隠れて奉仕せず（『永昌記』）、葬列でも御輿長たちは輿の周囲ではなく前後に散らばってまともに伺候しなかったという（『中右記』大治四年七月一五日条）。棺は検非違使助らが輿に載せたが、本来なら輿を縁に上げるところを地上に棺を下ろす不作法があったとされる。藤原為隆が生前の威光も地に落ちたと嘆くように、権力が新院鳥羽に移行した状況では死者に奉仕してもすでに利得がないという現実的な側面が影響したのであろうが、所役は勤めながらも遺体に近づくことはなるべく避けるという態度は触穢そのものと忌避意識は別であることをあらためて感じさせよう。

次に主催者側の意識とした点は、これも度々強調してきたように入棺などの役は近習や縁戚、乳母子ら故人にゆかりの者が務めるべきであるという観念が存在したことである。鳥羽の遺言で葬送役人に恩ある人を自ら指名していたように、この条件によっても役人を務める範囲はかなり制限されることになる。こうした参加者と主催者の双方の事情によって人手不足になることは、藤原俊成の葬送において子の定家が、「御入棺事、総無人或不触穢、又身憚、嫌外人間、更無其人、」（『明月記』元久元年〈一二〇四〉一二月一日条）と人手がないために居合わせた年来の近習である籠り僧二人に承諾を得（俊成妻の籠り僧でもあったという）、臨終に立ち会った小僧、年少より仕えた青侍とともに入棺などを行わせたとあることによく表れている（一向沙汰ではないが）。この「身の憚り」は他史料の「身の忌」（『権記』寛弘八年〈一〇一一〉七月八日条）といった表現と対応するであろうから、人手不測の原因は人々が「触穢」を避け、あるいは「身の憚」（身の忌）により参入を忌避し、また「（定家が）外人を憚り嫌う」と狭義の触穢と人々の都合及び定家が近習ら以外を嫌ったためということになる。「身の忌・憚」の具体的な内容はこれから考えるべき事柄の一つであるが、生活者としての近習らにとっても日時の吉凶など種々の事情が存在したであろうことは容易に想像できる。こうした人手不足は公卿クラスに限らず、四条宮寛子の場合にも「宮司不参」が多いといわれ（『中右記』大治二年八月一五日条）、藤原忠通の妻宗子の入棺役人が八人でなく五人であることが「依無其人」と人がいないことによるとされているように（『兵範記』久寿二年九月一六日条）、摂関家ですら問題となる次元であった。また、縁の薄い「外部」の人を避ける意識は、当然、自身が参加することを斟酌する意識の裏返しでもある。事実、藤原定家は他家の中陰仏事の布施取りなどを頼まれた際にさほどの縁故もないなどと記しており（『明月記』正治二年〈一二〇〇〉七月二八日条）、葬送や追善仏事への参加が故人との関係性によるという認識があったことを明確に示している。定家は子息の為家が春華門院の入棺役に指名された折にも猛烈な不満を漏らしており（『同』建暦元年一一月一二日条）、これも一種の憚り意識といえるであろう。

そして最後に、僧について見ると、前述のように一向沙汰に従事する僧が遁世僧である「上人」と呼ばれることに気付かされる。実資の子の良円は叡山僧であり、四条宮寛子の役人僧もおそらくは顕密僧であろうが、それ以後の一二世紀末から一三世紀後半の一向沙汰の僧らは「上人」なのである。吉田経房の娘の葬送と追善を担った明定は阿弥陀護摩や曼荼羅法会なども行っているように天台系の浄土僧と思われ、神祇伯家の葬送を行った明観も同様と推測できる。経房の娘は輿で大原に運ばれ、源時叙が鎮めた地に埋葬されたというが、源時叙は治安四年（一〇二四）没の著名な往生人であるから（『拾遺往生伝』中一四）、おそらくは大原に存在した三昧組織や共同墓地との結びつきがあったのではないかと考えられよう。西園寺公相の入棺を掌った実相などの律僧については、持戒の呪力への期待、僧衆と斎戒衆という組織内の分業体制の確立、西大寺の光明真言会に代表される光明真言信仰や元興寺極楽房の念仏講など葬祭儀礼への進出により檀家を獲得し経済基盤としたといった指摘がある（細川）。このように、これらの上人たちはそれぞれに葬送に関わる信仰的な理由や社会的背景を有しており、貴族たちとの関係性の中で彼らの葬送を沙汰するようになっていったものと考えられるのである。

それでは、従来の葬送仏事を担っていた顕密僧が遺体を扱う葬送行事や葬送仏事から撤退していくとされることはどのように捉えるべきか。まず、中世に禅律・浄土僧が葬送に進出する思想的な背景については、持戒の呪術性に加えて、公事に出仕しない遁世僧であること、（広義の）ケガレ観念に囚われないことなどが指摘されている。禅僧は「浄穢の境もなし」という夢想疎石の言葉に示されるようにケガレ観念から相対的に自由であり、ハンセン病者や非人などの救済などを行っていた律宗や時宗にも同様の傾向が見て取れる。一部の事例をただちに全体に拡大することには気を付ける必要があるが、おおよその傾向としてはおおむね妥当な指摘であろう。そして顕密僧に関しては、その反対に宮中仏事に参入する彼らが触穢による出仕停止を免れるために葬送から遠ざかるようになったとされるが、この点に関してはいまだ検討が不十分である。先に見たように天皇らの中陰仏事には顕密の僧綱らが籠僧として参加していることから、南北朝期には禅律・浄土僧による葬送と顕密僧による追善の分業体制となるという見解が出され（大石）、これに対して籠僧は触穢をさけられないとの指摘もなされている。たしかに籠僧は触穢となることは事実であるが、そもそも天皇らの中陰仏事は公事に准じる扱いを受けたとしてもおかしくはなく、触穢忌避の有無を論じるには適当ではない。したがって、一般的な貴族階層の中陰仏事の籠僧や仏事内容を調べる必要があるが、管見ではそうした観点からの網羅的な作業はなされていないようである。筆者の目についた史料では、文永一一年の吉田兼仲の父経光の葬送では籠僧の禅真阿闍梨らによる阿弥陀護摩や法華経供養などが行われている一方、寿永二年の吉田経房の娘の籠僧は一向沙汰を行った明定ら三口、文永四年の西園寺公相の葬送では同じく円照の弟子が籠僧を務めたとあり、一四世紀半ばの中原師守の父母の中陰の籠僧は中原家の菩提寺樋口寺の時宗の僧尼らが務めているなど、顕密僧の関与はここでも減少している可能性があるが、詳細は今後に委ねたい。ただし、かりに貴族たちの中陰仏事への顕密僧の関与が減少していたとしても、それが触穢を忌避するためであったのかは別の話である。貴族層における一向沙汰の普及が一三世紀半ばから後半であったならば、その頃に触穢忌避意識が強まっている証拠を見いださなければならないが、それを実証するのはかなり困難な作業となろう。また上でも述べたように、顕密僧の事情だけで物事が進むわけではない。実証的論拠を提示することはできないが、顕密僧の貴族階層の葬送からの撤退に関しては、葬送仏事は基本的に死者の霊魂の菩提を祈る儀礼であり、そもそも遺体それ自体の処理を目的とはしていなかったこと、そして寺院内に葬送のための実務体制を備えていなかったことも大きかったのではないかと筆者は考えている。中世の遁世僧たちが入棺から火葬までの遺体の扱いを担っていたことと比較するならば、平安貴族の葬送では棺や山作所など葬礼遂行に必要な用具や人手は喪家側が準備していたこと、遺体を扱う葬送行事における顕密僧の指示や関与はあっても彼らが遺体の処理全般を担うものではなかったことがよく分かる。先述のような貴族たちの側の要因による行事役人の慢性的な不足、故人の信仰的な理由による没後の処置の善知識への委託といった事例が顕在化し始めた時期に、遁世僧たちが念仏や光明真言などの仏事を伴いつつ入棺から火葬・埋葬までの遺体の処理全般を担い、さらにその延長線上にある中陰仏事（や墓地の石塔の準備など）まで行うようになると、顕密僧たちが積極的に葬送に関与する必然性は薄くなる。そもそも来世への備えは死を待つまでもなく、生前に中陰仏事を行う逆修や日頃からの作善などが積み重ねられるようになっており、遺体を前にした仏事のみに限られない。顕密僧の貴族との関係性全般のなかで葬送の占める位置がどれほどのものであったのか、触穢による行動の制約など葬送に関わることのメリットとデメリットの比較及び教義・思想的な側面からの検討をまってはじめて彼らの触穢忌避意識の評価が可能となると思われ、いま結論を出すことは難しい。

ただ、これに関しては葬送仏事を行う側であった顕密寺院内の葬送儀礼の検証も有効な手段となると思われる。醍醐寺における律宗の墓寺と醍醐寺座主の葬送を論じた藤井雅子氏によれば、弘長二年（一二六二）の憲深の葬送は弟子らが入棺などの実務を行ったが、建治三年（一二七七）死去の実深の葬送では醍醐寺金剛王院流実賢の弟子の遁世僧「大円上人」が一向に沙汰したという。憲深の荼毘にも聖らが召されたとあり、また嘉禎二年（一二三六）逝去の道教の葬送は禅観上人（律宗と思われる）が執行している（『醍醐寺新要録』一〇）。このように、一三世紀半ばには醍醐座主の葬送が「上人」と呼ばれる遁世僧に託される事例が出現してくるのである。さらに寛喜三年（一二三一）に没した『作法集』著者の成賢は深く極楽往生を頼み、醍醐寺の南経蔵辺での火葬（藁を用いた）後に極楽房の三重塔の下への埋葬を遺言しているが、その葬送は師の勝賢に倣って御前僧や呪願・導師の儀を省き、極楽房の管領には真阿という阿弥陀仏号を有する比丘尼を指名したとある（『醍醐寺新要録』一〇、『鎌倉遺文』五一〇三七）。真阿は本来ならばそうした役職には相応しくないと成賢が付け加えるように、実際には極楽房は憲深に譲渡され（『鎌倉遺文』四一九四）、管理は主だった弟子らの合力に委ねているが、真阿の指名は成賢の「所存」によるものであった。成賢の臨終は「合殺之後可有十念之由被仰」と念仏を唱えながらの入滅であったともいう（『実帰抄』）。御前僧の省略は『吉事略儀』にも見られるなど当時の薄葬化の傾向と軌を一にするものであるが、ほかならぬ葬送仏事の執行者である顕密僧たちによる仏事の省略は当時の葬送仏事観とその変化を考えるうえで非常に意味深い実例となる。また、座主たちの中陰仏事に従った僧の内訳に「清僧」が見られることも、持戒の呪力と追善の関係を示唆すると思われる。このような顕密僧の葬礼認識の変容が何に基づくものなのかを明らかにすることができれば、一三世紀に発生した葬送の担い手の変化という社会現象の解明に向けた大きな前進となろう。

もっとも、『伝授類聚抄』著者の経弁は正安元年（一二九九）に栂尾山で深性法親王の入棺を「無縁葬作法」の次第により行ったと記し、また永仁二年（一二九四）死去の藤原兼平も高山寺で入棺、葬送を行ったというように（『高山寺文書』、大日本史料総合データベース）、一三世紀末頃ではいまだ従来の葬送仏事がまったく途絶えたわけでもなかったようである。この点に関しては、先述のように一四世紀半ば頃には東寺や興福寺、醍醐寺などで律宗による墓寺が成立するとされることとも関連しているであろうが、以上の仮説を検証するためには叡山や東寺、高野山、醍醐寺などの寺院内部における葬送行事の執行体制の変遷や追善仏事の実態、さらに遁世僧たちの在地での活動や貴族たちとの関わりを追う必要がある。貴族たちの事情に加えて、顕密僧たち自身が遺体の扱いを遁世僧たちに委ねることと貴族社会における一向沙汰の普及、あるいは在地における遁世僧たちの葬送への進出がどのように関連するか否か、それが貴族たちの葬送の全体像や同時代社会における位置づけ、さらにその歴史的な評価を行うための重要なポイントとなると筆者は考える。この点を指摘して、本章を終える。

終章

平安貴族の葬送について、仏教との関わりを中心にできるだけ多様な角度から当時の儀礼を具体的かつ再現的に記述しようと試みてきた。筆者が叙述にあたって注意した点は、葬送に際して僧が仏事儀礼を行うことと僧が葬送行事に関わることを区別するなど概念を整理すること、史料を文脈に即して分析的に読み解き、史料の記述から推測できる範囲はどこまでかという点に配慮すること、本質論的な観点や抽象的な観念論を避け、なるべく具体的な行為や記述に着目することであった。全体に推測に頼る部分も多くならざるを得ず、筆者の試みの成否は読者の判断に任せるほかはないが、最後に本書で述べた貴族の葬送儀礼の概要をまとめ、残る課題について簡単に見通しておきたい。

第一章では貴族の日記及び真言僧による葬送次第を主な材料として、臨終の作法、枕返しや枕火、沐浴、葬送次第の決定、入棺、服喪、葬列、埋葬や火葬の作法など平安貴族の臨終から埋葬に至る葬送儀礼の各過程について検討した。本章で主に述べたことは、葬送については死者の遺志が尊重されるが、時には日の吉凶といった理由で覆されるなど当時の吉日や吉方といった陰陽道的な吉凶観念の影響が強いこと、火葬が一般的であったが土葬も選択肢として奇異なものではないこと、枕火や御膳の供奉、棺は門を通らず築地を壊して出すなど後の民俗行事とも共通する要素も多いこと、葬礼では物事を繰り返さないなど縁起担ぎのような思惟が見られること、北を避けることや幼児や妊婦を近づけないといった素朴な禁忌意識の存在、屏風を裏返すことや武具を模した副葬品などおそらく階層差も影響したと思われる種々の異説があること、孝子や嫡子といった用語や身代わり人形の納入者など葬礼には中国的な家概念や孝思想の影響が見られること、喪服については葬送自体とも密接に関連する素服や当色などの白い服と黒系統の喪服の二種類が存在するらしいこと、曳覆曼荼羅や経、御守、加持土砂など仏具の入棺が史料上は一二世紀から見えるようになること、入棺や荼毘など遺体や棺に近づく葬送行事については死者と縁故の者が従事すること、葬送行事への僧の関与や墓上の卒塔婆、寺と墓地の関係など仏教との関わりが次第に深まること、摂関期の特徴的な葬法とされる魂殿は火葬を前提とした施設であったと考えられることなどである。葬送儀礼には多様な側面があり、それらをなるべく総合的に叙述することを心掛けたつもりである。

第二章では文献史料から推測される八世紀以前の葬送について筆者なりにまとめようと試みた。この時期の葬送については喪屋に遺体を安置する（死者を慰撫して他界へ送り出すためであろう）モガリが注目されてきたが、喪屋における儀礼を女性による秘儀とする説に関しては疑問があること、モガリ儀礼の具体的な内容やモガリ期間、死者の安置の方法や喪屋から墓への運搬手段、葬列のあり方など当時の葬送儀礼の実態は不明確であること、イザナギの黄泉訪問神話については「殯斂処」とする『書紀』第六の一書とほかの黄泉神話では内容に差異があること、黄泉概念には理念的な要素が強いが神話の細部には葬送儀礼との一定の対応関係があると推測されること、また天武天皇のモガリの二七月という期間は中国の葬礼を意識した可能性があること、葬送までの死者を生者のように扱うことは後代まで見られること、従来モガリとの関連で論じられることの多かった『日本霊異記』蘇生説話の大半はモガリとして扱えないこと、いわゆる大化の薄葬令や大宝・養老の喪葬令など七世紀後半頃の中国の礼制の導入によって葬送儀礼は大幅に改革されたと思われるが、前代の葬送儀礼に関してはやはり不明であること、天皇の服喪制度の確立に関する私見などを述べた。遺体の扱い方に関しては、古墳時代には追葬など骨や遺体と接触する機会が多く、後世とは遺体に関する感覚が異なるのではないかと推測されるが、史料に基づいた儀礼そのものの復元を試みたがやはり限界があった。

第三章では仏事儀礼の導入と僧と葬送行事の関わりという〝葬式仏教〟の二つの画期についての私説を論じた。従来扱われていなかった聖教史料などを用いて葬送仏事の儀礼次第を考察し、そこから仏事の基本的な理念を確認、さらに嵯峨の遺詔の注記の史料的性格の背景と内容の解釈を行い、呪願仏事が貞観年間には行われていたであろうこと、忌魂帰日については中国の民間習俗の回殺との関連性や平安時代以後の物忌習俗との系譜的な関係、黄幡についても中国の民間的な仏事にその起源が求められることを論じた。曳覆曼荼羅についても初見史料である白河法皇の葬送よりも若干さかのぼる時期の史料に記載があることを見いだし、沐浴についても僧によって密教的な作法が形成されていることやその貴族たちの葬送における実行史料が一一世紀前半になることなどを指摘した。葬送仏事の天皇の葬送への導入時期に関して具体的に特定するには及ばなかったが、仁明以下の九世紀の天皇の葬送において逐次的に採用されるに至ったのではないかと結論付け、天武と聖武のモガリや葬送と仏教についてはそれらの行為が平安時代の葬送仏事とは理念的性格が異なることを示し、歴史的には特殊な事例であったことを補足した。

さらに、一四世紀以後に天皇の葬送で僧による一向沙汰が行われるようになるとの説に関しては、天皇の葬送儀礼の内容の検討からその指摘の正しさを確認するとともに枕返しなどへの近習の関与が残ることなども確かめ、また一三世紀末には棺の長さが短くなっている、すなわち入棺姿勢が変化していることや、一四世紀には家族や弟子らによる棺への手懸けなど死者と縁のある者による新たな儀礼的な所作が普及しているといった葬礼の変容を指摘した。天皇より以前に貴族たちの間で一向沙汰が普及するという勝田至氏の先駆的な見通しを手掛かりに、葬送行事への僧の関わりが一〇世紀から一一世紀にかけて見られるようになること、四条宮寛子など一向沙汰の原型とするべき初期史料の発掘、一向沙汰の広まりに関しては初期には主に信仰的な理由によって一向沙汰が行われ始め、人々の憚り意識や縁故の薄い者が葬送に関わることを忌避する意識などが加わって僧による一向沙汰が受容されることになったと位置づけた。また従来の葬送仏事を担っていた顕密僧の撤退に関しては顕密寺院での葬送を検討することでその理由がより明確になるであろうとの見通しを示した。

以上のような本書で明らかにした事柄は、あくまでも天皇を中心とした上位の貴族階層のものであり、これがどのように社会に普及したか、あるいは逆に一般社会の要素をどこまで取り入れたかという問題に関してはあまり触れられなかった。棺への手掛け行為や入棺姿勢の変化は貴族階層より在地社会のほうが早かったとも考えられるが、これについては結論を出すには尚早でありさらに史料を精査する必要がある。また、貴族社会では顕密僧は葬送仏事から撤退するといえども、在地においては必ずしもそうではなかったはずである。たとえば本論でふれた一四世紀の伊勢神領の法令集である『文保記』では清方（触穢にならない場所）で葬礼第一の役である無常呪願を読んだ僧について禁忌があるべきか否かといった議論を載せている。この無常呪願は貴族たちの葬送で見られた呪願作法にあたるもので、こうした在地の活動があるからこそ、たとえば真言宗の葬送儀礼が現在まで伝わったと考えられるが、この点についても今後の課題としておきたい。

本書の検討では貴族たちの葬礼については中国の礼制の導入や葬送仏事、さらには物忌など中国文化、ことに民間習俗的な仏事や風習の影響を多く見いだすことになった。ただし、国家的な施策である礼制の導入や天皇家を中心に始まったと思われる中陰・周忌仏事などを除いて、それらがどのような経緯で日本社会に受容されたのかについては、多少の推測を述べた部分もあるもののまだまだ不明な点も残る。ほかに論じ及ばなかった点としては、収骨など葬送における縁故者の儀礼的な所作と財産や地位などを相続する〝家〟の成立の関連性の問題、モガリ儀礼の終焉過程、令制的な葬具を用いる葬礼がどのように変容し一〇世紀以後のような葬送儀礼に転化するのかという点、院政期以後における葬送全般の薄葬化の理由、一三世紀における入棺姿勢の変化の原因、また一向沙汰の普及に関する寺院社会の側の要因については既述のように顕密寺院内の葬送の変容がポイントとなろうが、これに関しては遁世僧の役割などを中心に解明可能な余地が大きい。また憚り意識の強まりということも、吉凶観念や先例意識など貴族社会の文化的構造の中で検討しておくべきものであろう。本書では省略した霊魂観や来世観念などもそれ自体が大きな問題となる。

かように課題も多く残るが、ひとまずはここで終わりとしたい。これからも本書で示したような複合的な観点からの検討、史料に基づいた事実解釈の総合的な妥当性の判定といった地道な作業を繰り返すことで、現在の時点の我々が知りたいと思うようなことや興味を引かれるような史実の発見はもちろん、当初は思いもよらなかったような視野の拡大や考え方の深まり、さらには現代の死や葬送に関する新たな問題意識を掘り起こすようなことができるかもしれない。むしろ、それこそが研究の醍醐味である。本書の作業のなかでも、筆者自身の未整理な思考が徐々に整理され、異なる視点から史料を見直すことで新たな発見を得ることができた。本書を読むことで読者にとっても何か新しく得るものがあれば著者としては喜ばしいことである。

参考文献

全体に関わるもの

井原今朝男『史実中世仏教第一巻　今にいたる寺院と葬送の実像』興山舎、二〇一一
同　『史実中世仏教第二巻　葬送物忌と寺院金融・神仏抗争の実像』興山舎、二〇一三
朧谷寿『平安王朝の葬送』思文閣出版、二〇一六
勝田至『死者たちの中世』吉川弘文館、二〇〇三
同　『日本中世の墓と葬送』吉川弘文館、二〇〇六
同　編『日本葬制史』吉川弘文館、二〇一二
新谷尚紀『日本人の葬儀』紀伊國屋書店、一九九二
水藤真『中世の葬送・墓制』吉川弘文館、一九九一・二〇〇九
平雅行「日本の古代中世における死の習俗」江川温編『死者の葬送と記念に関する比較文明史』科学研究費補助金プロジェクト報告、二〇〇七
圭室諦成『葬式仏教』大法輪閣、一九六三・二〇〇四
同　『葬送墓制研究集成一―五』名著出版、一九七九
同　『古事類苑』礼式部二

序　章

吾妻重二「水戸藩の儒教喪祭儀礼文献について」『関西大学東西学術研究所紀要』四八、二〇一五
加藤隆久編『神葬祭大事典』戎光祥出版、一九九七

柴田純『日本幼児史』吉川弘文館、二〇一三
角南聡一郎「土器棺の副葬品」『文化財学報』一七、一九九九
同「西日本の土器棺墓と埋葬遺体」『奈良大学大学院研究年報』四、一九九九
鈴木敏彦・柳澤和明「歯冠細片接合によって解明する幼小児人骨の形態学的情報」『考古学ジャーナル』六七一、二〇一五
高田陽介「中世都市堺の墓地」『史学雑誌』一〇四―四、一九九五
田中良之『日本古代親族構造の研究』柏書房、一九九五
西山良平「平安京の〈家〉と住人」『都市平安京』京都大学学術出版会、二〇〇四
同「平安京の病者と孤児」『同』
水野正好「葬とまじない」『国立歴史民俗博物館研究報告』四九、一九九三
柳澤和明「多賀城の墓制」『考古学研究』五八―四、二〇一二

第一章

石破洋『地獄絵と文学』教育出版センター、一九九二
五十川伸矢「古代・中世の京都の墓」『国立歴史民俗博物館研究報告』六八、一九九六
井之口章次『日本の葬式』筑摩書房、二〇〇二
稲田奈津子「奈良時代の天皇喪葬儀礼」『日本古代の喪葬儀礼と律令制』吉川弘文館、二〇一五
同「律令官人と葬地」同
同「日本古代の服喪と追善」同
同「叢説　藤原順子のための天皇喪服議」『法史学研究会会報』一八、二〇一四
岩本裕「三途の川」坂本要編『地獄の世界』渓水社、一九九〇
王珍仁「旅順博物館所蔵の新疆文物」『東洋史苑』四八・四九、一九九七

小田義久「吐魯番出土葬送儀礼関係文書の一考察」『東洋史苑』三〇・三一、一九八八
同　「吐魯番出土随葬衣物疏の一考察」『龍谷史壇』一〇八、一九九七
片岡耕平著『日本中世の穢と秩序意識』吉川弘文館、二〇一四
堅田修「王朝貴族の出家入道」『日本古代信仰と仏教』法藏館、一九九一
同　「王朝貴族の喪葬」『古代学研究所研究紀要』一、一九九〇
金子修一主編『大唐元陵儀注新釈』汲古書院、二〇一三
河添房江「葬送・服喪」山中裕・鈴木一雄編『平安時代の信仰と生活』至文堂、一九九四
來村多加史『唐代皇帝陵の研究』学生社、二〇〇一
黒羽亮太「〈円成寺陵〉の歴史的位置」『史林』九六―二、二〇一三
同　「観隆寺陵」『日本歴史』七九九、二〇一四
同　「円融寺と浄妙寺」『日本史研究』六三三、二〇一五
呉麗娯「中古における挙哀儀の淵源」古瀬奈津子編『東アジアの礼・儀式と支配構造』吉川弘文館、二〇一六
小林理恵「平安期貴族層における服喪慣習の展開」『寧楽史苑』五九、二〇一四
同　「平安期の墓参に関する一考察」『人間文化研究科年報』三一、二〇一五
五来重『五来重著作集一一・一二　葬と供養』法藏館、二〇〇九
斉藤忠「古代アジアにおける葬送儀礼」『東アジア葬・墓制の研究』第一書房、一九八七
笹岡弘隆「イエズス会宣教師からみた葬儀礼」『アジア遊学』三八、二〇〇二
佐竹朋子「近世公家社会における葬送儀礼」『国立歴史民俗博物館研究報告』一四一、二〇〇八
清水擴「古代天皇の葬法と建築」『平安時代仏教建築史の研究』中央公論美術出版、一九九二
同　「子院建築」『平安時代仏教建築史の研究』中央公論美術出版、一九九二
島津毅「中世の葬送と遺体移送」『史学雑誌』一二二―六、二〇一三
同　「中世後期の葬送と清水坂非人・三昧聖」『部落問題研究』二一五、二〇一六

新谷尚紀『葬式は誰がするのか』吉川弘文館、二〇一五
高田陽介「境内墓地の経営と触穢思想」『日本歴史』四五六、一九八六
同「戦国期京都に見る葬送墓制の変容」『日本史研究』四〇九、一九九六
同「葬送のにないて」『史論』五六、二〇〇三
同「時宗寺院の火葬場と三昧聖」『史論』六〇、二〇〇七
田中久夫『氏神信仰と祖先祭祀』名著出版、一九九一
同『仏教民俗と祖先祭祀』神戸女子大学東西文化研究所、一九八六
同『祖先祭祀の研究』弘文堂、一九七八
谷川愛「平安時代における天皇・太上天皇の喪葬儀礼」『国史学』一六九、一九九九
田沼（渡部）眞弓「平安時代の天皇喪礼の変遷一〜一〇」『国学院大学栃木短期大学紀要』三九〜四八、二〇〇四〜二〇一三、
土谷恵「願主と尼」大隅和雄・西口順子編『女性と仏教一　尼と尼寺』平凡社、一九八九
中村義雄『王朝の風俗と文学』塙書房、一九六二
西口順子「天皇の往生覚書」『平安時代の寺院と民衆』法藏館、二〇〇四
服藤早苗「墓地祭祀と女性」『家成立史の研究』校倉書房、一九九一
同「平安貴族層における墓参の成立」藤井正雄・義江彰夫・孝本貢編『家族と墓』早稲田大学出版部、一九九三
福山敏男「中尊寺金色堂の性格」『福山敏男著作集三　寺院建築史の研究下』中央公論美術出版、一九八三
北条勝貴「〝ケガレ〟をめぐる理論の展開」服藤早苗編『ケガレの文化史』森話社、二〇〇五
藤井正雄編『仏教儀礼辞典』東京堂出版、一九七七・二〇〇二
堀裕「天皇の死の歴史的位置」『史林』八一―一、一九九八
同「死へのまなざし」『日本史研究』四三九、一九九九

前嶋敏「中世前期の葬列における順路と見物」『中央大学大学院研究年報（文学）』二八、一九九八
増田美子『日本喪服史古代篇』源流社、二〇〇二
同　「日本の葬送儀礼と装い」『葬送儀礼と装いの比較文化史』東京堂出版、二〇一五
松原典明『近世大名葬制の考古学的研究』雄山閣、二〇一二
的場匠平「「密葬」の誕生」『史学雑誌』一二三―九、二〇一四
水野正好「産育呪儀三題」『文化財学報』一三、一九九五
同　「産育呪儀三題二」『文化財学報』一四、一九九六
三橋正「穢」『日本古代神祇制度の形成と展開』法藏館、二〇一〇
同　「浄土信仰の系譜」『平安時代の信仰と宗教儀礼』続群書類従完成会、二〇〇〇
森浩一「古墳時代後期以降の埋葬地と葬地」森浩一編『論集終末期古墳』塙書房、一九七三
安田真穂「宋代の冥界観と『夷堅志』」伊原弘・静永健編『アジア遊学』一八一、勉誠出版、二〇一五
山下洋平「平安時代における臣下服喪儀礼」『九州史学』一五六、二〇一〇
同　「律令国家における臣下服喪儀礼の特質」『史学雑誌』一二一―四、二〇一二
同　「后・皇太子のための臣下服喪儀礼からみた日本古代王権の特質」『古代文化』六五―一、二〇一三
山本幸司『穢れと大祓』解放出版社、二〇〇九
山田邦和「平安京の葬送地」『京都都市史の研究』吉川弘文館、二〇〇九
同　「京都の都市空間と墓地」『京都都市史の研究』吉川弘文館、二〇〇九
吉野政治「藿枕考」『同志社女子大学日本語日本文学』二一、二〇〇九
同　「野草衣考」『同志社女子大学日本語日本文学』二一、二〇〇九

第二章

赤田光男「洗骨習俗と風水信仰」『祖霊と他界観』人文書院、一九八六

秋山浩三「奈良・平安時代における墳墓と珠玉上・下」『古代文化』四九―一二・五〇―一、一九九八
同　「古代の男性墓・女性墓」『古代文化』五一―一二、一九九九
東潮『邪馬台国の考古学』角川学芸出版、二〇一二
阿部真司「黄泉比良坂考」『高知医科大学一般教育紀要』一、一九八六
網干善教「日本上代の火葬に関する二、三の問題」『史泉』五三、一九七九
同　「大化二年三月甲申詔にみえる墳墓の規制について」森浩一編『論集終末期古墳』塙書房、一九七三
泉森皎「古墳と周辺施設」『関西大学考古学研究室開設三〇周年記念　考古学論叢』関西大学、一九八三
稲田奈津子「殯儀礼の再検討」『日本古代の喪葬儀礼と律令制』吉川弘文館、二〇一五
同　「日本古代喪葬儀礼の特質」同
同　「喪葬令と礼の受容」同
同　「日本古代の服喪と喪葬令」同
同　「奈良時代の忌日法会」同
同　「北宋天聖令による唐喪葬令復原研究の再検討」同
同　「慶元条法事類と天聖令」同
同　「日本古代の火葬」『歴史と民俗』三一、二〇一五
同　「殯宮の立地と葬地」『東京大学日本史学研究室紀要』二一、二〇一七
今尾文昭「ふたつの斉明陵」『律令期陵墓の成立と都城』青木書店、二〇〇八
岩松保「黄泉国への通路」『都出比呂志先生退任記念待兼山考古学論集二』大阪大学考古学研究室、二〇〇五
同　「黄泉国への儀礼」『京都府埋蔵文化財論集第五集』二〇〇六
同　「竪穴系埋葬施設における追葬とその儀礼」『京都府埋蔵文化財論集第六集』二〇一〇
同　「横穴系埋葬施設における閉塞・開口方法の系譜」『待兼山考古学論集二』大阪大学考古学友の会、二〇一〇

上野誠『古代日本の文芸空間』雄山閣出版、一九九七
同「遊部の伝承をどう見るか」『アジア民族文化研究』一五、二〇一六
遠藤耕太郎「東アジアの喪葬歌舞と歌垣」『アジア民族文化研究』一五、二〇一六
大形徹「『儀禮』士喪禮の「復」をめぐって」『アジア文化交流研究』二、二〇〇七
大林太良『葬制の起源』角川書店、一九九七
荻美津夫「古代の笛と「笛吹」について」『古代中世音楽史の研究』吉川弘文館、二〇〇七
近江昌司「妙見寺と采女氏塋域碑」『古代文化』四九―九、一九九七
大艸啓「写経所官人と仏教」『奈良時代の官人社会と仏教』法藏館、二〇一四
岡田清子「喪葬制と仏教の影響」近藤義郎・藤沢長治編『日本の考古学五』河出書房新社、一九六六
小倉久美子「日本古代における天皇服喪の実態と展開」『日本歴史』七七三、二〇一二
同「殯の歴史的展開」『万葉古代学研究年報』一四、二〇一六
同「日本古代喪空間の変遷」『万葉古代学研究年報』一五、二〇一七
折口信夫「上代葬儀の精神」『折口信夫全集二〇』中央公論社、一九五六
筧敏生「東アジアにおける跪礼の伝統と忌避意識」『日本歴史』六四〇、二〇〇一
加藤謙吉「「野中古市人」の実像」『大和政権とフミヒト制』吉川弘文館、二〇〇二
門屋温「日本人の死の観念」吉原浩人編『東洋における死の思想』春秋社、二〇〇六
勝俣隆「伊邪那岐命の黄泉国訪問譚の解釈」『長崎大学教育学部紀要　人文科学』七二、二〇〇六
河上邦彦「終末期古墳に於ける改葬墓」『大和の終末期古墳』学生社、二〇〇五
同「巣山古墳出土の船形木製品の復元と意義」『橿原考古学研究所論集』一五、二〇〇八
川村邦弘『弔いの文化史』中公新書、二〇一六
北康宏「律令国家陵墓制度の基礎的研究」『史林』七九―四、一九九六
同「大化二年三月甲申詔の葬制について」『続日本紀研究』三一〇、一九九七

同　「律令陵墓祭祀の研究」『史学雑誌』一〇八―一一、一九九九
同　「天寿国繡帳銘再読」『文化史学』六二、二〇〇六
来村多加史『唐代皇帝陵の研究』学生社、二〇〇一
工藤隆「歌垣と踏歌・嬥歌・遊部の関係について」『アジア民族文化研究』一五、二〇一六
倉本一宏「天武殯宮に誄した官人」『日本古代国家成立期の政権構造』吉川弘文館、一九九七
栗田隆雄「遊部とその職掌」『風俗』三三―三、一九九四
同　『黄泉の国の光景』新泉社、二〇一五
熊谷公男「跪伏礼と口頭政務」『東北学院大学論集　歴史学・地理学』三二、一九九九
黒崎直「奈良時代墳墓の構造とその性格」菊地康明編『律令制祭祀論考』塙書房、一九九一
神野志隆光『古事記の世界観』吉川弘文館、一九八六
小林行雄「黄泉戸喫」『古墳文化論考』平凡社、一九七六
西郷信綱『古代人と夢』平凡社、一九七二
斉藤忠「日本固有の葬制と仏教の影響」『東アジア葬・墓制の研究』第一書房、一九八七
榊佳子「古代における天皇大葬管掌司について」『国立歴史民俗博物館研究報告』一四一、二〇〇八
笹川尚紀「墓記考」『日本書紀成立史攷』塙書房、二〇一六
笹生衛『神と死者の考古学』吉川弘文館、二〇一四
設楽博己「縄文時代の再葬」『弥生再葬墓と社会』塙書房、二〇〇八
白石太一郎「墓と他界観」『列島の古代史七　信仰と世界観』岩波書店、二〇〇六
同　「コトドワタシ考」『古墳と古墳時代の文化』塙書房、二〇一一
同　「装飾古墳にみる他界観」同
新川登亀男「小墾田宮の匍匐礼」『日本古代の儀礼と表現』吉川弘文館、一九九九
髙橋周「「黄泉国訪問神話」と喪葬儀礼」『中村一号墳』出雲市教育委員会、二〇一二

高橋照彦「律令期葬制の成立過程」『日本史研究』五五九、二〇〇九
同「阿武山古墳小考」『待兼山論叢史学編』三八、二〇〇四
滝川政次郎「令の喪制と方相氏」『日本上古史研究』四―一、一九六〇
辰巳和弘『他界へ翔る船』新泉社、二〇一一
田中聡「「陵墓」にみる「天皇」の形成と変質」日本史研究会・京都民科歴史部会編『「陵墓」からみた日本史』青木書店、一九九五
田中良之「墓室内飲食物供献と死の認定」『骨からみた古代日本の親族・儀礼・社会』すいれん舎、二〇一七
同「葉佐池古墳出土人骨」同
同「殯再考」同
同「多田山古墳群出土人骨」同
同「断体儀礼考」同
同「中村一号墳における葬送儀礼」同
寺前直人「モガリと考古資料」一瀬和夫・福永伸哉・北條芳隆編『墳墓構造と葬送祭祀　古墳時代の考古学』、二〇一一
東野治之「古代の墓誌」『日本古代金石文の研究』岩波書店、二〇〇四
虎尾達哉「上代監喪使考」『律令官人社会の研究』塙書房、二〇〇六
同「上代葬司の任用をめぐって」『律令官人社会の研究』塙書房、二〇〇六
直木孝次郎「土師氏の研究」『日本古代の氏族と天皇』塙書房、一九六四
西本昌弘「高野新笠の葬儀と崩後行事」『日本古代の王宮と儀礼』塙書房、二〇〇八
同「斉明天皇陵の造営・修造と牽牛子塚古墳」「飛鳥・藤原と古代王権」同成社、二〇一四
同「建王の今城谷墓と酒船石遺跡」同
同「皇子・皇女の殯宮と場所」『日本歴史』八二七、二〇一七

土生田純之『黄泉の国の成立』学生社、一九九八
広畑輔雄「黄泉訪問神話」『民族学研究』三八―一、一九七三
平舘英子「「殯宮之時柿本人麻呂作歌」への考察」『国文目白』一〇、一九七一
同　『萬葉歌の主題と意匠』塙書房、一九九八
古瀬奈津子「「国忌」の行事について」『日本古代王権と儀式』吉川弘文館、一九九八・二〇一二
穂積裕昌『古墳時代の喪葬と祭祀』雄山閣、二〇一二
三上真由子「日本古代の喪葬儀礼に関する一考察」『奈良史学』二三、二〇〇五
同　「古代における天皇改葬の政治的意義」『続日本紀研究』三七二、二〇〇八
身崎寿『宮廷挽歌の世界』塙書房、一九九四
三谷芳幸「采女氏塋域碑考」『東京大学日本史学研究室紀要』一、一九九七
桃崎祐輔「横穴式石室から出土する桃核と黄泉国神話」『古文化談叢』六五、二〇一一
森浩一「古墳時代後期以降の埋葬地と葬地」森浩一編『論集終末期古墳』塙書房、一九七三、『森浩一著作集
　一　古墳時代を考える』新泉社、二〇一五
同　「葬法の変遷よりみた古墳の終末」『古代学論叢』末永先生古稀記念会、一九六七、『森浩一著作集一
　古墳時代を考える』新泉社、二〇一五
森本徹「日本における火葬墓の始まりをめぐって」『郵政考古紀要』四〇、二〇〇七
同　「喪葬儀礼の変化からみた終末期古墳」『歴史研究』五〇、二〇一二
安井良三「天武天皇の葬礼考」三品彰英編『日本書紀研究二』塙書房、一九六四
同　「改葬墓に関する二・三の問題」『大阪市立博物館研究紀要』二、一九七〇
山尾幸久「旧俗改廃の詔の検討」『「大化改新」の史料批判』塙書房、二〇〇六
山口博「記紀万葉挽歌考」『聖徳大学言語文化研究所論叢』一二、二〇〇四
吉田晶「王権と羽曳野地域」『羽曳野市史本文編一』羽曳野市史編纂委員会編、一九九八

米田敏幸「心合寺山古墳礫床粘土槨の棺構造について」『古代学研究』一五〇、二〇〇〇
同「古墳時代の葬送儀礼について」『郵政考古紀要』四〇、二〇〇七
同「古墳時代のおくりびとたち」『森岡秀人さん還暦記念論文集』菟原刊行会、二〇一二
李宇泰、稲田奈津子訳「韓国の買地券」『都市文化研究』一四、二〇一二
和歌森太郎「大化前代の葬制について」
和田萃「殯の基礎的考察」『日本古代の儀礼と祭祀・信仰中』塙書房、一九九五
同「飛鳥・奈良時代の喪葬儀礼」同
同「殯宮儀礼の再分析―服属と儀礼」同
和田晴吾「据えつける棺」と「持ちはこぶ棺」『古墳時代の葬制と他界観』吉川弘文館、二〇一四
同「黄泉の国と横穴式石室」同
同「古墳の他界観」同
渡瀬昌忠「万葉殯宮考」『万葉・その後』塙書房、一九八〇
渡邉義浩『魏志倭人伝の謎を解く』中央公論新社、二〇一二
渡部真弓「古代喪葬儀礼の変遷」『神道宗教』一四五、一九九一
同「古代喪葬儀礼の研究」『神道史研究』四〇―二、一九九二
同「倚廬渡御成立過程の基礎的研究」『明治聖徳記念学会紀要』四、一九九二
同「日・中喪葬儀礼の比較研究」『国学院大学日本文化研究所紀要』七一、一九九三

第三章

赤田光男「中世後期における一条家の葬送と追善儀礼」『帝塚山大学人文科学部紀要』二四、二〇〇八
阿純章「『灌頂経』における呪術の受容」『天台学報』三九、一九九七
荒見泰史「唐代仏教儀礼及其通俗化　上」『アジア社会文化研究』一五、二〇一四

同　「唐代仏教儀礼及其通俗化　下」『同』一六、二〇一五
磯部ひろみ「隋唐代における仏教の中国化の諸相」『お茶の水史学』四九、二〇〇五
市川秀之「『古代的』葬送儀礼の創出」『「民俗」の創出』岩田書院、二〇一三
伊藤唯真「『師守記』にみる中世葬祭仏教」『鷹陵史学』三・四、一九七七
岩田真由子「平安時代における追善と親子意識」『日本歴史』七一二、二〇〇七
遠藤慶太「中宮の追福」『正倉院文書研究』七、二〇〇一
同　「『続日本後紀』の写本について」『平安勅撰史書研究』皇學館出版部、二〇〇六
同　「『続日本後紀』現行本文の問題点」同
同　「『続日本後紀』と承和の変」同
同　「聖武太上天皇の御葬」『史料』二一一、二〇〇七
遠藤祐介「『灌頂経』の訳者について」『密教学研究』三六、二〇〇四
大内文雄「『安楽集』所引疑偽経典の二・三について」『大谷学報』五四―四、一九七五
大石雅章「顕密体制内における禅・律・念仏の位置」『日本中世社会と寺院』清文堂出版、二〇〇四
同　「葬礼にみる仏教儀礼化の発生と展開」同
大塚未來「中世天皇家の葬送」『国史学』二〇二、二〇一〇
岡田荘司「近世神道の序幕」加藤隆久編『神葬祭大事典』戎光祥出版、一九九七
岡部和雄「無常経と臨終方決」『仏教思想の諸問題』春秋社、一九八五
小田義久「吐魯番出土の随葬衣物疏について」『龍谷大学論集』四〇八、一九七六
愛宕邦康「『遊心安楽道』における光明真言の土砂加持の位置付け」『「遊心安楽道」と日本仏教』法藏館、二〇〇六
勝田至「中世後期の葬送儀礼」『日本中世の墓と葬送』吉川弘文館、二〇〇六
菊地章太「『女青鬼律』による死靈の救濟」『東方宗教』一〇九、二〇〇七

同　「『女青鬼律』の成立と初期道教における救済思想の展開」『東洋学研究』四四、二〇〇七
小林信彦「中国の「続命神旛」」『桃山学院大学総合研究所紀要』三一―二、二〇〇五
小南一郎「「十王経」をめぐる信仰と儀礼」吉川忠夫編『唐代の宗教』朋友書店、二〇〇〇
斉木秀雄「都市鎌倉と死のあつかい」五味文彦・斉木秀雄編『中世都市鎌倉と死の世界』高志書院、二〇〇二
笹岡弘隆「日本における葬儀と墓と追善供養の歴史」渡会瑞顕編『十三仏の世界』ノンブル社、二〇一二
澤田瑞穂「魂帰る」『中国の民間信仰』工作舎、一九九一
渋沢敬三『絵巻物による日本常民生活絵引』平凡社、一九八四
島津毅「中世における葬送の時刻」『ヒストリア』二四二、二〇一四
同　「中世における葬送の僧俗分業構造とその変化」『史林』九七―六、二〇一四
同　「奈良・平安時代の葬送と仏教」『日本史研究』六三七、二〇一五
高島正人「奈良朝宮廷の忌斎」瀧川政次郎先生米寿記念論文集刊行会編『神道史論叢』国書刊行会、一九八四
高田陽介「中世の火葬場から」五味文彦編『中世の空間を読む』吉川弘文館、一九九五
同　「中世三昧聖をどうとらえるか」『日本文化研究』三、二〇〇一
田代郁夫「鎌倉の「やぐら」」石井進・萩原三雄編『中世社会と墳墓』名著出版、一九九三
田中悠文「真言密教における葬送儀礼」『仏教文化論集』七、一九九五
東野治之「飛鳥・白鳳の造像銘」『日本古代金石文の研究』岩波書店、二〇〇四
同　「法隆寺献納宝物の銘文」同
同　「法隆寺伝来の幡墨書銘」同
永井政之「仏教と葬送」『中国禅宗教団と民衆』内山書店、二〇〇〇
長尾佳代子「ギルギット本「薬師経」の成立」『パーリ学仏教文化学』七、一九九四
中野聡「上代仏教彫刻制作における追善の意味」『奈良時代の阿弥陀如来像と浄土信仰』勉誠出版、二〇一三
永田信也「高山寺蔵本土沙蒔作法」『高山寺典籍文書の研究』東京大学出版会、一九八〇

西山良平「〈陵寺〉の誕生」『日本国家の史的特質　古代・中世』思文閣出版、一九九七
西脇常記「唐代の葬俗」『唐代の思想と文化』創文社、二〇〇〇
原田正俊「中世社会における禅僧と時宗」『日本中世の禅宗と社会』吉川弘文館、一九九八
同　「中世の禅宗と葬送儀礼」東京大学史料編纂所『前近代日本の資料遺産プロジェクト研究集会報告集
　二〇〇一―二〇〇二』、二〇〇三
藤井雅子「醍醐寺における葬送と律僧」『日本女子大学大学院文学研究科紀要』二〇、二〇一四
藤沢典彦「死者のまつり」金子裕之編『日本の信仰遺跡』雄山閣出版、一九九八
藤原克己「『続日本後紀』の嵯峨遺詔」池田温編『日本古代史を学ぶための漢文入門』吉川弘文館、二〇〇六、
布施浄慧「作法集の研究」『仏教文化論集』一、一九七五
細川涼一『中世の律宗寺院と民衆』吉川弘文館、一九八七
同　「中世の法隆寺と寺辺民衆」『部落問題研究』七六、一九八三
松尾剛次『葬式仏教の誕生』平凡社新書、二〇一一
松本光隆「高山寺蔵伝受類集鈔の訓読語基調と史料的評価」『訓点語と訓点資料』一二二、二〇〇九
横田明・小林義孝「光明真言と葬送儀礼」『歴史民俗学』八、一九九七
「解題」『神宮古典籍影印叢刊七　神宮参詣記・服紀』皇学館大学、一九八四

本書執筆に際しては東京大学史料編纂所の各種データベース、大正新修大蔵経データベース、同図像部データベース、国文学研究資料館日本古典籍総合目録データベース、京都大学付属図書館電子図書館を利用した。『伝授類聚抄』は国文学研究資料館「所蔵機関との連携による日本古典籍デジタル画像データベース」掲載の善通寺所蔵写本画像を参照した。ここに記して各機関・関係者の方々に謝意を表する。
＊本書校正中に島津毅『日本古代中世の葬送と社会』（吉川弘文館、二〇一七）が出版されたが、本書の内容に反映させることができなかったことをお詫びする。

上野勝之（うえの　かつゆき）

京都大学大学院人間環境学研究科博士後期課程修了、奈良大学非常勤講師。日本古代・中世文化史。

主著　『夢とモノノケの精神史』京都大学学術出版会、二〇一三

「古代の貴族住宅と宗教」西山良平・藤田勝也編著『平安京と貴族の住まい』京都大学学術出版会、二〇一二

「“託宣”の史料的検討」『説話文学研究』五一、二〇一六

「平安時代における僧侶の“夢記”と夢」荒木浩編『夢と表象』勉誠出版、二〇一七

日記で読む日本史 10

王朝貴族の葬送儀礼と仏事

二〇一七年十一月三十日　初版発行

著者　上野勝之

発行者　片岡敦

印刷 製本　亜細亜印刷株式会社

606-8204　京都市左京区田中下柳町八番地

発行所　株式会社　臨川書店

電話　(〇七五) 七二一―七一一一

郵便振替　〇一〇七〇―二―八〇〇

落丁本・乱丁本はお取替えいたします

定価はカバーに表示してあります

ISBN 978-4-653-04350-8　C0321

〔ISBN 978-4-653-04340-9　C0321　セット〕